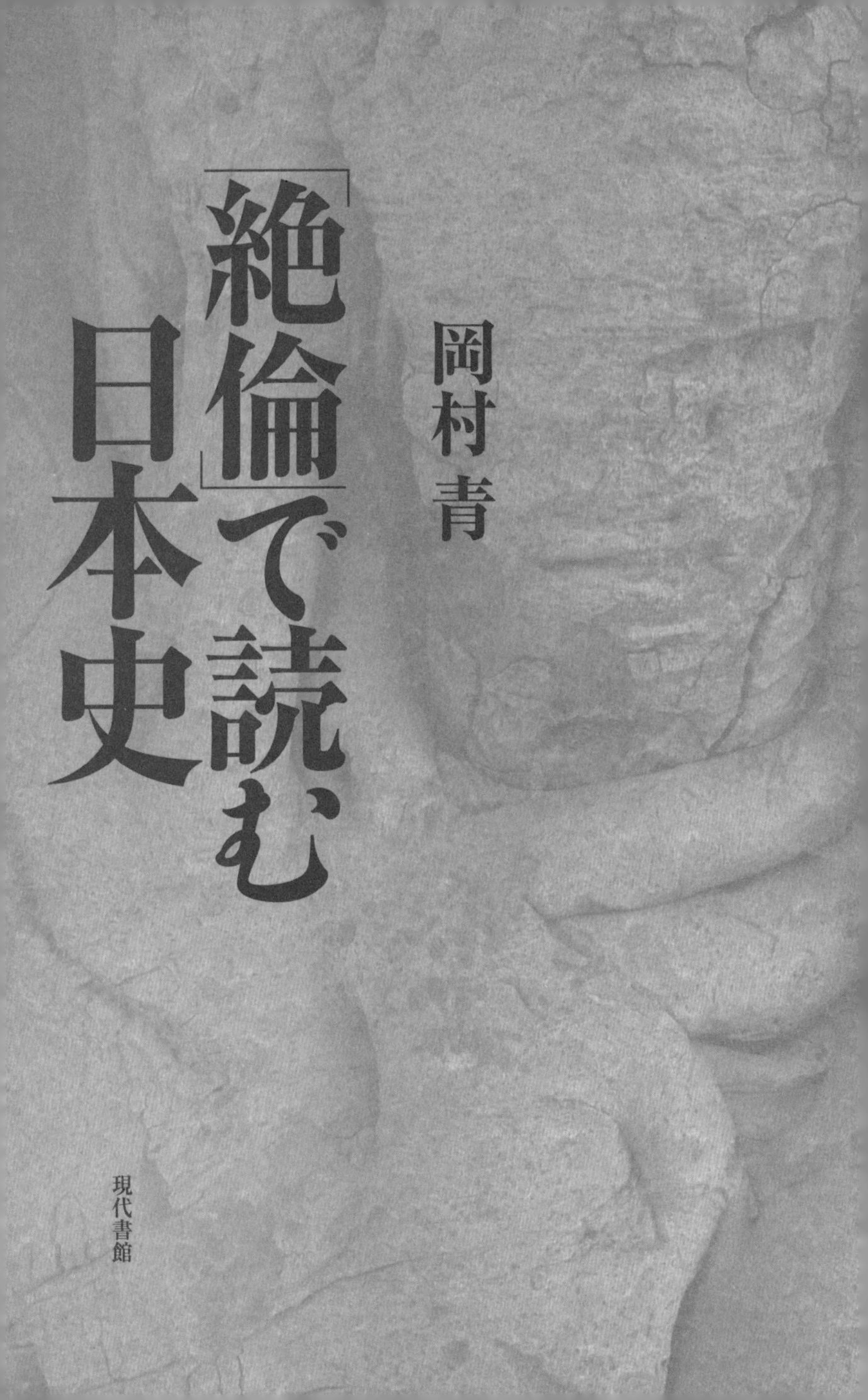

「絶倫」で読む日本史

岡村 青

現代書館

#「絶倫」で読む日本史＊目次

プロローグ　5

第一章　絶倫は神代からはじまる［古代編］……9

一　国生み、それはエッチではじまった　10
二　神武天皇の皇后は処女懐胎の子であった……　18
三　景行天皇は長寿と艶福に恵まれたいい男　22
四　淫乱の霊が乗り移った神功皇后はシャーマンな女帝だった　26
五　仁徳天皇、嫉妬深い妻に隠れてする不倫は蜜の味　34
六　木梨軽皇子、悲恋のはてに情死行　41
七　恋もまた奔放な雄略天皇　46
八　不感症だった飯豊皇女、ついに女の悦びを知らず　51
九　希代のサディスト武烈天皇の倒錯した性　55
十　九人の妻妾と二十人の子福者の継体天皇　61
十一　希代の淫婦といわれた称徳天皇　68

第二章　〝性〟の源平盛衰記［中世編］……75

一　淫奔な二条の后・藤原高子、不倫のお手本をしめす　76
二　不倫の子であった平清盛、不倫で滅びる　84
三　源頼朝も義経に劣らずの女色家　90

四　後醍醐天皇は子孫を末広がりに生ませ続ける　99
五　足利義満、上皇の妻妾らと密通　107
六　不倫の子も生む女傑、日野富子　115
七　蓮如上人、絶倫パワーはどこから　123

第三章　武将はさすが絶倫なり［戦国編］……131

一　武田信玄、男色の三角関係発覚で詫び証文　132
二　信長がはらませた妻妾、数知れず　142
三　妻妾三百数十人、色と金と権力をつかんだ天下人・秀吉　152
四　槍も下半身もすぐれものであった前田利家　163

第四章　政略と絶倫の徳川三百年［江戸編］……171

一　二妻十五妾を侍らせた家康、老いてなお盛んなり　172
二　隠し子騒動にうろたえる秀忠　179
三　男色・虚弱・マザコンの将軍家光　185
四　スワッピングに同性愛、なんでもありの将軍綱吉　196
五　ありあまる性欲に悶絶した尾張藩主徳川綱誠　204
六　励む一茶は精力剤を愛飲して三交四交　211
七　老人パワー畏るべし、老いてますます盛んなり、松浦静山　218

八　一妻十七妾五十三子女、将軍家斉の性果　224
九　多情多恨で自滅する徳川斉昭　234
十　「豚一様」と揶揄された将軍慶喜　242

第五章　近代国家になれど絶倫は途絶えず［明治編］……251

一　国家を論じても女性にはまるでだらしない勝海舟　252
二　松方正義の元気度は性交頻度がバロメーター　261
三　蘆花も晶子も明治の文豪はエロ作家　266

あとがき　275

プロローグ

これから、我が国の歴史を絶倫という視点から、つまり平たくいえば男女のセックスということだが、それを書こうと思うのだ。

絶倫とはなにか。『広辞苑』を開くと、「人並はずれてすぐれていること」とあり、例として「精力絶倫」とある。そこでさらに当方は「精力絶倫」の項をめくってみた。すると、「精力が群を抜いてすぐれていること」と説明している。

「人並はずれた」、あるいは「群を抜いて」というが、ならば人並はずれたとはどの程度をいい、群とはどれほどの規模を指すのか——。

『広辞苑』はそこまで具体的に示してないからいまひとつよくわからない。が、ま、とにかく、ものすごくすさまじいもの、と理解すればいいのだろう。だから当方がここでいう『絶倫』で読む日本史』もずばり性豪、セックスがすこぶる強く、男性なら正室、側室を多数侍らせ、女性ならつぎつぎと男性遍歴を繰り返し、子づくりとセックスに邁進した子福《こぶく》ものたちを歴史上から俯瞰してみる、という意味で使った。

かつて子孫繁栄は強固な権力基盤を築くうえで欠かせない必須条件であった。子孫をもうけ、代を継いで権力を継承する。そうすることで家名の安泰と血族の結束を維持していった。したがって子孫づくりは権力維持と同じほどに重要な意味をもっていた。子孫が絶えるということはすなわち後継者の断絶であり一族郎党の崩壊を招くからだ。

とはいうものの、いまだ医療面、衛生面、さらには食料面でも充実しておらず、新生児の生存率はきわめて低く、成人に達するものはむしろ幸運とさえいえた時代。そのような状態のなかで子孫を絶やさないためにはいかにすべきか。考えられるのはただ一つ。多くの女性もしくは男性と性的関係を結ぶことだ。早いはなし、たくさん子供を生んでおけばそのうちの一人や二人は無事に生き残るものもいるだろう、とまぁこういうことだ。したがって、いきおい男たちはタネ馬のごとく子孫づくりにひたすら励み、権力の保持、強化に、まさしく精と根を傾ける。かくして生まれた子孫たちは婚姻などをとおして他の名家、盟主との姻戚関係の具となり、体制強化にひと役もふた役も果たす。

ところが時としてそれが後継者の座をめぐる権力闘争、政争の要因ともなり、暗殺、テロル、クーデターという凄惨な悲劇が繰り返されたことも事実。たとえば古代。允恭《いんぎょう》天皇の子、木梨軽皇子《きなしのかるのみこ》は皇位継承者としての立場を捨てて実の妹と近親相姦を結んだために弟の穴穂皇子《あなほのみこ》に追放され、自害して果てた。

さらに時代は下って徳川家康。家康は正室の築山殿《つきやまどの》および嫡男の信康を殺害している。信康は平気で人を殺害するほどの暴君だった。家康は信康に切腹を命じ、生母の築山殿をも、家臣に命じて暗殺した。これらの例はひとえに天皇家、徳川家存続のためであった。ちなみに徳川家康は二人の正室と十五人の側室を持ち、六十六歳で市姫という名の女児をもうけるほどの性豪ぶりを発揮する。

子孫を増やすのはお家安泰のためでありながら、それがかえって抗争の火種になるとは実に皮肉なはなしだが、権力の座にあるもの、知謀、策謀に長《た》けているだけではまだ足りない。精力絶倫であることも欠かせない条件だ。精力絶倫の人物は、子孫づくりに励むのとおなじぐらいに我が国の歴史をもかたちづくった。

そしてそれは男も女もおなじだった。ゆるい関係だったのだ。

かつて身分社会のもとでの女性の存在は低かったとともいわれている。じじつ将軍あるいは大名の子を生みながら、公式な記録には名も記されないなどいい例だ。

けれどその一方で、夫婦関係はきわめて奔放な面もあった。だいたいが一夫一婦制などという概念は近代思想が輸入されてからのもの。それまでのわが国は、これから本文で述べるように重婚、略奪婚、近親相姦、不倫に夫婦交換、男色……なんでもありだったのだ。

第一章

絶倫は神代からはじまる［古代編］

一　国生み、それはエッチではじまった

日本の歴史はエッチではじまった。エッチとはすなわちセックスのこと。『古事記』がそうだ。古事記ではのっけから男女の性交の場面が登場し、我が国の、この国土と歴史は性行為によって幕が開いたことを堂々と伝えているから気の弱い当方などはたちまちクラクラしてしまう。

イザナキノミコトとイザナミノミコトの夫婦神は、いまだ混沌とし、かたち姿が完全に固まらずに漂う国土を整えよとの天の勅命とともに呪具の天《あめ》の沼矛《ぬぼこ》を賜り、天と地の間にかかる天《あま》の浮橋《うきはし》の上に立った。そして天の沼矛でドロドロした海水をコオロコオロと掻き混ぜ、天の沼矛を引き上げる。そのさい塩水が滴り落ちて積もりに積もりやがて島が出現した。これがオノゴロ島で日本で最初の国土誕生だ。そこで夫婦神はオノゴロ島に降り立ち、聖なる柱を立てるとともに八尋《やひろ》の宮殿を建て、そこを自分たちの新居とした。

カップルのスイートホームができたとなればやることは一つ。子づくりだ。夫のイザナキノミコトはさっそく妻にこう尋ねるのだった。「汝《な》が身はいかに成れる」と。これに答えて妻のイザナミノミコトは、「吾《あ》が身は、成り成りて成り合わぬところ一処《ひとところ》あり」というのだった。

妻のその言葉にイザナキノミコトはこう言い返した。「我《あ》が身は、成り成りて成り余《あま》れるところ一

処あり。故《かれ》、この吾《あ》が身の成り余れるところを以《もち》て、汝《な》が身の成り合はざるところに刺し塞《ふさ》ぎて、国《く》土《に》を生み成さむとおもふ。生むこといかに」。

イザナミノミコトに断る理由など、もちろんない。「然善《しかよ》けむ」（もちろん結構ですわよ）といって受け入れた。かくして二人は寝室の八尋殿《やひろのどの》にこもり、ベッドインと相成って子づくりにせっせと励む。

天の沼矛は男根をシンボライズしたものであり、天の浮橋は性交のときに見せる男の体位と理解することができる。天の沼矛から滴り落ちる塩水はまさしくザーメンを暗示するものだった。このような道具立てから『古事記』は古代人の性生活を詩的表現をもちいて語った、いわば〝性の白書〟といってよい。

イザナミノミコトの返事を受けて夫のイザナキノミコトは、ならば「吾《あれ》と汝《いまし》とこの天の御柱を行きめぐり逢いて、みとのまぐわひ為《せ》む」と要求した。「みとのまぐわい」とは目と目を合わすこと。つまり性交のことだ。このときイザナキノミコトはまた、「汝《いまし》は右よりめぐり逢へ。我は左よりめぐり逢はむ」と妻に指示する。妻はこれにしたがい、御柱を右からまわり、「あなにやし、えをとこを」（あぁ、なんていい男よ）と先に声をかけ、つづいてイザナキノミコトも「あなにやし、えをとめを」（あぁ、なんていい女か）と応え、妻をベッドに引きいれ、ねっとりとした、濃密な時を過ごす。

やがてイザナミノミコトはご懐妊。ところがそこで生まれた子供はといえば水蛭子《ひるこ》。すなわち歩行困難な身体障害者だった。そのため夫婦は水蛭子を葦の船に乗せて海の彼方に追放してしまった。続いて夫婦は淡島《あわしま》を生んだ。けれどこれまたできそこないの島だったのでとても子孫には加えられなかった。

　イザナキノミコト、イザナミノミコトの夫婦神はひどく悩んだ。なにゆえこうも不完全な子供が相次いで生まれたのか、と。そこで夫婦神はこの悩みを高天原《たかまがはら》に住む天上の神々に打ち明け、よい知恵を仰ぐことにした。

　天上の神々はそこで、鹿の肩の骨を焼き、裂け目のかたちから神のご意思を占うという方法をもちい、その結果を夫婦神に告げる。その天上の神のご意思とは、「女からさきに声をかけたのがよろしくない。もういちど島にもどり、あらためて声をかけなおすがよろしい」というものであった。

　夫婦神はふたたびオノゴロ島にもどり、天の御柱をまわることにした。ただし今度はイザナキノミコトからさきに声をかけ、続いて後からイザナミノミコトが応えて声をかけるというようにした。そしてふたたび八尋殿の寝所に妻を招きいれ、子孫づくりに精を出すのであった。

　どうやら今度は首尾よくいったらしい。やがてイザナミノミコトの腹が迫り出す。そして生まれたのが淡道《あわじ》の穂《ほ》の狭別《さわけの》島（淡路島）。次に伊予之二名《ふたなの》島、つまり四国であった。イザナミノミコトはみたびご懐妊。そこで生まれたのはなんと隠伎之三子《おきのみつごの》島。

　これらを皮切りにイザナキノミコト、イザナミノミコト夫婦神は国生みにひたすら精を出し、筑紫《つくしの》島（九州）、伊伎《いきの》島（壱岐島）、津《つ》島（対馬）、佐渡《さどの》島、大倭豊秋津《おおやまととよあきづ》島（本州）をつぎつぎと生みなすのであった。

　生んだ島々は八っつあったことから、これらを合わせて大八島国《おおやしまぐに》と総称した。日本列島を大八島と称するのはここに由来する。また、夫唱婦随という言葉もイザナキノミコトが声をかけ、イザナミノミコトがこれに従ったことから生まれた。

夫婦神の国生みのセレモニーはこれだけにとどまらない。なおもイザナナキノミコトはイザナミノミコトをしっかりと抱きかかえ、生めよ増やせよとばかりに奮闘する。こうして生まれたのが吉備児《きびのこ》島《じま》（岡山県児島半島）、次に小豆島《あづきしま》（香川県小豆島）、さらに大島《おおしま》（山口県の大島）、女島《ひめじま》（大分県の姫島）、知訶《ちかの》島（長崎県の五島列島）、両児《ふたごの》島（長崎県の男女群島）と順次生みなしてゆく。

これだけの島々を生み続ければさだめし夫婦神は疲労困憊に達したにちがいない、と思いきや、そうでないからまことにあっぱれ。まだまだ頑張るのであった。国生みはひとまず完了したものの肝心の子孫づくりがまだ残っているからだ。

ほっとひと息ついたのもつかの間、ふたたびイザナキノミコトは愛妻イザナミノミコトのお尻に太い腕をまわし、激しくせり込むのだった。そのたびにイザナミノミコトの紅色の腰巻が上に下にとさざ波立ち、裸の身が弓なりにそり返った。ひとしきり八尋殿の床が激しくきしみ、すすり泣くような、ひそやかなあえぎ声がこだました、とまでは『古事記』は述べていないが、イマジネーションをたくましくすればこうした濃密な時間がゆるやかに流れ、夫婦神をつつみ込んでいったにちがいない。

さて、イザナキノミコト、イザナミノミコトのあいだにまず初めに誕生したのは、人づくりというもっとも重大な事業を成し遂げることから大事忍男神《おおことおしおのかみ》という名の男児であった。続いて生まれたのが石土毘古神《いわつちびこのかみ》と石巣比売神《いわすひめのかみ》の双子の男女神であった。この双子は土や岩石をつかさどる神だった。

人が誕生し、土や石がかたちづくられた。となれば今度は人びとが暮らすのに欠かせない住居が必要になってくる。そこで夫婦神はまたもや八尋殿での夫婦の儀式を再開し、大戸日別神《おおとひわけのかみ》を生み、天《あめ》之吹男神《のふきおのかみ》を生む。続けてさらに大屋毘古神《おおやびこのかみ》、風木津別之忍男神《かざもつわけのおしをのかみ》、大綿津見神《おおわたつみのかみ》、速秋津日子神《はやあきつひこのかみ》および妹《いも》速秋津比売神《はやあきつひめのかみ》の双子の男女神を立て続けに出産するのである。かくしてイザナキノミコトとイザナミノミコトは十四の島々と男神八、女神二の合計十人の神々を生みなした。ところがこれではまだまだ満足いかなかったらしい。なおも子づくりに励むご両人。ご立派というほかはない。風の神を生み、樹木の神を生み、野の神たちを生んだ。その後も、岩のように堅牢な楠船を意味する鳥之石楠船神《とりのいわくすぶねのかみ》を出産し、食物をつかさどる大宜都比売神《おおげつひめのかみ》、火をつかさどる火之夜芸速男神《ひのやぎはやおのかみ》、別名火之迦具土神《ひのかぐつちのかみ》を出産する。この火の神を生んだのがそもそもの原因であった。イザナミノミコトがバァギナをやけどしてしまい、病の床に伏せるようになったのは。とはいうものの病身をおしてなおも彼女は子を生むという、女性としての了簡はきっちりと果たすから見上げたもの。まさに良妻賢母。女性の鑑である。

病身のあまり嘔吐した吐しゃ物から鉱物資源をつかさどる双子の男女神、陶器の原料となる粘土をつかさどる双子の男女神、排尿から生まれ水をつかさどる女神、生産をつかさどる男神、そして最後の大仕事として食物をつかさどる女神の豊宇気毘売神《とようけびめのかみ》を無事に出産し、イザナミノミコトは息を引き取った。火之夜芸速男神を出産したときに受けたやけどが次第にただれ、陰部が腐乱したためだ。

とはいえ生前中に生んだ神々は、先の十神をくわえて合計三十五神（このうち女神は八人。またここには水蛭児と淡島は含まれていない）というからよくぞ生み続けたものである。女性のたくましさ、底力とはこのようなことをいうのかも知れない。

イザナキノミコトとて同じ。これだけの神々と島を生み族けるにはよほど充溢した体力と気力が備わっていなければ至難のわざだ。それを成し遂げたのだからまさしくイザナキノミコトはあっぱれ精力絶倫の男、と称賛してよい。

妻に先立たれ、男やもめになったイザナキノミコト。このまま枯れてしまうかにみえたがさにあらず。なおまだ子孫づくりに執念をたぎらすから見ごと。妻が住む黄泉《よみ》の国《くに》まで追いかけ、このように懇願するのだった。

「いまだ国生みは完璧ではない。だから現世にいますぐもどり、やり残した仕事に励もうではないか」

そうはいわれても困ってしまう。イザナミノミコトはすでに別世界の住人。いかに夫の頼みとはいえただちに返事はできない。

「黄泉の国の神々に相談してから返事をしましょう。そのあいだ、私の姿を見ないで待っててちょうだい」と告げるのは、むしろ当然であったろう。

黄泉の国、つまりあの世にも神様は住んでいるらしい。待つこと数時間。いや数日であったかも知れない。『古事記』では、「甚久《いと》しくて待ちかねたまひき」というだけで、明確にはしていないからだ。いささか待ちくたびれたイザナギノミコトは黄泉の国とやらをのぞいてみたくなった。妻には、見てはいけないと固く禁じられたが、妙なもので、そういわれればいわれるほどかえってのぞきたくなるのが人間の心理。イザナキノミコトもそうだった。髪に差した爪櫛《つまぐし》に火をともし、黄泉の世界とやらをついにのぞいてしまった。

イザナミノミコトは恐ろしくも醜い女になりはてていた。大輪の花のように麗しい唇、深く、あざやかな谷間をほこる豊満な乳房。そして柔肌がかもす春霞のような香り……かつてイザナキノミコトが毎夜しとねにした妻の姿態はこのようなものだった。ところが今やなんとそれとは似ても似つかぬ、あまりにもむごい姿に変わりはてていた。

むごい姿とは、しからばどのようなものか。『古事記』はそのところをこのように描いている。イザナミノミコトの身体には蛆虫《うじむし》がわき、ごろごろと声を出しながら這いずりまわっている。そして頭には恐ろしい形相をした大雷《おおいかずち》がおり、胸のところには火雷《ほのいかずち》が、腹部には黒雷《くろいかずち》が、さらに秘部には拆雷《さきいかずち》がいてこちらを威嚇している。左手にも若雷《わかいかずち》が、右手には土雷《つちいかずち》が、そして左足には鳴雷《なるいかずち》、右足には伏雷《ふしいかずち》、合わせて八つの雷神が棲みついているのだった。

イザナキノミコトが驚いたこと、いうまでもない。彼はほうほうの体で逃げ帰った。見てはならない、醜くもけがわらしい妻の無残な姿を見てしまったため、ひどく嘆き、悲しんだ。そして日向国の阿《あ》波《わ》岐《き》原《はら》にたどりついたところで禊《みそぎ》をし、身体にこびりついた汚れを払うのだった。このときイザナキノミコトは身につけていた杖、帯、旅の必需品を入れた袋、衣服、褌、頭の冠、小手纏《たまき》、などを脱ぎ捨てた。それらはやがて神と化した。

素っ裸になったイザナキノミコトは、今度は流れのゆるやかな川のなかほどに進み、身体を洗い清めるのだった。ここでまたかずかずの神々が誕生する。そのなかに、彼が洗った左の目から誕生した天照大御神《あまてらすおおみかみ》、右目から誕生した月読命《つくよみのみこと》、鼻から誕生した建速須佐之男命《たけはやすさのおのみこと》の三神がいた。

この禊払いでイザナキノミコトはまたしても三十もの神々を生んでいる。そして、天照大御神には高天原、月読命には闇夜、建速須佐之男命には海原の統治をそれぞれ命じる。そのときこうしみじみと呟いたというが、それもそのはずである、子孫づくりに生涯を捧げてきたのだから。

「思えば私はじつに多くの子を生み生みて、生み続けてまいった。しかし最後になってついに三柱の貴き子孫を得ることができた」

かくしてイザナキノミコトは、イザナミノミコトが生前中に生みなした子三十五人、妻の死後に生んだ子三十人、合わせてざっと六十五人もの子孫を大量生産したのであった。お疲れさま、とこころから労いたい。

ともあれ、これだけの子孫を残したのは我が国史上初めてにしておそらく最後ではあるまいか。十一代目将軍徳川家斉は二十数人の側室を相手に五十三人の子供をはらませたが、イザナキノミコトはこれをはるかにしのぐ、性豪であった。さすがに天地開闢《てんちかいびゃく》の祖先だけある。ただし、イザナキノミコトは神話であり、実話ではない。

二　神武天皇の皇后は処女懐胎の子であった……

神倭伊波礼毘古命《かむやまといわれびこのみこと》の漢風諡号《しごう》は神武天皇と称する。諡号のほうが一般的なので、以後こちらを使うことにする。

神武天皇は天津日高日子波限建鵜葺草葺不合命《あまつひたかひこなぎさたけうかやふきあえずのみこと》と玉依毘売命《たまよりびめみこと》のあいだに生まれた。鵜草葺不合命にとって玉依毘売命は、実母豊玉比売命《とよたまひめのみこと》の妹だったから、叔母を娶《めと》ったことになる。

玉依毘売命は五瀬命《いつせのみこと》、稲氷命《いなひのみこと》、御毛沼命《みけぬのみこと》、若御毛沼命《わかみけぬのみこと》すなわち神武天皇の四人をもうけた。けれど御毛沼命は「波の穂を跳《ふ》みて常世国《とこよのくに》に渡り坐《ま》しき」というから、海の彼方にあると信じられた常世、すなわちあの世に旅立たれ、稲永命も亡き母が眠る、海神の宮がある彼方へと赴く。そのため兄弟は長男の五瀬命と末弟の神武天皇だけが残った。

けれど五瀬命も、神武天皇が日向国から東国を目指した進撃中に戦死する。五瀬命は、浪速《なみはや》の白肩津《しらかたのつ》で兵を集めて神武天皇らを迎撃せんと待ち構えていた登美《とみ》の那賀須泥毘古《ながすねびこ》が放った矢に撃たれ、それが次第に悪化し、紀国《きのくに》の男之水門《おのみなと》でついに倒れるのであった。

兄弟たちの相次ぐ他界にひどく憔悴する神武天皇。この世の無情をしみじみと知る。そのような孤独感を癒す手立てといえば最愛の妻を娶ることだったから、やはりこの辺は今も昔もかわらない。

もっともまだ日向国に在住していた時分、神武天皇は小椅君《おばしのきみ》の妹で名前を阿比良比売《あひらひめ》といった女性と結婚し、すでに多芸志美美命《たぎしみみのみこと》と岐須美美命《きすみみのみこと》の二人の子を生みつけていたのだ。けれど彼はこれだけではまだ不満だったらしい。「大后《おほきさき》と為《せ》む美人《をとめ》を求《ま》ぎたまひ」という欲求は日に日につのり、悶々とするのだった。そのような悩ましい神武天皇の心の内を見て取った大久米命《おおくめのみこと》はある女性を紹介することを思いつく。このとき大久米命の念頭にあったのは伊須気余理比売《いすけよりひめ》であった。ただしこの彼女には知られたくない過去があった。ではその過去とは何かといえば、名前を改めたことだ。彼女の名前はもともと富登多多良伊須須岐比売命《ほとたたらいすすきひめのみこと》といった。けれど富登というのを嫌ったことが改名の理由だ。富登はホト、秘部を連想させる。これは彼女のプライドが許さなかったのだ。

女性器を連想させるものを名前にするなんて……。しかしなにゆえこのような名前がつけられたのか。私たちがもっとも知りたいのはこの点だ。そもそもは彼女の母親のスキャンダルに由来する。彼女の母親は勢夜陀多良比売《せやだたらひめ》といい、いとうるわしき女性だったらしい。そのため三輪山に住む大物《おおもの》主神《ぬしのかみ》は彼女にいたく執心で、あの手この手で猛烈にアタックする。それにもかかわらず容易に首をたてに振ってくれないから大物主神はついにアコギな手を使い、悲願を達成するのだった。その手とは何か。『古事記』こう述べている。

「その美人《をとめ》の大便《くそ》まる時、丹塗矢《にぬりや》に化《な》りて、その大便まる溝より流れ下《くだ》りて、その美人の陰《ほと》を突きき。爾《ここ》にその美人驚きて、立ち走りいすすきき」

美人とは勢夜陀多良比売のこと。彼女が排便のために厠《かわや》に入ったとき、大物主神は赤く塗った矢に姿を変えて川の流れに乗って彼女の秘所をめがけて突き上げた。それにたまげた彼女はあわてふためき、厠を飛び出して駆けまわったというのだ。

それもそうだろう。排便のためにお尻をあらわにしたところに突如下のほうから一本の棒のようなものがあらわれ、自分の秘部に突き刺さったのだから。

けれど勢夜陀多良比売はじつに気丈な女性だった。それというのは、彼女はその矢を捨てるどころかむしろ崇めるかのように寝室に持ち込み、枕辺に置くのだ。するとその矢はやがて男の姿にもどり、勢夜陀多良比売と結ばれて女の子をなすのだった。その子がすなわち伊須気余理比売だ。

してみると勢夜陀多良比売は処女懐胎であったかも知れない。なぜかといえば、男性と交尾した事実がないままに伊須気余理比売が生まれているからだ。ただし、丹塗りの矢は男性器を象徴化したものではあった。

矢は邪気を払う呪力をもつとして神聖視されている。そのいい例が流鏑馬《やぶさめ》だ。的板に当たった矢によって一年の吉凶や神意を占う神事は現在も各地で行われている。また矢にはいさおしきものという意味もある。矢から男根をイメージさせるのはこのような理由からだ。さきに国生みのところでイザナキノミコト、イザナミノミコトが天の沼矛《ぬぼこ》で海中を掻き混ぜる場面を述べたが、この天の沼矛も男根を象徴化したものと理解してよい。

ところで『古事記』上巻で気づくのは、「女陰」という言葉がしばしば登場することだ。けれどこの対語としての男根を示す言葉は少ない。

まず神生みのところで、イザナミノミコトは火之迦具土神《ひのかぐつちのかみ》を生む場面で陰部が登場。つぎにイザナキノミコトに殺された火之迦具土神の陰部から闇山津見神《くらやまつみのかみ》が生まれる場面でまたも陰部が登場。つぎは、黄泉の国まで追いかけたイザナキノミコトが見たイザナミノミコトの死体の陰部に拆雷《さきいかずち》がいる場面で陰部が登場。つぎに、建速須佐之男命《たけはやすさのおのみこと》が機屋の屋根から馬をさかさまに投げ落としたのに驚いた服織娘《はたおりめ》が、服織りの道具である梭《ひ》で陰部を突き刺して死ぬ場面で陰部が登場。つぎは天の岩戸に身を隠した天照大神を天の岩戸から誘い出すため天宇受売命《あめのうずめのみこと》が裸になり、乳房をあらわにし、衣装の紐を陰部のところまで長く垂らしている場面で陰部が登場。つぎは、建速須佐之男神が大宣津比売神《おおげつひめのかみ》に食料を所望したところ鼻や尻から食料を取り出したので彼女を殺してしまう。死体となった彼女の陰部から麦が生える、という場面で陰部が登場する。

かくのごとく多くの場面で「陰部」に関する言葉が登場する。ところが男根を意味する対語は見当たらない。これはどうしたことか。女性器は豊饒性をもち、連綿と子孫を生みつなぐなど、あらゆる生産の源泉であることから崇拝の対象に押し上げたということか。大宣津比売神は排泄物からコメ、ムギ、ダイズ、カイコなどをつぎつぎと生んだ。『日本書紀』に登場する稚産霊神《わくむすびのかみ》は頭からカイコを生み、へそからはヒエ、アサ、キビ、ムギ、マメなど農作物を生む。さらに同じく『日本書紀』に登場する保食神は、陸に向かえばコメを、海に向かえば魚を、山に向かえばけものたちを次々と口から生みだしている。そうしたことからこれらの神々は穀物の祖神、農耕の祖神として崇拝されている。

生殖器崇拝は縄文時代、弥生時代に製作された土器、埴輪からも理解できる。生殖器や乳房を誇張したもの、あるいは妊娠中の女性像などが遺跡から発見されているからだ。出産と農耕生産をダブルイメージしていた古代の人びとは、女性に対する畏怖が崇拝へと昇華したことは容易に想像できる。そのことが、ともすると陰部の登場回数が多いのに対して男性器の登場場面が少ない要因にさせているのかも知れない。

ちなみに『日本書紀』ではイザナキノミコトを陽神《おしん》と呼び、イザナミノミコトを陰神《めしん》と呼んでいた。

三　景行天皇は長寿と艶福に恵まれたいい男

景行《けいこう》天皇には、男に生まれたからにはこうありたいと思わせるものが備わっている。なにしろ多くの女性に慕われ、あまたの子孫に囲まれた、円満な家庭に恵まれている。そのうえさらに百三十七歳という、まさに天寿をまっとうするからだ。

もっとも天寿にかぎっていえば、これぐらいはまだ序の口。上には上があるもので、十代崇神《すじん》天皇は百六十八歳（『日本書紀』では百二十歳）。十一代垂仁《すいにん》天皇は百二十七歳（『日本書紀』では百四十歳）、初代神武天皇は景行天皇と同じく百三十七歳（『日本書紀』では百二十七歳）といったつわものがいる。ついでに百歳を超える天皇を挙げるなら六代孝安《こうあん》天皇は百二十三歳。七代孝霊《こうれい》天皇は百六歳。天皇ではないが、十四代仲哀《ちゅうあい》天皇亡きあと摂政を行った、我が国初の女帝といってもよい神功《じんぐう》皇后は百歳で没した。さらに十五代応神《おうじん》天皇は百三十歳。二十一代雄略《ゆうりゃく》天皇は百二十四歳と、まことにいずれもご長命であった。

しかし、こうも長生きなのは、なにゆえかという疑問がここにわく。結論からさきにいえば、これはのちの推古天皇の時代になってから考え出された年齢だった。中国古代の讖緯《しんい》説にもとづき（辛酉《しんゆう》の年には革命が起こるという辛酉革命）、推古天皇の九年辛酉（六〇一年）から一二六〇年前にさかのぼった紀元前六六〇年を初代神武天皇の即位とし、歴代天皇の年齢や在位期間を測定したためだ。したがって長寿はもとより天皇そのものも実在したかどうか、疑わしいものもある。

ともあれ、これほどの長寿をまっとうするぐらいだったから景行天皇はナニのほうもことのほかお盛んだった。なにぶんにも七人の女性と結婚し、生みつけた子供は記録に載っているだけでも二十一人。記録に載ってないものは五十一人ともいわれ、八十人は下るまいといわれるほどの子沢山なのだ。

景行天皇が最初に娶った妻の名は針間之伊那毘能大郎女《はりまのいなびのおおいらつめ》といい、彼女は大碓命《おおうすのみこと》、小碓命《おうすのみこと》のほか三人の子を生む。小碓命は別名倭建命《やまとたけるのみこと》といい、のちに熊曾や出雲建《いずもたける》征圧などでさまざまなエピソードをもつ人物。景行天皇がつぎに迎えた妻は八坂之入日売命《やさかのいりひめのみこと》であった。彼女は、のちに成務《せいむ》天皇となる若帯日子命《わかたらしひこのみこと》のほか三人をもうける。この八坂之入日売命は、先々代の崇神《すじん》天皇と意富阿麻比売《おおあまひめ》とのあいだに生まれた娘であった。二番目の妻でありながら、自分の息子が十三代目の天皇を継承できたのは崇神天皇の娘という家系によるものであったろう。最初の妻は播磨《はりま》国の国造の娘であった。さらに景行天皇は日向国に住む女性で、日向之美波迦斯毘売《ひむかのみはかしびめ》を妻に迎え、二人の子をはらませている。

さきに述べたように、景行天皇は百三十七歳と、驚異的な長寿を誇った。それだけに、あるいはこのようなこともじっさい可能であったかも知れない。倭建命のひ孫にあたる須売伊呂大中日子王《すめいろおおなかつひこのみこ》の娘である訶具漏比売《かぐろひめ》と結婚し、大枝王《おほえのみこ》を生んだことだ。訶具漏比売は、景行天皇からかぞえて六代目の子孫ということになる。

このほか播磨国に赴いたときに求婚した伊那毘能若郎女《いなびのわかいらつめ》には二人の子をはらませ、それぞれ真若《まわかの》王《みこ》、日子人之大兄王《ひこひとのおおえのみこ》と名付けた。この伊那毘能若郎女は景行天皇の求婚をおそれ多いこととして南毘《なび》都麻嶋《つましま》という、兵庫県加古川の河口にある三角州に逃げ、身を隠すほどのうぶな女性であった。そのいじらしさがかえって景行天皇の心をとらえた、と『播磨風土記』の「賀古の郡」の項に述べている。

このほか名前が判然としない二人の女性に八人の子を産ませている。八十人もの子供をつぎつぎと生産するとはなかなかの優れもの。しかしこうなると厄介な問題もつきない。とくに皇位継承問題は悩みのタネだ。そこで景行天皇は三人の子を選び、彼らに皇位継承権を与えた。三人の子とは、最初の妻から生まれた小碓命、二番目の妻である八坂之入日売命が生みなした若帯日子命と五百木之入日《いおきのいりび》子命《このみこと》だ。

あとの子供はならばどうするか。ただ生みっぱなしというわけにはいかない。景行天皇は彼らの処遇に苦慮した。そこで思いついたのが地方の首長や豪族、あるいは領主などの身分を与え、地方に赴任させる案だ。織田信長や徳川家斉は処置に困った息子や娘を地方大名や家臣にむりやり押し付けたが、景行天皇は早くもこの方法をとっていたのだ。

景行天皇の女癖は、七人の女性をものにし、八十人もの子をはらませてなお衰えを知らないというのだから、まったくあきれるやら見上げたものやら、いやはやだ。それというのは美濃国に容姿端麗な二人の淑女がいるとの風聞に接するや景行天皇はさっそく息子の大碓命を美濃に送り、確認に当たらせているからだ。二人の淑女の名は姉を兄比売《えひめ》、妹を弟比売《おとひめ》といい、この姉妹は九代開化《かいか》天皇が意《お》祁都比売命《けつひめのみこと》に生ませた日子坐王《ひこいますのみこ》が、結婚して生んだ二人の子供のうちの大根王《おおねのみこ》の娘であった。したがって開化天皇のひ孫ということになる。

確認がとれ次第姉妹を召し出すように、と大碓命には命じた。ところが大碓命は景行天皇のこの命令にそむいてしまった。姉妹を見たとたん、大碓命はムラムラッときてしまったのだ。

「これほどに麗しい娘が親父のしとねになるなんて……ちっ、ならばこのオレが」

姉妹を召し出すのが惜しくなった大碓命はそこで一計を案じた。姉妹の身代わりを探し、景行天皇に差し出すことだ。ところが景行天皇はすぐに身代わりと見破り、その女たちには指一本触れもせず、悩ましい日々を送っていたという。

四　淫乱の霊が乗り移った神功皇后はシャーマンな女帝だった

神功皇后《じんぐう》はまさに才色兼備の女性だった。どれほど麗しい女性であったか。『日本書紀』はこのように絶賛している。

「幼《わか》くして聡明《さと》く叡智《さか》しくいます。貌容壮麗《はなはだかほよ》し」——と。

歴代天皇は妻あるいは多くの側室をもち、あまたの子孫をなしている。しかし彼女たちの教養や容貌までを気に掛ける天皇はそう多くない。むしろ無頓着なほど。ところが神功皇后にかぎってはちがった。皇后に対してこれまで使ったことのない言葉で賞賛している。たぐいまれな美貌と知性にめぐまれた神功皇后。ただしややもすればその知性と美貌がかえってあだとなる場合も少なくない。並の男では満足できないということだ。神功皇后が仲哀《ちゅうあい》天皇を不甲斐ない夫と愛想をつかし、見切りをつけた原因もじつはそこにあった。

神功皇后の名は息長足姫尊《おきながたらしひめのみこと》といい、第十四代仲哀天皇の妻だ。仲哀天皇は神功皇后の神託にそむいたのが原因で急死してしまう。

神功皇后は、夫の仲哀天皇が九州の熊襲征伐にあたって祈禱を執り行った。じつは彼女はシャーマン的素養もあり、霊界とテレパシーによって通じていた。さっそく彼女は琴を弾き、神寄せの秘儀を行うとともにこう天皇に告げた。西のかなたに金銀財宝をもつ豊かな国があるからその国を服従せよ、と。西国とはすなわち朝鮮半島。そこで天皇は高い丘のうえに登って西方を見渡す。ところが広い海のほか何も見えやしない。そのため仲哀天皇は、偽りをいう神もいるものだとけなし、妻の神託をハナから取り合わなかった。

仲哀天皇のこの態度が傲慢だと怒りまくったのが霊界の神。「およそこの天下はおぬしが統治する国にあらず。おぬしはとっとと黄泉の国に去ってしまえ」と言い放つのだ。神の怒りをおそれた側近の武内宿禰《たけしうちのすくね》は機転をきかし、神寄せの道具である琴を弾くことを仲哀天皇にすすめた。ところが時すでに遅かった。神の怒りはおさまるどころかますますさかんとなり、仲哀天皇は間もなくにして死んでしまう。仲哀天皇の死去はだれの目にも神罰とうつった。

だが仲哀天皇の死は内密にされ、宮中には箝口《かんこう》令が敷かれた。なぜこのようなことをしたのか。『日本書紀』はこう伝えている。「今、天下《あめのした》、未《いま》だ天皇の崩《かむあが》りますことを知らず。若《も》し百姓《おほみたから》知らば、懈怠《おこたり》有《あ》らむか」

つまり仲哀天皇の急死が天下に知れ渡れば民衆は怠惰に陥る。だから事の真相を伏せておけ、と神功皇后はいうのだろう。その神功皇后だが、仲哀天皇が五十二歳で死去したのを受けて国政に参画。みずから陣頭指揮を執って新羅出兵を推し進める。かくして神功皇后は仲哀天皇に代わって天皇親政を取り仕切る。女帝の誕生だ。ただし践祚《せんそ》を経て皇位を継承したものではないため実質的にはともあれ、正式には女帝と認めず、推古天皇を女帝第一号としている。

けれど実権を掌握し、天皇と同等の執政を行ったのをみれば事実上神功皇后こそ我が国最初の女性天皇と認めていいだろう。それというのは宮廷はもちろん一般民衆もこぞってそのように評価しているからだ。たとえばその事実は『常陸風土記』の茨城郡の条でみることがでる。多祁許呂命《たけころのみこと》は神功皇后について「息長帯比売《おきながたらしひめ》の天皇《すめらみこと》」と呼び、「その朝《みかど》に仕えて」いたことを語っている。

ところでこの神功皇后、夫の仲哀天皇の遺体を殯宮《もがりぐう》に埋葬するにあたって筑紫の国から厄払いの供物を大量に集めて神に捧げ、穢《けが》れを払うセレモニーを執り行うのだが、このときに指摘された穢れとは、いま二十一世紀に生きる私たちが振り返ってもじつにまがまがしいものといえよう。神功皇后の時代ですでに人びとのあいだではつぎに挙げるようなアブノーマルなセックスを繰り広げていた事実がはからずも明らかになったからだ。

ならば厄払いの対象となった穢れとはいったい何か。それはこのようなものだ。けものの皮や内臓を取り出す生き剝ぎ、あるいは逆剝ぎ。あぜ道や溝を埋める阿離《あはなち》や溝埋め、神聖な場所に糞や尿をばらまく屎戸《くそへ》。近親相姦を行う上通下通婚《おやこたはけ》、さらには獣姦である馬姦、牛姦、鶏姦、犬姦――などなどだ。

いやはやなんとも、といったところだがけれどここで私たちが興味を深くするのは、この時代に生きた人たちもセックスに対する欲望はやはり尽きなかったという事実だ。セックスの相手は異性のみならず動物にまで向けていった。すなわち獣姦だ。獣姦といえば八俣《やまた》の大蛇《おろち》を連想しないわけにはいかない。一つの胴体に八つの頭をもつ奇妙な大蛇は奇稲田姫《くしなだひめ》を襲い、手ごめにするといった、とんでもない猛蛇。奇稲田姫がいよいよ大蛇の餌食になる寸前にスサノオノミコトが颯爽と現れ、腰に帯びた十把の剣を抜きはなって大蛇の頭をつぎつぎとたたっ斬るという説話は絵本や昔話をとおしてお馴染み。

獣姦を連想するのはまさにここでの八俣の大蛇と奇稲田姫の関係だ。つまりここにおける大蛇は性欲、さらには男根を象徴化したものと理解できる。このような獣姦をモチーフにした神話があることを思えば、神功皇后の時代に、現実に獣姦があったとしても不思議はない。じつは神功皇后、獣姦に加えてもう一つ、忌むべきセックスとしてタブー視したものがあったのだ。男色、すなわち同性愛だ。男同士の同性愛は戦国時代や江戸時代にはさかんに行われ、とくに江戸時代になると同性愛者に出会いの場をビジネスにする陰間茶屋が現れ、けっこう繁盛した。

神功皇后が同性愛を禁じたのは、彼女が紀伊の豪族忍熊王《おくしまのみこ》攻略途上、昼間だというのに闇夜のような暗さに遭遇したことに由来する。この点を『日本書紀』はこう述べている。「是の怪《しるまし》は何の由《ゆゑ》ぞ」と神功皇后が問うのに答えてある古老は、「伝《つて》に聞く、是《かく》の如き怪《しるまし》をば、阿豆那比《あづなひ》の罪と謂《い》ふ」という。そこでまた神功皇后はかさねて「何の謂《いひ》ぞ」と問い返す。今度は土地の人が「二《ふたつ》の社《やしろ》の祝者《はふり》を、共に合わせ葬《をさ》むるか」と答えた。

二つの社とは小竹祝《しのはふり》と天野祝《あめのはふり》のこと。二人は相思相愛の仲だったが、小竹祝が病で死んだため天野祝は嘆き悲しみ、ついには彼も後追い自殺をはかる。それを哀れんだ土地のものは二人を一つの墓に埋葬したというのだ。これを聞いた神功皇后は墓を開け、寄り添うように眠る二人の遺体を発見。男同士の性愛は神の摂理に反する行為である。ただちに別々の墓に埋めなおせ、と土地の者に命令する。するとどうか、闇夜はたちまち晴れ上がり、日の光を取り戻すのだった。

小竹祝と天野祝のエピソードこそ我が国史上初めて登場する同性愛の記録。同性愛を我が国に広めたのは弘法大師ともいわれている。遣唐使として中国に渡った空海は、そのころ唐の都には「男《だん》寵《ちょう》」と称して春をひさぐ男の遊郭があったため彼もそこに出入りしたともいうのだ。むろん確証があるわけではない。同性愛といえば織田信長、武田信玄、徳川家光らと側近との関係は有名な語り草となって現在でも伝わっているところだ。

ともあれイザナキ、イザナミの国生みにしてからがそうであるように、セックスについて日本の歴史はじつに鷹揚だ。キリスト教のように全知全能の神が創作したなんていってない。男女の神がエッチして造ったといっているのだ。

話が横にそれてしまったので元に戻そう。さきに述べたが、神功皇后はシャーマンだった。だから処女懐胎という離れ業もやってのけるのだ。神功皇后は仲哀天皇亡きあとを受けて新羅《しらぎ》討伐の指揮を執り、筑紫の国に出張していた。そのときに出産したのだ。

生まれた子は男児であった。男児誕生に先立って武内宿禰は、「恐《かしこ》し。我が大神《おほかみ》、其の神の腹に坐《いま》す御子《みこ》は、何《いづ》れの子ぞや」と問うのだ。これに対し、神功皇后に乗り移った神は「男子《をのこご》ぞ」と答え、さらに「是は天照大神の御心《みこころ》ぞ」と諭すのである。つまり神功皇后は神の子を懐胎したというわけだ。

陣痛がはじまり、いよいよ出産も間近というとき、神功皇后は腰に一個の石をあてがった。そのときの様子を『古事記』は、「即ち御腹を鎮《しづ》めたまはむと為《し》て、石を取りて御裳《みも》の腰に纏《ま》かして、筑紫の国に渡りまして、其の御子《みこ》はあれ坐《ま》しつ」と記している。

『古事記』の注釈によると、石とは鎮懐石のこと。臨月に達した神功皇后はこの鎮懐石を腰に当て、陣痛を抑えた、という。鎮懐石は子安貝（宝貝）であったろう。おそそ貝などと呼ばれるだけに子安貝と女性の関係は深い。貝のかたちが女性器にぴったりだからだ。

女性と貝の関係が深いというのは理解できる。とりわけイタリアの画家ボッデチェリーのビィーナスの誕生をみれば納得する。この大作はギリシャ神話をモチーフにしたものだが、帆立貝の上に立つ裸体のビィーナスはまさにたったいま、貝（女性器）から誕生したばかりであることを見るものに暗示している。

　神功皇后がなした子は、生まれた地名にちなんで宇美《うみ》と名付けた。鎮懐石も筑紫国の伊斗村《いとのむら》に残していったという。かくして神功皇后は男とセックスしたこともないのにはらんでしまった。だが、ひょっとするとこれは祖先から受け継いだ神功皇后の霊であったかも知れない。じつは彼女と無縁ではない、卑しき女と『古事記』ではいう女性も処女懐胎だったからだ。

　神功皇后は母親の葛城之高額比売命《かずらきのたかぬかひめのみこと》と父の息長宿禰《おきながのすくね》王の子として生まれる。息長宿禰王のルーツをたどると開化《かいか》天皇に行き当たる。一方母親のルーツをたずねると天之日矛《あめのひぼこ》に行き着く。天之日矛は新羅国からの渡来人だった。渡来した経緯とは、日本に逃げこんだ妻の後を追いかけてきたことによる。妻の名は阿加流比売《あかるひめ》といった。彼女の出生はなんとも奇妙なものだった。どう奇妙か。『古事記』によるとあらましこのようになる。

　新羅のあるところに阿具奴摩《あぐぬま》という名の沼があり、そのほとりに身分の低い女性が昼寝をしていた。すると陽の光が女性の秘部に差し込んだというのだ。おそらく熟睡しているうち着物の裾がはだけて中身が丸出しになってしまったのだろう。だからお天道《てんとう》様もクラクラしてしまい、夢中で差し込んだのかも知れない。この様子を身分の低い男が見てしまった。男はにやにやしながら物陰から女の様子をしばらくのぞいていた。するとやがて女ははらみはじめ、赤い玉をなしたというのだ。男は女からその玉をもらい、いつも腰のところに結んでいた。男は山間に水田を耕していたので牛の背に飲み物を積んで田にむかっていた。途中で天之日矛に出会った。天之日矛は男を見つけるなり因縁をつけてからむのだった。

「なんでおまえは食い物や飲み物を牛の背中につけてるだ。ははぁーんそうか。おまえはなんだな、その牛を殺して食ってしまおうってわけだな」

天之日矛は男を捕らえて牢屋にぶちこむつもりだから男はあわててこう弁解する。

「めっそうもない。おらは田んぼで働く男たちに食い物を運んでいるだけでやんす」

それでも天之日矛は許そうとしないので、男は腰に結んだ玉をほどいて献上した。天之日矛は玉を自宅の床の間に飾っておいたところいつしか玉は麗しい女性の姿となって現れたからブッたまげるやらうれしいやら、仰天するのだった。

女は天之日矛の妻になっていた。珍しい手料理をこまめにつくるなど、女はよく夫を立てた。ところがそれをいいことに天之日矛は図に乗り、あげくはののしることさえあった。これにはさすがの彼女もついにキレた。そしてこう言い返すのだ。

「だいたいわたしじゃね、あんたの妻になるような女じゃないのよ。いっとくけど、わたしゃ日の光で生まれたんですからね。わたしゃこれから祖先の国に帰らせていただきますからね。ではさようなら」

そこで彼女は小船を漕ぎ出して灘波《なにわ》に渡ってくる。妻に逆三下り半をつきつけられた天之日矛。みっともないことに妻の後を追い、彼も日本海を越えてくる。ところが海の神に行く手をさえぎられ、やむなく但馬の国に踏みとどまるしかなかった。天之日矛は妻を追うことを断念するかわりに多遅摩《たじま》前津見《さきつみ》という名の娘を娶り、多遅摩母呂久須《もろすく》を生む。子供たちはさらにつぎつぎと子孫をなし、そのなかの一人である多遅摩比多訶《ひたか》が姪の妹菅竈由良度美《いもすがかまゆらどみ》を娶り、葛城之高額比売命をはらむ。すなわち神功皇后の母親だ。これが天之日矛の渡来にまつわる『古事記』のあらまし。

神功皇后とさきの卑しい女性との血のつながりはない。しかし日の光を秘所に受けて赤い玉を身ごもり、美しい乙女をなす。このことと霊夢によって男児をはらませる神功皇后。この二人、時も場所もちがいながらしかし共通するものがある。つまり女性がもっていた霊的なちからがめぐりめぐって神功皇后に乗り移ったということだ。

これは当方の推測にすぎない。推測といえば神功皇后はシャーマンであったことから卑弥呼と同一人物とする説もある。だがはたしていかがなものだろう。というのは、卑弥呼は西暦二四八年ごろに死んでおり、神功皇后は三八九年春、百歳で死んだことになっているため二人のあいだには百四十年ものへだたりがあるからだ。

五　仁徳天皇、嫉妬深い妻に隠れてする不倫は蜜の味

十六代仁徳《にんとく》天皇といえば国見伝説、とくる。『古事記』では、国見伝説をこう伝えている。
「国《く》の中《なか》に烟発《けぶりた》たず。国皆《みな》貧窮《まづ》し。故、今より三年《みとせ》に至るまで、悉《ことごと》に人民《たみ》の課《みつぎ》、役《えだち》を除《ゆる》せ」
仁徳天皇は小高い丘にのぼり、眼下に広がる庶民たちの暮らしぶりをながめた。ところがかまどから立ちのぼる煙がまったく見当たらない。これを怪訝に思った仁徳天皇は庶民の窮状を知り、彼らに課していた税金を三年間免除することを告げた。そして同時に自分も質素倹約の範を垂れた。住居はいたるところ破損し、雨漏りはする。すきま風は入る、柱も床も傷みが激しかった。それでも修理せず、ひたすら我慢するのだった。

このように、まことに慈悲深い仁徳天皇。国民の人望はたちまち高まり、以来仁徳天皇を「聖帝」と崇め、彼が執り行う政治を「仁政」と称して称賛した。

国民の心をつかみ、尊敬を集めたのを受けて仁徳天皇は自分が住む築城工事に着手する。これに国民もこぞって応えた。木材を運び、土塁を築き、日夜を分かたず、老いも若きも総動員して馳せ参じるのだった。仁徳天皇は築城工事のほか戦乱に明け暮れる朝鮮半島を逃れて日本に帰化した秦《はた》人を工事責任者に立て、河内国や山和国に池、運河、米蔵、港湾建設をすすめ、そしてついには、いずれ自

分がそこに入る、全長四百二十メートルという我が国最大の墓まで築いてしまうのだ。

けれど仁徳天皇もこれまた実在が疑われている。それは八十七年という在位期間の長さ、あるいはさまざまな大規模工事が行われたのは仁徳時代よりやや後になってからではないか、というのが理由だ。ま、本書は登場人物が架空か実在かを問うのが目的ではない。精力絶倫でさえあれば架空の人物であろうと捏造された歴史であろうと結構なのだ。

かくして荒れ果てた築城工事も完了。仁徳天皇これでひとまずホっとした。それというのは長い間《あいだ》あばら屋生活を余儀なくしたことで妻の石之日姫命《いわのひめのみこと》には顔向けができなかったからだ。石之日姫命は、課税を免除したためかまどから煙が立ちのぼり、国民にゆとりが出てきたの知って「愁いなし」と呟く夫に対してすぐさま、「宮垣《みかき》壊《くづ》れて脩《をさ》むること得《え》ず。殿屋《おほとのや》破《ぶ》れて衣《おほみそ》被《おほみふすま》露《つゆにしほ》る。何をか富めると謂《のたま》ふや」（『日本書紀』巻第十一、七年夏四月）と問い詰め、不満をぶつけるのだった。

口を開けば不平不満。おまけに嫉妬深いときている。そんな妻を持ったのではほかに愛人を見つけ、不倫もしたくなる。仁徳天皇はそうだった。仁徳天皇は石之日姫命を妻に迎え、大江之伊邪本和気《おおえのいざほわけの》命《みこと》、墨江之中津王《すみのえのなかつみこ》、蝮之水歯別命《たじひのみづはわけのみこと》、男浅津間若子宿禰命《おあさつまわくごのすくねのみこと》ら四人の子をなしている。

このほか、応神天皇が見初め、日向国から召し出した髪長姫《かみながひめ》を見受けしたいとねだり、応神天皇から貰い受けた髪長姫とのあいだに波多毘能大郎子《はたびのおおいらつこ》、波多毘能若郎女《はたびのわかいらつめ》の二人をはらせまていた。このほか異母妹の八田若郎女《やたのわかいらつめ》、宇遅能若郎女《うじのわかいらつめ》の二人をも囲っている。ただしこの二人にはあいにくタネがつかなかった。

四人の女性とセックスを繰り返しながらなおまだ不足。だから仁徳天皇は吉備《きび》地方に住む海士の娘で名を黒比売《くろひめ》という、ことのほか麗しい処女がいると聞くやただちに召し出し、彼女の下半身に手を押し入れた。ところが男を知らない黒比売はびっくり仰天、声を出して故郷に逃げ戻ってしまう。もっとも黒比売の逃亡は石之日姫命の嫉妬を恐れたためともいわれている。黒比売は海士の娘というからいかにも健康的でグラマラスな、ムッチリ型の女であったにちがいない。それに比べて石之日姫命は四人の子持ち。女盛りもすぎ、すっかり枯れしぼんでしまった。そんな石之日姫命に黒比売はまぶしすぎた。石之日姫命の嫉妬はやがていびりに変わり、黒比売をいたたまれなくさせた。

そうであれば一層おさまらないのが仁徳天皇。よせばいいのに黒比売の後を追ったりするから問題がこじれる。しかもこのとき仁徳天皇は妻に「淡路島を見むと欲《おも》ふ」と嘘をついて出ていくのだ。嘘も方便というが、仁徳天皇が事実を隠さなければならなかったのは嫉妬だけではなかったろう。石之日姫命は猜疑心が強く、恐妻であったからかも知れない。しかしそのような妻であればあるほど隠れてする不倫はじつに刺激的、蜜の味がする。

黒比売を追って淡路島から瀬戸内海を越えて吉備国にたどりついた仁徳天皇はようやく黒比売に巡り会えた。さぞかし黒比売は驚いたろう。まさか天皇ともあろうものが女を追ってはるばる浪速からやってくるなど想像もしなかったからだ。しかし半面、それほどに慕われていることを知って嬉しくもあった。再会を喜び合った二人は甘い言葉を交わし、やがて身を重ね合うのだった。このときはもう黒比売はおぼこなどではなく、むしろ何度も要求するほど淫放な女に変貌していた。

黒比売との再会は首尾よくいった。不倫の味をしめた仁徳天皇、またしても八田若郎女に同じ手を使った。ところが今度そうはいかなかった。密告されてしまったからだ。仁徳天皇は黒比売との再会からまだ日が経たず、ムッチリした彼女の肌触りが消えていないというのに、早くも八田若郎女の体がほしくなっていた。

八田若郎女は、仁徳天皇の父である応神天皇が矢河枝比売《やかわえひめ》に生ませた娘だったから、仁徳天皇とは異母兄妹ということになる。八田若郎女との不倫は妻の留守をねらった。石之日姫命は酒宴に用いる御綱柏《みつながしわ》を採りに熊野にでかけ、宮廷には仁徳天皇だけがいた。これをさいわいとばかりに仁徳天皇は八田若郎女のもとに入り浸り、夜昼かまわずハメまくるのだった。

昼の日なかからあられもない声を発する八田若郎女に宮中の役人たちは顔をしかめ、仁徳天皇との不倫関係を断ち切ることに腐心する。それには二人の関係を石之日姫命に密告することがもっとも効果的。ただでさえ嫉妬深い女。妻の留守につけこんで若い娘と真っ昼まっからチチクリ合ってるとわかればどうなるか、役人たちは知っている。そこで、宮中で使う飲料水の水汲みを仕事にしていた吉備出身の人足が、出身地の吉備に帰る途中、石之日姫命の側女にこう事の子細を密告するのだった。

「このごろ天皇は若い八田若郎女を閨の奥に引き入れ、なにやら日中からおたわむれのご様子。そのような淫らな関係をご存じないから大后はあのようにのんびりとお出掛けになってるのでしょう」

これに驚いた側女たちは人足の話をそのまま石之日姫命に伝えたからたまらない。嫉妬の炎がメラメラっと燃えさかり、天を衝かんばかりの憤怒でたちまち顔面蒼白となった。石之日姫命は摘み取った御綱柏を海中に投げ捨て、宮廷には戻らず、各地を転々としたのち筒木に住居を築き、別居生活をはじめてしまうのだった。

おそれていたことが現実になったということも石之日姫命の憤慨を増幅させた。それというのはかつて仁徳天皇にある申し出をされ、それを拒否した経緯があったからだ。経緯とは、さてどのようなものであったか。『日本書紀』の二十二年の春正月の条でこう述べている。

「『八田皇女《やたのひめみこ》を納《めしい》れて将《まさ》に妃《みめ》とせむ』とのたまふ。時に皇后聴《うけゆる》さず」

八田若郎女を妻に迎えたい、と懇願する夫に石之日姫命は頑として許さなかった。しかしなおも仁徳天皇は弓の弦を用意し、切れたときは控えの弦を使う。皇女はそのようなものだとか、浪速の並び浜のように、夜の伽は二人同時に行うなどと言い訳をしながら皇后を説得する。ところが石之日姫命は、蚕のまゆでつくった絹の着物を二重に着るように、夜の閨を二つ並べるなどとんでもない、二人の女を同時に相手にするなどもってのほか、とぴしゃり。

石之日姫命の嫉妬深さがうとましかった。そうしたところへ石之日姫命の御綱柏採取。仁徳天皇にとって千載一遇のチャンス。石之日姫命の留守を幸いに八田若郎女を宮中に誘い込み、愛をたっぷり施すのであった。しかも、こともあろうに仁徳天皇はこっそりと、八田若郎女を妻に迎えてしまうのだった。これはまさに背信行為、裏切りにほかならない。だから石之日姫命は仁徳天皇が派遣した役人が、宮廷に戻ってくるようにとの説得をいくらされても拒み、そしてさらに、「陛下《きみ》、八田皇女《やたのひめみこ》を納《めしい》れて妃《みめ》としたまふ。其《そ》れ皇女《ひめみこ》に副《そ》ひて后《きさき》たらまく欲《ほり》せじ」と憤りに満ちた恨みの言葉を浴びせるのだった。

石之日姫命は仁徳天皇の仕打ちを最後まで許さず、別居生活を続けること約五年。三十五年の夏六月、石之日姫命は他界する。あるいはこれは憤死であったかも知れず、仁徳天皇に対する最後で最大の抵抗であったかも知れない。石之日姫命は死をもってなお皇后であるという自尊心を最後まで貫き通した。皇后の座をおびやかすものは断固これを拒否し、容赦しなかった。石之日姫命は皇后の座がどれほど重いものかはっきりと自覚していた女だった。それまでも、たとえば大国主命の正妻である須勢理毘売《すせりびめ》に対して八上比売《やがみひめ》はただの妻だったから、地位のちがいをさとって自分から身を引くといったケースもあった。けれどこのころはまだ正妻かそうでないかが判断基準であった。しかし仁徳天皇の時代ともなると皇后も天皇と同格の権限をもつ。

皇后の地位を重いものにしたのが養老律令であった。養老律令は刑罰や身分階級、職制などを定めた古代の法律だが、同書第十三の「継嗣令《けいしりょう》」では、皇族の身分や婚姻法とともに皇位継承を規定している。それによると、「凡皇兄弟皇子。皆為親王。女帝子亦同」と記している。

親王といえば天皇の次期候補者だ。その候補者は、天皇の子供であれば男でも女でもなれる、といっている。じっさい我が国には女性の皇位継承が容認され、推古天皇や考謙天皇のような女性天皇が登場している。それを皇位継承は男子にかぎるとしたのは明治時代になってからだった。仁徳天皇の時代になると皇后の権威も強固になったことがわかる。そしてもう一つ、仁徳天皇の時代になって明らかになったものに売娼がある。

仁徳天皇四十年、磐坂媛《いわさかひめ》という名の采女《うねめ》が新嘗祭の宴の席に登場するのを『日本書紀』は伝えている。采女とは遊び女、うかれ女などとも称され、いわば春を鬻《ひさ》ぐ売娼だ。プロの売娼が歴史上に登場するのはこの磐坂媛が最初。しかしその後履中《りちゅう》天皇や雄略《ゆうりゃく》天皇の時代になると頻繁に登場してくる。たとえば履中天皇に死罪を赦免されたのを受け、帰順のしるしとして大和国の吾子籠《あごこ》は妹を采女として献上している。允恭《いんぎょう》天皇の条では、皇后の忍坂之大中津比売命《おしさかのおおなかつひめのみこと》が妹の広通姫を天皇に差し出し、処女を捧げている。

雄略天皇がはらませた相手も采女だった。ただし一夜のまぐわいで女児をはらんだことに不審を感じた天皇は女児の養育を放棄したという。この雄略天皇の話でまた一つ新しい発見があった。それは采女と交わしたセックスの回数だ。雄略天皇は一夜で妊娠した采女をあやしんだため、目大連《めのおおむらじ》という名の家臣がこう尋ねたことを『日本書紀』の雄略天皇元年三月でこのように伝えている。

「然《しか》らば一宵に幾廻喚《いくたびめ》ししや」

雄略天皇これに、

「七廻喚《ななたび》しき」

と答えている。

歴史上、セックスの回数をはっきりと数字で示したのは雄略天皇がはじめてではあるまいか。それにしても一晩で七連発とは見上げたもの。天皇ともなるとやはりナニのほうもただものではないらしい。

釆女については養老律令の後宮職員令の項目で郡の少領（次官級）以上の姉妹もしくは子供であることとし、年齢は十三歳から三十歳以下の処女にかぎるとしている。しかしこの制度も大同二（八〇七）年五月に廃止された。平城《へいぜい》天皇がすすめた行政改革で釆女献上が停止されたからだ。

仁徳天皇は皇后の地位を明確にし、地方の豪族の娘を釆女として献上させるなど、我が国の性愛文化に画期的なページを築いた点でまことに開明的な天皇だった。

六　木梨軽皇子、悲恋のはてに情死行

第十九代允恭《いんぎょう》天皇は妻の忍坂大中津姫命《おしさかのおおなかつひめのみこと》のあいだに木梨軽皇子《きなしのかるのみこ》、名形大郎皇女《ながたのおおいらつめのひめみこ》、境黒《さかいのくろ》彦皇子《ひこのみこ》、穴穂皇子《あなほのみこ》。後の安康《あんこう》天皇、軽大娘皇女《かるのおおいらつめのひめみこ》、八釣白彦皇子《やつりのしろひこのみこ》、大泊瀬皇子《おおはつせのみこ》。のちの雄略《ゆうりゃく》天皇、但馬橘大娘皇女《たじまのたちばなのおおいらつめのひめみこ》、酒見皇女《さかみのひめみこ》の五男四女をなしている。

允恭天皇の嫡男である木梨軽皇子は、「容姿佳麗《かほきらぎら》、見たてまつる者《ひと》、自《おの》づからに感《め》づ」と『允恭記』にもあるほどだからいかにも颯爽とした、当世風にいえばイケメンだったにちがいない。ところがそれがかえって仇になったのか、こともあろうに木梨軽皇子、実の妹の軽大娘皇女に恋心を抱き、ついには密通におよぶほどの関係に陥ってしまったのだ。

いかに上通婚、下通婚、兄弟姉妹婚、あるいは叔父叔母婚など近親結婚はめずらしくなく、男女関係にルーズな宮廷とはいえ、時代も允恭天皇のころになると次第に近親結婚を罪悪視するようにもなっていたから、木梨軽皇子の振る舞いには顔をしかめるものも少なくなかった。

軽大娘皇女もなかなかの美女であったらしい。なにしろ『日本書紀』ではこのようにたとえているほどなのだ。

「容姿《かほ》絶妙《すぐ》れて比無《ならびな》し。其の艶《うるは》しき色、衣《そ》より徹《とほ》りて晃《て》れり」

いわゆるくびれのはっきりしたナイスボディーの身にまとった衣をとおしてさえなまめかしい姿態が透けて見えるほどだ、というのだ。そのため同書はさらにこう付け加えるのだ。

「是《ここ》を以《も》て、時人《ときのひと》、号《なづ》けて、衣通郎姫《そとほしのいらつめ》と曰《まう》す」

つまりスレンダーな姿態が衣を通してもはっきりくっきりわかるため、以来皇女は衣通郎女という通称で呼ばれるようになったということだが、木梨軽皇子が妹の衣通郎女に恋してしまったのは允恭天皇二十三年春三月、皇子が次期天皇としての太子《ひつぎのみこ》に立ったころだった。『古事記』では允恭天皇崩御後としている。

衣通郎女に対する木梨軽皇子の恋心は日に日につのり、切ないほどであった。そのあたりを『日本書紀』はあたかも同情をこめるようにこう述べているので見ておくのもいいだろう。

「同母妹《いろも》軽大娘皇女《かるのおほいらつめのひめみこ》、亦艶妙《またかほよ》し。太子《ひつぎのみこ》、恒《つね》に大娘皇女《おほいらつめのひめみこ》と合《みあはし》せむと念《おもほ》す。罪《つみ》有らむことを畏《おそ》りて黙《もだ》あり。然《しか》るに感《め》でたきふ情《みこころ》、既に盛《さかり》にして殆《ほとほど》に死《みう》するに至りまさむとす」

罪をおそれて告白はできない。だからこそますます恋情はつのり、ほとんど死なんばかりであったというのだ。当時の社会通念として、父親は同じでも、母親がちがう異母の男女の婚姻は認められていた。けれど母親が同じ男女の結婚はタブーとされ、罰せられた。罰とはどのようなものであったかについて『記紀』は触れてない。ただ母親を同じくする男女の恋愛が発覚したとなれば流罪もあり得た。軽大娘皇女がそうだったからだ。

ともあれ、木梨軽皇子の恋情はいまややみがたく、いたずらに時を空しくするぐらいなら、たとえ罪を受けようともこの恋情を成就したい、というところまで思い詰めていた。そしてついに禁を破り、木梨軽皇子は密通におよび、思いのたけをこう歌に託すのだった。

「あしひきの 山田を作り 山高《やまだか》み 下樋《したび》を走《わし》せ 下泣《したな》きに 我が泣く妻 片泣《かたな》きに 我が泣く妻 今夜《こぞ》こそ 安く膚触《はだふ》れ」

この歌を詠んだことで木梨軽皇子と軽大娘皇女の密通がたちまち宮廷中に広まり、允恭天皇の耳にもはいるほどになった。これを放置すれば綱紀は乱れ、公序良俗を犯すことになる。そのため苦悩のすえ、允恭天皇は軽大娘皇女を伊予に流すことで二人の関係を断ち切った。ここで『日本書紀』は二人の密通事件にひとまず決着をつけ、はなしは木梨軽皇子の謀反に変わる。

允恭天皇の崩御を契機に木梨軽皇子は暴虐をふるい、女性たちをつかまえてはつぎつぎと閨に引き込み、無理やりエッチしてしまうほど、すっかり性格が荒み、ついには弟の安康天皇を襲撃、殺害するたくらみさえ抱くのだった。そのため安康天皇もこれに反撃を加え、窮地に追い込んだ。そして木梨軽皇子は物部大前宿禰《おおまえすくね》の家に逃げ込み、自害して果てるのだった。一説には、伊予に流されたともいわれている。

『日本書紀』による結末はこうだが、『古事記』では、ドラマ性はない反面、木梨軽皇子の内面に迫ってよりリアリティーな情感を引き出している。

木梨軽皇子は物部大前《おおまえ》小《お》前《まえ》宿禰《のすくね》の説得にしたがい、武器を捨てて安康天皇に帰順するとともに伊予への流罪を自分から申し出る。そして、彼の地で慕い続ける軽大娘皇女に巡り会うためこのように歌を詠むのだった。

「天飛《あまと》ぶ 鳥も使《つかひ》そ 鶴《たづ》が音《ね》の 聞えむ時は 我が名問はさね」

これに対して伊予の地で木梨軽皇子をずっと待ち続けていた軽大娘皇女も次の歌を献上、

「夏草の あひねの浜の 蠣貝《かきがひ》に 足踏《あしふ》ますな あかしてとほれ」

こうして二人は伊予の地で再会し、かたく結び合い、さっそくエッチにはいるのだった。ところが再会は皮肉にも二人の悲劇のはじまりでもあった。所詮この世ではかなわない悲しい恋。なればあの世で果たそうと覚悟を決め、二人は手に手を取って自害するのだった。

情死の歴史は木梨軽皇子と軽大娘皇女がはじめてではない。垂仁《すいにん》天皇の時代にすでに起こっていた。垂仁天皇四年秋九月の条がそうだ。『日本書紀』ではこのように伝えている。垂仁天皇の皇后である狭穂姫《さほひめ》の兄、狭穂彦《さほびこ》が政権転覆をくわだてていると知った垂仁天皇は、皇后に対して「汝《いまし》、兄《いろせ》と夫《をうと》と孰《いづれ》か愛《うつく》しき」と迫る。これに狭穂姫は躊躇もなく、そしてきっぱりと、「兄《このかみ》ぞ愛《うつく》しき」と答えるのだった。

これを知った狭穂彦は、ならば夫を殺害せよといって妹の狭穂姫にあいくちを渡す。狭穂姫は、自分の膝をまくらにうたた寝する垂仁天皇に三度、刃をむける。けれどさすがに実行できずさめざめと泣き崩れるのだった。

涙が自分の顔に落ちたことで垂仁天皇は妻から子細を聞き出し、狭穂彦追討の兵をただちにむけた。追い詰められた狭穂彦は稲城《いなき》に籠城するもののもはや抵抗はそこまで。無謀な兄ではあれ、なお慕う狭穂姫はともに稲城に籠り、兄の狭穂彦と炎上する城もろともに果てる、というものだ。

さらには手児奈《てこな》、菟原処女《うないおとめ》をめぐる男たちの後追い情死もある。

手児奈は髪の乱れも履ものも気にしない女だったが、美しさではどのような箱入り娘もかなわなかった。満月のような顔、花のようなほほえみ、彼女が立つと、夏の虫が火に飛び込むように男どもが群がり、寄ってくるという。そのため自分をめぐって男たちの奪い合い、殴り合いが絶えず、負傷するものさえ続出するありさまだった。手児奈は悩み、いっそ我が身さえなければ、と深く思い詰め、ついに人知れず手児奈は入水自殺をはかるのだった。

菟原処女は千沼壮士《ちぬおとこ》と菟原壮士《うないおとこ》の二人の男から求婚された。ところが二人は菟原処女をめぐって激しい争奪戦を演じる。男たちのそのようないさかいを見てしまった彼女の嘆きは深く、結婚を断念し、黄泉で待とうと、自害してしまう。そのため男たちもこれをはかなみ、菟原処女の後を追って自害するのだった。この二つのはなしは『万葉集』の巻三に収録されている。

道ならぬ恋に陥った男女が、しかしその恋を一途に貫こうとすればもはやこの世では果たせない。となればいっそのことあの世で……ということになるのであろうか。木梨軽皇子と軽大娘皇女の兄妹心中は悲しい結末だけに美しい。

七　恋もまた奔放な雄略天皇

二十一代雄略《ゆうりゃく》天皇はどうも猜疑心の強い天皇であったらしい。そのため『日本書紀』の雄略天皇二年冬十月では「誤《あやま》りて人を殺したまふこと衆《おほ》し。天下《あめのした》、誹謗《そし》りて言《まう》さく、『大《はなは》だ悪《あ》しくましします天皇なり』とまうす」とさえ評している。

誤って人を殺めること多数におよんだ……。ではいったいそれはなぜか、という疑問がここにわく。

そもそもの発端はというと、雄略天皇がまだ天皇に即位する前にさかのぼる。彼はある側近から、「穴穂天皇《あなほのすめらみこと》は眉輪王《まよわのおほきみ》の為《ため》に殺《し》せられたまひぬ」と耳打ちされ、おおいに驚いた、というところにはじまる。穴穂天皇とは同母兄の安康《あんこう》天皇を指す。安康天皇は根使主《ねのおみ》の讒言《ざんげん》をまっとうに受け、伯父の大草香皇子《おおくさかのみこ》を殺害してしまった。そのため大草香皇子の子、眉輪王の復讐に遭遇し、殺されるのだった。

安康天皇暗殺の真相を知ってしまった大泊瀬幼武皇子《おおはつせのわかたけのみこ》。のちの雄略天皇はたちまち兄たちに不信感をおぼえ、武装して、まず同母兄の八釣白彦皇子《やつりのしろひこのみこ》を攻め滅ぼし、斬り殺してしまう。さらに大泊瀬幼武皇子の剣はやはり同母兄の坂合黒彦皇子《さかあいのくろひこのみこ》と従兄弟の眉輪王に向けられた。

坂合黒彦皇子と眉輪王の二人はともに葛城円大臣《かずらきつぶらのおおおみ》の家に逃げ込む。そこで葛城円大臣も自分の娘である韓媛《からひめ》と自分の土地七カ所（安康記では五村屯とある）を大泊瀬幼武皇子に献上し、二人の許しを乞うのであった。けれど大泊瀬幼武皇子はこれを許さなかったばかりか家に火を放ち、二人を焼き殺してしまう。このような前歴があったから、天皇に即位したのちになってさえ彼に対する人びとの印象は好転せず、さきに述べた、「大だ悪しくまします天皇」という評価をくつがえすことはできなかった。

とはいえそのような暴君である反面、心情のこまやかな天皇でもあった。とりわけ美しい女性に対してはやさしく、これぞと思うと采女と称して後宮に引き込むなど惚れっぽいタチで、恋にはじつに奔放な雄略天皇だった。

雄略天皇は草香幡梭姫皇女《くさかのはたびひめのひめみこ》（『古事記』では若日下部王《わかくさかべのみこ》という）を皇后に迎えた。ただし彼女とのあいだには子が生まれなかった。そのため雄略天皇は三人の側室を置いた。韓媛、稚姫《わかひめ》、童女君《おみなぎみ》がそうだ。そして韓媛には一男一女をはらませ、稚姫には二人の男児をはらませ、童女君にも一女をはらませている。このうち韓媛がなした白髪武広国押稚日本根子天皇《しらかのたけひろくにおしわかやまとねこのすめらみこと》はのちの清寧《せいねい》天皇である。

このように四人の美女たちをそばに侍らせていれば、さだめし夜伽のほうもさかんであり不満などあり得まい、と思うのだがさにあらず。これぞと思う女性を見ると浮気の虫がムズムズするらしく、すぐさま手を出したがるのだ。

そのまずはじまりは、ある日あるとき国見の旅に出掛け、美和河《みわがわ》のほとりにさしかかったとき浮気の悪い虫が発作を起こす。川で着物を洗濯する可憐な童女を見初めたからだ。雄略天皇は、「汝《なむち》は誰《た》が子ぞ」と問う。これに童女は、「己が名は引田部赤猪子《ひけたべのあかゐこ》と謂《い》ふ」と答えるからさらに雄略天皇は、「汝《なうち》は夫《を》に嫁《あ》はずあれ。今喚《め》してむ」と口をすべらしてしまった。ところがこれがいけなかった。だってそうではないか。おまえは嫁にゆかずにおれ。いずれ後宮に迎えてしんぜよう、などと軽くいってしまうのだから。

真に受けた引田部赤猪子は雄略天皇の口約束をひたすら待ち続け、八十年の齢になってさえなおまだ後宮に召される日を待ちわびるのだった。とはいえ老いさらばえた身にもはや天皇の思し召しなどあろうはずもない、ということも彼女は気づいていた。けれど待ち続けた日々と一途な思いだけはなんとしてでも打ち明けずにはおれない。引田部赤猪子は豪華な結納品のかずかずをあつらえて宮廷に参内し、八十年の過ぎ来しを雄略天皇に縷々語りはじめる。雄略天皇はたまげてしまった。だから、そんなことがあったかな、などとシラを切るしかなかった。

引田部赤猪子は童女であった。しかも後宮に召し出すという点から想像すると采女であったかも知れない。采女とは天皇のそばに従い、食膳や身の回りの雑用をこなす下級官女だ。ただし采女は国造や県主など地方の豪族の子女をもって貢進することとしている。養老律令「後宮職員令」第三がそうだ。

「凡そ諸の氏は、氏別に女貢せよ。皆年卅以下十三以上を限れ。氏の名に非ずと雖《いえど》も、自ら進仕せむこと欲はば、聴せ。其れ采女貢せむことは、郡の少領以上の姉妹及び女の、形容端正なるものをもちてせよ。皆中務省に申して奏聞せよ」

年齢は十三歳から三十歳までの女性とし、出身は少領以上で容姿が端麗、というのが采女の条件だ。雄略天皇の女あさりは懲りなかった。むしろさかんでさえあった。今度は吉野宮に出掛けたときだった。途中の吉野川で見かけた童女にまたしても一目惚れしてしまい、早くも帰り道にはその童女を宮廷に連れ帰っているのだ。雄略天皇はどうやらロリータコンプレックス（ロリコン）であったらしい。
さらにはまた、丸邇之佐都紀臣《わにのさつきのおみ》の娘で袁杼比売《おどひめ》を娶るため春日《かすが》にいそいそと出掛けてゆくかと思えば采女の媛女《おとめ》のなまめかしくもしなやかな姿態にたちまちムラムラっときて、目尻を「へ」の字に下げて「和顔悦色」の態となり、手に手を携えてそのまま閨房に籠るハッスル雄略天皇であった。そのような雄略天皇だったから、惚れた女を奪おうとするものでもいようものならとことん容赦しなかった。

雄略天皇三年夏四月《うづき》のことだ。雄略天皇は阿閉臣《あへのおみ》国見《くにみ》から、栲幡皇女《たくはたのひめみこ》と、彼女の養育係であった盧城部連《いおきべのむらじ》武彦《たけひこ》の関係がどうやら怪しいとして、「武彦、皇女《ひめみこ》を奸《けが》しまつりて任身《はら》ましめたり」と告げられるのだった。

雄略天皇はさっそく使いを走らせ、栲幡皇女を尋問する。けれど皇女は、「妾《やつこ》は、識《し》らず」とシラを切る。雄略天皇より色男の盧城部連武彦に操を立てるのだからさすがである。しかし栲幡皇女が尋問を受けているころにはすでに盧城部連武彦は父の枳莒喩《きこゆ》の手によって殺害されていた。

雄略天皇九年春二月《きさらぎ》にはこのようなことがあった。凡河内直《おおしかふちのあたい》香賜《かたぶ》が采女とさかんにエッチし、はしたないよがり声をあげているとの告げ口に雄略天皇は「いいことしやがって」と嫉妬し、逃げ回る凡河内直香賜を捕まえ、首を斬り落とすのだった。

また雄略天皇十三年春三月《やよい》にはこのようなこともあった。またしても歯田根命《はたねのみこと》と称する男がひそかに采女の山辺《やまのべの》小嶋子《こしまこ》とセックスにふけっていた。これを知った雄略天皇は逆上してしまい、歯田根命をきびしく尋問し、采女といいことした罪で斬り殺してしまうのだ。

下級官女とはいえ采女は天皇に仕えるもの。したがってほかの男が采女とねんごろになるなど許されざる行為。とはいえ、采女といえば養老律令で規定されているとおり十三歳から三十歳までの妙齢な女性ばかり。そのうえ豪族の娘たちであり粒ぞろいの美人、ときている。であれば天皇だけに独り占めさせてなるものか、とばかりに挑みかかる勇敢な男がいても不思議はない。

そのかわり采女との関係は命懸けであることを覚悟しなければならない。露見すればさきの例のように、たちまち極刑に処せられるからだ。ましてことのほか女性には執着心の強い雄略天皇の采女を奪い取るとなればよほどの覚悟が必要、腹をくくってかからなければ達成は望めない。

ま、それはともあれ、一人の妻と三人の側室がおり、そのうえ童女をつぎつぎと采女に召し出してエッチにはげむ雄略天皇も、やっぱり好き者の天皇だったようだ。

八　不感症だった飯豊皇女、ついに女の悦びを知らず

飯豊皇女《いいどよのひめみこ》も実質的には女帝といってよい。それは飯豊皇女は清寧《せいねい》天皇の亡きあと、急遽ピンチヒッターとして起用されたからだ。

二十二代清寧天皇には皇后も側室もおらず、次なる皇位継承者を残さず他界してしまった。もっとも清寧天皇は架空の人物であったとする説もある。それを裏付けるのが『古事記』の記述がわずか数行たらず、というのがまず一つ。清寧天皇について『古事記』は「御子《みこ》、白髪大倭根子命《しらかのおほやまとねこのみこと》、伊波礼《いはれ》の甕栗宮《みかくりのみや》に坐《い》しまして、天《あめ》の下《した》を治めたまひき。此の天皇《すめらみこと》は、い皇后《おほきさき》無く、亦《また》、御子《みこ》も無かりき。故《かれ》、御名代《みなしろ》に白髪部《しらかべ》を定めたまひき。故、天皇崩《さ》りましし後、天《あめ》の下《した》治めたまえべき王《みこ》無かりき」と述べる程度で、これ以上の記述はない。二つめは、死去したときの年齢を「時に、年若干《みとしそこばく》」と『日本書紀』は述べるだけ。そして三つめは、在位期間も正確に伝えていないことだ。

これらが清寧天皇架空説の根拠になっているわけだが、ともあれ皇位継承者の不在は重臣たちをあわてさせた。そこで八方手をつくし、空位を埋める人物を探したところ葛城の忍海《おしのぬみ》の高木というところにある角刺宮《つのさしのみや》に住む、市辺之忍歯別王《いちのへのおしはわけのみこ》の妹《いも》で、忍海郎女《おしぬみのいらつめ》、別名飯豊皇女がいることがわかった。

市辺之忍歯別王は、飯豊皇女の後に続いて即位する顕宗《けんそう》天皇、仁賢《にんけん》天皇の父親でもあった。実在性

にとぼしいぐらいだから清寧天皇にはこれといった実績もない。それは飯豊皇女も同じ。わずかに、甥の億計王《おけのみこ》と弘計王《をけのみこ》の二人が播磨国に隠れて馬飼いと牛飼いにこき使われているのを知った山部 蓮《やまべのむらじ》小楯《おだて》が驚き、二人を両膝に乗せ、あわれな姿になりはてた皇子に涙し、二人のために仮りの宮を建てたうえ、飯豊皇女に急使を走らせた。使者から話をきいた飯豊皇女は大いに喜び、自分が住む葛城の角刺宮に二人を迎えたというほか、『古事記』は触れていない。飯豊皇女の記述が少ないのも、清寧天皇の実在が疑われているため後継者としの実在性に疑問があるからだ、といわれている。たしかに即位はしてないまでも天皇に取ってかわって政務を取り仕切っていればそれなりの言及がなされていいはず。じっさい神功皇后のように、過去にはそのような女帝もいたわけだから。

百歩ゆずって飯豊皇女が清寧天皇の後を引き継ぎ、遺訓統治をしたとしよう。しかしそれさえも彼女は空位を埋める、単なる埋めぐさにすぎず、中継ぎ以上でもなければ以下でもなかった。だからそれが後継者としての期間も実績も明らかでない理由だ。

そのような飯豊皇女だが、どのような意図から編纂者はこのような逸話を挿入したのか頭をかしげざるを得ないような、まったく唐突に、『日本書紀』はこのようなことを載せている。それは同書の巻十五だ。

「秋七月《あきみなづき》に、飯豊皇女《いひどよのひめみこ》、角刺宮《つのさしのみや》にして、与夫初交《まぐはひ》したまふ。人に謂《かた》りて曰《のたま》はく、『一女《ひとはしをみな》の道を知りぬ。又安《またいづく》にぞ異《け》なるべけむ。終《つひ》に男に交《あ》はむことを願《ほり》せじ』とのたまふ。此《ここ》に夫有《をうとあ》りと曰《い》へること、未だ詳《つばひらか》ならず」

つまり秋七月のある日、飯豊皇女は角刺宮で一人の男と初めてエッチして、セックスとはどのようなものか体験した。そしてこのことを飯豊皇女は後になって、すこしばかり女の道を知ったが、なんの変わりもなかった。二度と男といやらしいことなどしたくないワ、と打ち明けるのだ。

しかしそれにしても高貴な皇女が自分の性体験をこれほど赤裸々に告白している。セックスに対して当時はいかにおおらかで、タブー視するものでなかったかがわかる。とはいえ一度や二度のセックス体験で性の随喜を知った、あるいは知らないなどと決めてかかるのは早計。極めれば極めるほど深淵にして崇高なのがセックスの極致なのだ。経典の『理趣経』の清浄世界の大楽のところでもその辺をしっかり説いているではないか。

「人は愛欲に縛られ、その絆のゆえに欲望の矢箭に心は射抜かれ、肉欲にふけり、愛憎の鎖に繋がれ、支配欲を増していく。これらの生き方は求道の妨げとなり、清純な魂は世間の心に消されるゆえにいまわしいものと退けられよう。しかし『一切法清浄の教え』を体したならば、これらはすべて清らかで、菩薩の心を示したものなのだ。なぜならば、浄穢に分けてみていくのは世界の真実の深さを見ていないからだ。愛欲を離れて人間の生は成り立たない。穢らわしいと見られる愛の抱擁も、これがなければ教化救済の偉大な力は湧いてこないのだ。欲望の矢箭は真理を求める強い働きとなり、肉体の触れ合いは清らかな心の交わりとなり、愛欲の心は求めてやまぬ求道の心となり、やがて確信に満ちた行いとなっていくからだ……」

もし飯豊皇女がセックスとはかようなものと理解し、日夜お励みになっていたならばさきの言葉とはちがった、むしろ、「セックス？　あらまぁ……まことよろしいことじゃありませんか……おほほほ」などと、いかにも体験豊富なところを見せたにちがいない。

それはともあれ、飯豊皇女はこの感想を伝えた相手はだれであったか。『日本書紀』はその点にモザイクをかけ、うまくぼかしている。

飯豊皇女は不感症だったのか。あるいはそれとも相手の男の性技が稚拙だったのか。女の悦びを知らないままついに生涯を終えられたとしたら、飯豊皇女は人生の半分を損したというほかない。

九　希代のサディスト武烈天皇の倒錯した性

神武天皇を我が国の初代天皇とするならば、現在の明仁《あきひと》天皇は百二十五代目となる。この間の歴代天皇のなかには、たとえば白河天皇のように、平忠盛の妻である祇園女御《ぎおんのにょうご》に手を出し、不倫の子として平清盛をはらませた、あるいは後醍醐《ごだいご》天皇は十八人の側女を侍らせ、それぞれ十八人の子供をはらませるほどの性豪だったなど、宮廷を舞台にした男女の華々しいスキャンダルは枚挙にいとまがない。

けれど多くはやったのやられたの、奪ったの奪われたのといった、じつに下世話なもの。したがって歴史を揺るがし、世情を混乱のきわみに落とし込めるほどの、深刻な事態にまでは発展してもいない。とはいえ第二十五代武烈《ぶれつ》天皇は、スキャンダルにまみれた多くの天皇のなかにあってさえなおきわめて特異な光彩を放っている。つまり武烈天皇は希代のサディストであったからだ。

サディストとは、相手を虐げることで性的欲求を得る、異常性欲のことだ。心理学者のクラフト・エビングはサディストをこのように定義している。

「淫乱と残虐性の連合が、精神的に堕落した基盤のうえに顕著に現れる場合で、残忍な表象をともなった淫乱な衝動は、強い力をもつようになる。サディズムはこれらの空想の表象を物質化しようとする力が目覚め、さらに刺激過剰がともなうとき、または抑制的な道徳的逆表象が作用しないときに完成される。（略）サディストが精神的に、あるいは脊髄神経に関して不能者であるなら、性交の代替物として（女性）の首をしめたり、刃物で刺したり、むち打ったりする行為が現れてくる。また愚かしいほどに、つまらない状況のもとで生じる他人に対する暴行や、生命や感情をもつものに対するやむを得ない行為もサディズムの一形態である」

武烈天皇はまさしくこの定義にぴったりな天皇であった。悪逆非道のかぎりをつくしたからだ。ではいったい武烈天皇はいかなる理不尽な行為を行ったのか。『日本書紀』はこのように明かしている。同書は武烈天皇が即位する以前に、早くも彼が奇矯な行為を見せていることを伝えている。

「又頻《またしきり》に諸悪《もろもろのあしきこと》を造《し》たまふ。一《ひとつ》も善《よきこと》を脩《おさ》めたまはず、凡《おほよ》そ諸の酷刑《からきのり》、親《みづか》ら覧《みそな》はさずといふこと無し。国《くに》の内《うち》の居人《おほみたから》、咸《ことごとく》に皆震《みなふる》ひ怖《お》づ」

しきりにさまざまな悪事をはたらき、一つとして良いことを行ったためしがない。そのため国民はみな身を震わせて恐れおののいている、と述べて武烈天皇とはどのような男かを暗示させ、非道な残虐行為を具体的に列挙してゆく。

「二年秋九月《あきながつき》に、孕《はら》める婦《をみな》の腹を刳《さ》きて、其《こ》の胎《かたち》を観《みそなは》す」

「三年の冬十月《ふゆかなむづき》に、人の指甲《なまつめ》を解《ぬ》きて、暑預《いも》を掘らしむ」

「四年の夏四月《なつうづき》に、人の頭《かしら》の髪を抜きて、樹の巓《すゑ》に昇らしむ。樹《こ》の本《もと》を斮《き》り倒《たふ》して、昇れる者《ひと》を落とし、死《ころ》すを快《たのしび》とす」

妊婦の下腹を切り裂いて胎児の様子を観察する。指の生爪を引き抜き、その手でイモを掘らせる。かと思えば、頭髪をむしり取り、さらに木のてっぺんに昇らせ、根元から切り倒して墜落死する様子をおもしろがったというのだから、サディストとしての条件に不足はなかった。

武烈天皇の、人非人《ひとでなし》ともいえる行状はしばしば中国の殷《いん》代の王、紂《ちゅう》あるいは夏《か》の王、桀《けつ》と比較して語られる。

紂王について『史記』は、「酒を好みて淫楽し、妲己《だっき》を愛し、妲己の言にこれ従う」とあり、『古列女伝』では、「王、妲己の誉むるところはこれを貴び、妲己の憎むところはこれを誅《ころ》せり」とある。さらに『韓非子』の喩老編《ゆろうへん》には、「紂、肉圃《くにほ》を為り、焙烙《ほうろく》を設け、糟丘《そきゅう》に登り、酒池に臨む」とある。

当初は有能で名君といわれた紂王だった。ところが、十八歳で紂王の愛妾となった妲己を寵愛するようになったのを契機に紂王は次第に妲己の妖艶な媚態におぼれ、国政を顧みない暴君に変貌する。

肘王は、妲己のねだるがままに、まず「闘人」の遊びを好むようになる。つまり奴隷に剣を持たせて殺し合いをさせるというものだ。次に悪名高い「焙烙《ほうろく》の刑」。つまり火炙りの刑罰だ。

燃えさかる薪のうえに油を塗ってつるつるにした銅の棒を渡し、その上に罪人を歩かせる。真っ赤に焼けた銅の棒など渡りおおせるものなどおらず、罪人はつぎつぎと火のなかに転落してゆく。

紂王の暴虐はますますエスカレートしてゆく。またもおねだりする妲己に紂王はこたえ、官能的で、淫靡な欲情をそそる舞踊「北里の舞い」、あるいは「靡靡《びび》の楽」といった妖しげな曲を宴の席で演じさせるのだった。

さらに沙丘という景勝地に荘厳な離宮を建て、庭園には池を築いた。池には水のかわりに酒を満たした。池を囲む木々の枝には肉をつるして林のようにし、その下で全裸の男女が繰り広げる痴態を飽かずながめ、妖しげな舞いと音曲に紂王は酔い痴れるのだった。ちなみに「酒池肉林」というたとえ紂王のこの行状に由来する。

かようなかずかずの乱行に民衆の不平不満は日ごとに高まり、周の武王はついに決起し、紂王討伐に打って出た。紂王はたちまち捕らえられ、打ち首と相成る。一方妲己は、燃えさかる宮殿もろとも焼死する。かくして紂王は淫乱と暴虐の果てに滅亡した。

夏の桀王も紂と大同小異。桀王も末喜という女性を寵愛したがために自滅する。桀王は日ごと夜ごと官女を相手に酒色にふけり、酒で満たした池に船を浮かべ、池の酒をかぶ飲みさせ、酔って池に転落し、溺死するものの姿を見て愛妾の末喜と狂喜するのを趣味にしたという暴君であった。

では武烈天皇はどうであったか。武烈天皇の乱行もまた紂王や桀王も顔負けの、じつにすさまじいものであった。さきに述べただけにとどまらない。『日本書紀』は武烈天皇のサディステックな行為をさらにこう、スッパ抜いている。

「五年の夏六月《みなづき》に、人をして塘《いけ》の樋《ひ》に伏せ入《い》らしむ。外《と》に流れ出づるを、三刃《みつは》の矛《ほこ》を持ちて、刺し殺すことを快《たのしび》とす」

「七年の春二月《はるきさらぎ》、人をして樹《き》に昇らしめて、弓を以《も》て射墜《いおと》して咲《わら》ふ」

まだまだあるぞ。しかも武烈天皇の異常性はいよいよ陰惨を帯びるから見ものだ。

「八年の春三月《やよひ》に、女《をみな》をして躶形《ひたはだ》にして、平板《ひらいた》の上に坐《す》ゑて、馬を牽《ひ》きて前に就《いた》して遊牝《つるび》せしむ。女の不浄《ほとどころ》を観るときに、沾湿《うる》へる者は殺す。湿《うる》はざる者をば没《から》めて官婢《つかさやつこ》とす。此《これ》を以て楽《たのしび》とす。此の時に及《いた》りて、池を穿《ほ》り苑《その》を起《つく》りて、禽獣《とりけもの》を盛《み》つ。而《しかう》して田猟《かり》を好みて、狗《いぬ》を走らしめ馬を試《くら》ぶ。出で入ること時ならず。大風甚雨《おほかぜひさめ》に避《さ》らず。衣温《みそあたたか》にして百姓《おほみたから》の寒《こ》ゆることを忘る。食美《おものうま》くして天下《あめのした》の飢《うゑ》を忘る。大《おほ》きに侏儒《ひきひと》・倡優《わざをぎ》を進めて、爛漫《みだりがは》しき楽《うたまひ》を為《おこ》し、奇偉《あやしくうたて》ある戯《たはぶれ》を設《まう》けて、靡《た》靡《は》しき声を縦《ほしきまま》にす。日夜《ひるよる》常《つね》に官人《をみなども》と、酒に沈湎《ゑひさまた》れて、錦繍《にしきぬひもの》を以て席《しきゐ》とす。綾紈《あやしらきぬ》を衣《き》たる者衆《ものおほ》し」

八年の春の条とは、つまりこういうことだ。

女を素っ裸にして平板のうえに座らせ、目の前で発情した馬がさかんに交尾する様子を見せつける。それに欲情して女性器がじっとりと愛液で潤うようならただちに殺す。なにも感じず、潤わなければ官婢にして楽しんだ。

池を造り、そこに鳥や獣を集めて狩猟を行い、小人や役者を取り巻きに侍らせ、酒食の饗宴を張り、いかがわしい音曲にふける。錦の織物を夜具にするなど贅沢を極め、飢えと寒さに苦しむ民衆など一顧だにもしなかった。

馬の交尾を見せ、女が欲情すれば殺す……サディスト「武烈天皇」の真骨頂、まさしくここに極まる。このように人倫に外れた行為を平然とやってのける天皇のもとに暮らす民衆、あるいは世情とはいかばかりであったか。戦慄がはしる、まさに恐怖政治がまかり通っていたにちがいない。

ただし気になるのは、『日本書紀』ではとんでもない天皇として語られていながら、『古事記』ではこのような暴虐行為に一言半句も触れていない。そればかりか、『古事記』では、小長谷若雀命《おはつせのわかさざきのみこと》すなわち武烈天皇は長谷《はつせ》の列木宮《なみきのみや》に住み、八年間、天下を治めた。彼には子供がいなかったので、彼の名を残すため小長谷部を設定した。そして武烈天皇は片岡の石坏岡《いわつきのおか》に葬られた——わずかこれだけの記述なのだ。

『日本書紀』と『古事記』の記述のちがいをどのように理解すればいいか。一説によると、継体《けいたい》天皇の正当性を強調するため武烈天皇を暴君として誇張して描いた、といわれている。

継体天皇は武烈天皇の後を継いで第二十六代天皇に即位した。けれど継体天皇は、近江の国の地方役人の子であり、皇位を継承するほど高い地位にあるものではなかった。そのためじっさい継体天皇は即位したもののあらまし二十年も大和の国入りが実現せず、樟葉宮《くすはのみや》（現在の大阪府枚方市）など数カ所に都を移すなど、事実上足止めされていた。それだけに継体天皇を擁護する勢力にすれば、継体天皇の皇位継承を正当化するためには武烈天皇の非人間性、非人道的恐怖政治のかずかずをことさら強調する必要があった。

もっとも武烈天皇は実在せず、架空の人物ではなかったか、という説もある。理由として二つある。『日本書紀』の冒頭で、武烈天皇は、「長《ひととな》りて刑理《つみなへことわること》を好みたまふ。法令《のり》分明《わきわき》し。日晏《ひくた》つまで坐朝《まつりごときこ》しめして、幽枉《かくれたること》必《かなら》ず達《とほしろ》しめす。獄《うたへ》を断ること情《まこと》を得たまふ」とあり、情理に富み、政務に励む天皇であることを述べていながら、この後は、さきに記したような、冷酷非道な天皇に豹変しているのがまず一つ。

二つめは、『日本書紀』も『古事記』も武烈天皇が何歳で即位し、何歳で死去したのか、いっさい触れていないことだ。

いずれにしろ、たとえば織田信長は打ち取った敵の大将の首に漆を塗り、金粉をまぶして宴席に並べ、それをながめながら酒をあおった、あるいは越前藩主の松平忠直は酒と色にふけり、側にいる小姓を見境なく斬り殺して楽しんだなど、狂気的人物もいるが、それでもなお武烈天皇のサディステックな行動は極めて特異であり、ほとんど性格破綻者というほかない。

十　九人の妻妾と二十人の子福者の継体天皇

継体《けいたい》天皇は入り婿だった。それというのは先代の武烈天皇には子がいなかったからだ。そのため世継ぎの断絶にあわてた宮中の許勢男人《こせのおひと》、物部麁鹿火《もののべのあらかひ》など重臣たちは、大連《おおむらじ》の大伴金村《おおとものかなむら》とともに協議をかさね、つぎなる天皇は越前の三国《みくに》に住む男大迹尊《おおどのみこと》に白羽の矢を立てた。すなわちこれが後の継体天皇だが、これではまだ天皇としての権威が不十分なことから重臣たちは仁賢《にんけん》天皇の娘であり、武烈天皇の姉である手白香皇女《たしらかのひめみこ》を皇后にあてがうことで権威づけをはかった。男大迹尊《おおどのみこと》は天皇直系の娘を娶り、宮廷に入った。彼を入り婿といったのは、このことからだ。

武烈天皇に子供がいなくて当たり前だ。なぜなら実在せず、架空の人物といわれているからだ。しかし、実在しないといってしまっては歴史の辻褄が合わなくなる。そこで歴史学者が考えたのが武烈天皇を希有な暴君に仕立て、不遇な死に方をした、という物語をつくり、継体天皇の正当性を誇示することだった。

男大迹尊に白羽の矢が立った。しかしそのまえ、じつは大伴金村たちは倭彦王《やまとひこのおおきみ》を後継者に選んでいた。倭彦王は仲哀《ちゅうあい》天皇の五世だったからだ。ところが倭彦王は怖じけづいてしまい、山中に逃げ込むしまつ。困惑したのは宮廷の重臣たち。このまま後継者がいないとなれば皇室の存亡にかかわる。なにやら現在の皇室とも似ている。そこで重臣たちは家系図などを引っ張り出し、片っ端からめくった、かどうかはわからないが、いたのである、御目鏡にかなった後継者が。名を男大迹尊といい、越前の国に住んでいる。だが彼は一地方の豪族の息子にすぎなかった。ただし応神天皇の五世の孫でもあった。

男大迹尊は少年時代に父と死別したため母親の故郷である越前の国の国造にあずけられて成長した。応神天皇の五世の孫であれば皇位継承の資格は満たしている。養老律令の継嗣令には、

「凡そ皇の兄弟、皇子をば、皆親王と為よ。女帝の子もまた同じ。以外は並に諸王と為よ。親王より五世は、王の名得たりということも、皇親の限に在らず」

とある。

皇位継承の筆頭はもちろん天皇の嫡男だが、親王の五世までは天皇に就任する資格がある。大伴金村はここに着目した。もっとも養老律令が成立したのは七〇一年十月、四十代天武天皇の時代だったから、十代以上も遡る継体天皇時代に律令的な概念があったかどうかはわからない。

かくして男大迹尊は地方の豪族の身からまたたくまに一国の最高権力者に昇りつめた。とはいえ地方から出てきたいわば成り上がりもの。政権はきわめて脆弱なものだった。すきあれば政権の座を奪わんとする有象無象の野心家どもが虎視眈々としている。

そこで大伴金村はまたしても一計をめぐらし、継体天皇にこう進言する。安定した政権を築き、天下を治めるためにも皇后をぜひとも迎え、早く皇位継承者を得なければなりません、と。そして大伴金村が見つけてきたのが仁賢《にんけん》天皇の娘、手白香皇女《たしろかのひめみこ》であった。

手白香皇女を皇后にすることで継体天皇は名実ともに皇統を引き継ぎ、合わせて権力強化がはかれ

る、と大伴金村は踏んだのだ。継体天皇元年弥生の三月、継体天皇は手白香皇女を娶り、皇后とした。

皇統の血脈を受け継ぐ手白香皇女。かたや田舎出の成り上がりもの。しかし、この格差はかえって手白香皇后の権威を高めることになり、政権内部における彼女の存在をも一層強めることになった。事実皇后になるや手白香皇后は後宮《こうきゅう》での生活のしきたりやセックスのやり方について「教修せしむ」として、自分が率先して手本を見せるようになる。後宮とは、女官たちが天皇、皇后の飲食、掃除洗濯、衣装の調達など日常の雑用をこなすセクションをいう。いわば徳川時代の大奥のようなもの。したがって後宮は女性が支配する館であった。

地方出身で、遠縁の男が天皇直系の娘を妻にしたことで皇位を継承した継体天皇。入り婿でありながら、けれどじつは継体天皇、手白香皇后のほか八人の女性と肉体関係を結び、二十一人の子供をはらませている。そのようなところをみると、入り婿とはいえ天皇としての権威はどうやら揺るぎないものであったようだ。

手白香皇后とのあいだには天国排開広庭尊《あめくにおしはらきひろにはのみこと》、すなわち次期天皇の欽明《きんめい》天皇が生まれた。けれど皇后はわずか一人しかはらまなかった。これでは、皇太子にもしものことがあった場合、将来ふたたび世継ぎをめぐってお家騒動が起こりかねない。継体天皇はそこで目子姫《めのこひめ》を側室に迎え、勾大兄皇《まがりのおおえのみ》子《こ》、のちの安閑《あんかん》天皇と、檜隈高田皇子《ひのくまのたかたのみこ》、のちの宣化《せんか》天皇の二人をはらませるのだった。

とはいえこれでもまだ不安は消えない。なにしろ自分がそうであったように、天皇直系の世継ぎがなければとんでもない遠方からでも後継者を見つけ出さなければならないからだ。継体天皇は二人目の側室に稚子姫《わかこひめ》を引き入れ、夜ごと子種を施し、二人の皇女をはらませることに成功する。大郎《おおいらつこの》皇子《みこ》と出雲皇女《いずものひめみこ》がそうだ。

さらに三人目として継体天皇は広媛《ひろひめ》を側室に加え、彼女にも三人分の種つけに成功している。長女は神前皇女《かむさきのひめみこ》、次女は茨田皇女《まむたのひめみこ》、三女は馬来田皇女《うまぐたのひめみこ》だ。

これで継体天皇は八人の子をなしており、しかも皇太子も三人生まれ、後継問題はほぼ解決し、まずは安泰だ。だからだいたいならここらで子づくりにピリオドを打ち、正室との生活にもどるもの。ところが継体天皇はそうでないばかりかまだ不満だったらしく、新たな側室を閨に招きいれ、脈打ち、そそり立つ陰茎になお叱咤を加えるのだった。そうして迎えた四人目の側室が麻績娘子《をみのいらつめ》。だが彼女には一人しかはらませることができなかった。荳角皇女《ささげのひめみこ》だ。

これでは満足どころかむしろストレスを深めさえする。継体天皇は早くもつぎなる側室がほしくなっていた。そこで五人目を迎えたのが関媛《せきひめ》だった。関媛は広媛と同じく三人の皇女をなした。長女は茨田大娘《まむたのおおいらつめ》皇女《みこ》、次女は白坂活日姫皇女《しらさかいくひひめのみこ》、三女は小野稚郎皇女《おののわかいらつめのひめみこ》といった。継体天皇はこの後も側室と同衾をかさねるが、このころになるともうほとんど惰性、なかばやけぎみといったところだ。

六番目の側室は倭姫《やまとひめ》と称した。倭姫は二男二女をはらみ、長女は大娘子皇女《おおいらつめのひめみこ》、長男は椀子皇子《まろこのみこ》、次男は耳皇子《みみのみこ》、次女は赤姫皇女《あかひめのひめみこ》と名付けた。

七番目は側室は荑媛《はえひめ》という名であった。継体天皇は彼女にも種付けに成功し、一男二女をはらませている。長女は稚綾姫皇女《わかやひめのみこ》といい、次女は円娘皇女《つぶらのいらつめのみこ》といった。そして長男は厚皇子《あつのみこ》という名であった。

八番目。すなわち最後の側室の名は広媛《ひろひめ》といい、奇しくも四番目の側室と同じ名前であった。彼女には二人分の種をほどこしていた。長男は兎皇子《うさぎのみこ》、次男は中皇子《なかつみこ》といった。

継体天皇は九人の女性と肌を合わせ、合計二十一人の子をはらませた。じつに艶福家な天皇だが、これもひとえに皇統を絶やさず、息子に、あるいは娘に次の世代をスムーズにバトンタッチするためにはやらなければならない天皇のおつとめだった。多くの子孫を残すということは、したがってお家断絶のリスクを回避するための、いわば保険のようなものだった。子が多ければ食いぶちなど負担は重くなるが、その反面血脈は担保される。

けれどそれにしても九人の女性を一つ屋根の下に住まわせ、毎夜のように夜伽《よとぎ》を絶やさない継体天皇はじつにマメな天皇陛下だ。

で、ここでふと思うのは、天皇はいったい何人の側室を侍らせることが許されるのか。そもそも無制限、求めれば何人でも許されるものなのか、という疑問だ。

養老律令の後宮職員令によると、天皇の側に侍る女性を妃《きさき》、夫人《ふじん》、嬪《ひん》の三段階に格付けしている。正室を妃と称し、四品以上。すなわち上は大政大臣、下は八省卿の家格をもつ皇女から選抜することとしている。

妃の下に夫人、さらにその下に嬪と続く。夫人は三位以上。つまり大宰《だざい》の家格から選ばれた女性であることが条件。嬪は五位以上ということだから宮廷の実務を取り仕切る部長ないし局長クラスの出身子女ということになろうか。

では天皇は何人の女性を抱えていいのか。私たちがもっとも知りたいのはここだ。後宮職員令はその点にも触れている。妃二人、夫人三人、嬪四人。合計九人だ。継体天皇が肌を合わせた女性はぴったり九人。ということは後宮職員令を先取りしたようなものだ。

もっともこの九人以外にも天皇の夜伽を満足させてくれる女性はいた。采女《うぬめ》だ。後宮職員令は采女の数にも触れ、六十人としている。なんという多さか。采女は地方の領主が天皇に捧げた貢ぎ物。貢ぎ物ならどのように扱おうと自由。天皇は目尻を弛ませ、「うぅーん、まこと健気なおなごよのぅ……」などといいながら、よりどりみどりでつぎつぎと閨《ねや》に引き込み、たっぷり子種をつけまくるのだ。

だがこれでもまだ少ない。天皇ならもっと多く妻を持つべきだという人物もいる。江戸は元禄時代のエロ作家、井原西鶴だ。『色里三所世帯』巻上の「恋に関あり女相撲」の文中で、天子に后十二人、諸侯に七人の艶笑、五位の公卿に三人の愛妾、諸侍に二人の妾をもつもよし、と述べている。もっとも江戸時代ともなるとこの数字以上の側室や妾をもつ将軍や大名が出現しているが。

ともあれ継体天皇は九人の女性を囲った。となると彼女たちが継体天皇の寵愛を受けるには九日間も待たなければならない。いかに精力絶倫、精根たくましい継体天皇と言えども毎晩おつとめしていた日にゃ早晩干上がってしまう。一日あるいは二日おきということだってある。そうなれば自分の番が回ってくる機会がますます遠くなる。女盛り、娘盛りの身には夜の訪れはさだめし悩ましいものであったにちがいない。

ところでこの親にしてこの子ありというたとえがあるが、まさしく勾大兄皇子もなかなかの好き者だったらしい。勾大兄皇子は継体天皇が側室の目子姫にはらませた長男だ。勾大兄皇は継体天皇七年九月、春日皇女とひそかに夜のデートを楽しんだところでエッチにはいった。

春日皇女は仁賢天皇の娘であり、継体天皇の妻の手白香皇后とは異母妹にあたる。したがって勾大兄皇子にすれば春日皇女は父親の正室の妹だから叔母ということになる。勾大兄皇子は春日皇女の肩をぐいっと掻き抱き、このような甘い言葉を耳元にささやきながらじわじわと体を圧し当てていくのだった。

「春がすみの、春日の国に世にもうるわしき乙女がいるときき、私は檜の板戸を開けて中に入った。そして足のほうから乙女の着物の裾を取り、次は頭のほうから着物の端を取り、愛する乙女の手を私の首に巻かせ、私の手は乙女の首に巻いた。葛がからまるように体をからみ合わせ、二人してぐっすり眠った。ところが庭に飼うにわとりは早くも夜明けを告げてしまった」

匂大兄皇子にしてみればまだまだ満足していない。エッチはむしろこれからが本番。それなのに無粋なにわとりは早くも甲高い声で夜明けを告げるから匂大兄皇子は不完全燃焼のまま沈没してしまった、というのだ。

将来の皇位継承者にしてはなんとも情けないはなし。帝王学も大事だが、父親の継体天皇のもとでナニのほうの教育もしっかり受ける必要がありそうだ。

十一　希代の淫婦といわれた称徳天皇

第四十八代称徳《しょうとく》天皇も女帝であった。じつはこの称徳天皇、重祚《ちょうそ》、つまりいったん退位したのちふたたび皇位に復帰したものであった。四十六代孝謙《こうけん》天皇でもあった彼女はふたたび天皇に返り咲いたのだ。ただし前回のような慎み深い女帝とはうって変わってまれにみる巨陰の持ち主であったうえ、すこぶるつきの淫婦であったというからなんとも嬉しくなってしまう。

ならばどれほどセックスに奔放な女帝であったか。私たちが知りたいのはここだ。けれどこれに触れるにはまず、称徳天皇がそれまでの女性天皇とどのようにちがうのか、そのところを際立たせる必要がある。

西暦五九二年十二月、推古《すいこ》天皇は我が国初の女性天皇に即位した。女性が皇位につくなど過去に例がない、まさに前代未聞であった。ところがそれが現実になし得たのだ。当然そこには過去の制度やモラルにとらわれない、新たな政治力学が台頭したということだろう。ではその政治力学とはなにか。すなわち「しりへの政」というものだ。

推古天皇は敏達《びんたつ》天皇の後妻だった。しかし夫の敏達天皇は彼女が三十四歳のときに死去する。その後用明《ようめい》天皇、崇峻《すしゅん》天皇と受け継がれるが、崇峻天皇は蘇我馬子によって暗殺され、皇位は空席になっていた。崇峻天皇には子がいなかったからだ。そのため用明天皇の子である厩戸皇子、のちの聖徳太子と広姫《ひろひめ》の子である押坂彦人大兄皇子《おしさかひこひとおおえのおうじ》が候補にあがった。ところが実際には二人を押しのけ、皇位を継承したのはなんと女性の豊御食炊屋比売命《とよみけかしきやひめのみこと》、つまり後の推古天皇だった。なぜ彼女が、とここで疑問がわく。これに答えるのが先に述べた「しりへの政」だ。

「しりへの政」とは天皇が国政（表）を行うのに対して宮廷内（裏）のまつりごとは皇后が行う、というものだ。『続日本紀』の天平元年八月二十四日のところで、聖武天皇はこの点に言及している。

「天下の政におきて、独知るべき物に有らず。必ずもしりへの政有るべし。此は事立つに有らず。天に日月在る如、地に山川在る如。並び座して在るべし」

つまり天に太陽や月、地上に山と川があるように、天皇と皇后は常に二人並んでいなければいけないというのだ。豊御食炊屋比売はこの「しりへの政」の制度に従って政治の表舞台に立ち、推古天皇を継承した。推古天皇は聖徳太子を摂政として冠位十二階や憲法十七条を制定する。けれど女としての浮いたはなしとなると、ない。もっとも、夫の敏達天皇の遺体をおさめた殯《もがり》宮に供養のため籠っていたとき、穴穂部皇子に手ごめにされ、あやうくエッチされるということはあった。

もっとも推古天皇にかぎらず、推古天皇のあとに皇極《こうぎょく》天皇、斉明《さいめい》天皇など数名の女帝が誕生したが、彼女たちはおおむね禁欲的で、スキャンダラスなものはない。ところが称徳天皇にかぎってはそれまでの女帝とはまったく対照的。まさに恋とセックスにまみれた、奔放な女帝であった。

孝謙天皇こと安倍皇女は天平十（七三八）年十月、二十一歳で皇太子となる。父親の聖武《しょうむ》天皇に男児がいなかったわけではない。ただし『続日本紀』では「某王」としか記してないところをみると、おそらく乳児のまま亡くなったと思われる。その後安積親王の立太子が取り沙汰されたりしたが、彼も歴史に名を残すことがないままいつしか消えてしまった。そのため聖武天皇は皇太子が空席のまま十五年の時を費やした。かくなるうえは女でもやむを得ない。聖武天皇は娘の安倍皇女を皇太子に就ける決断をした。これは我が国史上、最初で最後の女性皇太子の誕生だ。したがって聖武天皇の決断は従来の慣例を破る、いわば掟破りといえなくもない。

そしてさらに天平勝宝元（七四九）年七月、聖武天皇は安倍皇女に譲位し、上皇となる。ここに我が国六人目の女帝、第四十六代孝謙《こうけん》天皇が誕生する。

孝謙天皇の就任時に権勢を誇っていたのが藤原仲麻呂《ふじわらなかまろ》だった。聖武天皇の厚い信任を受けて政務を取り仕切っていた。ところが政務に没頭するに比例して孝謙天皇とのセックスは次第におろそかになるばかり。彼女のさかんなおねだりにこたえられなくなっていた。しかもおまけに権力欲に取りつかれ、宮廷乗っ取りのクーデターまで仕掛ける。けれど孝謙天皇の逆襲で討ち死にしてしまう。この仲麻呂の謀略を江戸時代の川柳はこのように詠んでいる。

「押しで勝つ気でも へのこがにぶいなり」

押して勝つとは、藤原仲麻呂が恵美押勝《えみのおしかつ》と改名したもの。つまり押して勝つ気で決起したものの肝心な「へのこ」が勃起せず、白旗を挙げて退散する仲麻呂の無残な姿を揶揄したものだ。

またこの川柳には、仲麻呂に勝った弓削道鏡《ゆげのどうきょう》のことも含まれている。つまり「へのこ」がそうだ。弓削道鏡はまさにたぐいまれなる精力絶倫の怪僧であった。なにしろ彼の逸物は巨根であったというのだ。なにゆえご立派な逸物の持ち主であったのか。その理由を『水鏡』の下にこのようにあるので記しておくのもいいだろう。

「大和国平群郡梟ノ岩屋ニ処ニ、三カ年間籠リ居テ、一心ニ王位ヲ志シテ此ノ経ヲ行ケルニ、三カ年満チケレ共国王ノ宣旨ヲモ蒙ザレバ、此道鏡経法ニオイテ謗法ノ悪見発テ、此経文サテハ虚妄ナリケルト思入ケレバ、年来ノ本尊絵像ノ六臂如意輪ヲ、親ニ彼岩屋ノ雨落ニ捨、剰《アマツサ》ヘ本尊ノ上ニ我尿《イバリ》ヲシ懸奉ヌ。此時思外ナルニ、カハチ一ッ平井シテ此道鏡ガ閇ノサキヲ指ヌ。其指疵ヨリ大物ニナル事云計ナクナリニケル――」

つまりこういうことだ。王位を狙う目的で三年間如意輪の教えを修行したもののいっこうに効果があらわれない。それに腹を立てた道鏡は本尊を放り投げ、おまけに小便まで引っかけるありさま。ところがちょうどそのとき、蚊と蜂が同時に飛んできて道鏡の肉茎の亀頭をチクっと刺した。たちまち亀頭はほうずきのように真っ赤に膨れ上がり、道鏡のナニはみるみるうちに巨根に変貌した、というのだ。

じつにけったいなエピソードだが、しかしこの巨根こそが孝謙天皇の淫乱な性格にますます火をつけるのだ。孝謙天皇はかつて間男であった藤原仲麻呂を殺害し、つづいて淳仁《じゅんにん》天皇も淡路島に流罪した。そこで一旦退位し、そして天平宝字八（七六四）年十月、称徳天皇として再び即位した。他方、道鏡はこれよりはやく天平宝字五年、上皇の時代の孝謙天皇が近江《おうみ》国の保良宮《ほらのみや》に行幸中、急病にかかったおりに宿曜《すくよう》の呪法で看護し、これをきっかけに彼女と交情をかさね、深い関係となっていた。

称徳天皇はいまだ未婚。激しくも深い愛欲、性欲にかられども男日照りがずっと続いたまま四十路もなかばが過ぎようとしている。道鏡といえば、これまた六十をはるかに超えていた。けれど野心家の道鏡は枯れることを知らない。見事な逸物を武器に称徳天皇を籠絡《ろうらく》することで僧尼を統括する少僧都にまで出世し、さらには皇太子の座まで狙おうとするのだ。まさに片手に権力、片手に称徳天皇。両手に花といった道鏡だった。

それもこれも可能たらしめたのはほかならない、巨根のゆえだった。もちろん称徳天皇も道鏡の巨根を受け入れるだけの機能をちゃんともっていたというからじつによくした女帝だった。『水鏡』はこのように述べている。

「彼女躰ノ御門ハ天平宝字二年ノ春ノ比、涅槃経文ノ御罰ヲ蒙リ給テ、彼御開門ハ諸ノ法師ノ物ヲ入テ、御意ヲ行シ御座ケルオリアシノ事ニテアリケルニ、此道鏡御門近キ辺ノ御持仏堂ニアルケレバ、又例ノ如クニ彼法師ガ頭ヲ御開門ニ入リ給タリケルニ、其内ハ都率ノ内院ノ四十九院ノ浄土ニテ見エケル事コソ、末代マデノ世物語ニテ、不思議ノ中ノ不思議ナリケレ」

あらためて説明は不要かと思われるが、要するに、称徳天皇がご開帳なさるとそばに侍る法師、すなわち道鏡は待ってましたとばかりに称徳天皇のご開門に自分の逸物をそろりそろりと挿入する、というのだ。これまたなんとも楽しいはなしだが、称徳天皇、じつはこれでもまだご不満であったらしく、なんと、ついにはこのようなものまでくわえ込むありさまというからたまげてしまう。『古事談第一』が彼女のスキャンダルをこう暴露している。

「称徳天皇、道鏡の陰、猶《な》ほ不足に思し食されて、薯蕷《やまのいも》を以て陰形を作り、之れを用ゐしめ給ふ間、折れ籠《こも》る、と云々。よりて腫れ塞《ふさ》がり、大事に及ぶ時、小手の尼、見奉りて云はく、『帝の病《やまひい》癒ゆべし、手に油を塗り、之を取らむと欲《おも》ふ』と――」

道鏡の巨根だけではなおまだ十分に満足できなかった称徳天皇、なにを思ったか、食べ残したヤマイモで男根をこさえ、それを自分のバァギナに挿入したというのだ。ところがあまりの具合のよさから忘我の境地に達するにつれて行為は大胆になり、しかも激しくすりこいでいるうちにヤマイモは次第に細くなってゆくからとうとうヤマイモが途中で折れてしまい、膣内にはまったたまま抜けなくなってしまったから女帝、あわくった。そこで小手尼（当時は産婆をこのように称した。また当時は産婆も男性だった）が手に油をたっぷりと塗り付け、すべりやすくしたところで称徳天皇のバァギナのなかにグィっと差し込み、指でなかをかきまわしながらようやく抜き取ったというのだからやれやれだ。

称徳天皇が使ったヤマイモこそまさしく我が国の張形、性具のはじまりだ。『日本記略』第十九代光仁天皇の条に、この性具を「雑物」と称して述べている。

「百川伝、宝亀元年三月十五日、天皇聖躰不予、不視朝百余日、天皇愛道鏡法師、将失天下道鏡欲快帝心、於由義宮以雑物進之不得抜、是是宝命日頽、医薬無験……」

雑物、いまようにいえば〝大人のおもちゃ〟を使って一人淫欲にふけっていた称徳天皇のひそかな姿をすっぱ抜いているわけだが、貞淑な、それまでの女帝とはちがい、むしろそのようなモラルを破壊するかのようにセックスに奔放だったのが称徳天皇だ。

ともあれ、道鏡の巨根説はどうやら中国の『史記』がモデルになっているようだ。呂不韋《りょふい》は秦の始皇帝の父であった。呂不韋は朱姫太后と不倫をかさねていたが、太后の毎夜の激しいもとめにいささか辟易していた。そのため彼は大后のセックスをなぐさめるため嫪毒《ろうあい》という男をあてがってやった。この嫪毒、すこぶる見事な巨根の持ち主。なにしろ隆々たる巨根に縄を巻き付け、その縄のもういっぽうのはしを桐でつくった車の舵取り棒にむすび、巨根を勃起させたり萎縮させたりしつつ自在に動かしてみせるといったじつに愉快な男なのだ。

巨根といえば『色里三世帯』の「恋いに勢《せい》あり女賭禄《かけろく》」でもこのようなすごい男が登場する。男の名は善吉といい、二十一歳から十年ほどのうちに三十三人の女房をもったが、毎夜の激しさに女房はたちまちやつれ、ほうほうのていで逃げ出すありさま。そのため男はウナギ、タマゴ、ヤマイモといった精力のつくものを一切断ち切り、そのうえ精力の衰える薬まで煎じて飲み続けるといったはなしが出てくる。

ともあれ巨根の道鏡と巨陰の称徳天皇。二人の相性はすこぶるよろしかった。けれど所詮は道ならぬ恋。称徳天皇が宝亀元(七七〇)年八月に没すと道鏡もはるか東国の下野《しもつけ》の薬師寺に流罪と相成り、称徳天皇との蜜のような、甘美な十年の歳月を過ごした都を追われ、下野の国で孤独な老いをかこつのであった。

第二章　〝性〟の源平盛衰記［中世編］

一　淫奔な二条の后・藤原高子、不倫のお手本をしめす

『律令《りつりょう》』の「名例律第一」には「其れ八虐を犯し、人を殺し、監守の内に他の妻妾を奸《おか》し、盗し、人を略し、財を受けて法を枉《ま》げたらば、この律用いじ」とあるから、この法律にしたがえば二条の后、つまり藤原高子《ふじわらのたかいし》は徒《ず》二年の刑に罰せられるべきであろう。

なぜかといえば、高子には第五十六代清和《せいわ》天皇というれっきとしたダンナがありながら、僧侶で、従兄弟の幽仙、あるいは幽仙の弟子である善祐などと密通をかさねていたから、あきらかに「妻妾を奸し」に該当するからだ。

奸とは、正式に婚姻関係をもたないもの同士の性的関係をいい、相手が未婚の女性なら徒（懲役）一年、既婚女性であれば姦通になるため徒二年、と「雑律《ぞうりつ》」は規定している。

もっとも高子の場合、清和天皇の皇后になるまえからすでに在原業平《ありわらのなりひら》とも通じ、密会を楽しんでいたというから、『律令』を厳格に適用していれば徒二年どころではすまなかったかもしれない。けれど、淫奔な性格がわざわいしてのちに皇后の座から追放されることはあったものの、律令で定められたような罪に問われたとは聞いていない。ま、律令自体がきわめて形式的であり、宮廷政治から武家政治へと変動するにつれていっそう形骸化し、どこまで徹底されたかは疑問だった。

とはいえ高子が清和天皇の皇后となって入内《じゅだい》したのは貞観《じょうかん》八（八六六）年三月であったから、養老律令が施行されてからまだ百年たらずしかたっておらず、権威が失墜したというにはまだ早い。それなのに罪に問われることもなかったのは、やはり皇后という地位がそうさせたのに違いない。

第五十六代清和天皇は実名を惟仁《これひと》という。天安二（八五八）年八月、先帝の文徳《もんとく》天皇の死去にともない、九歳で即位する。けれどまだ幼年であったことから祖父の藤原良房が摂政となり、政務全般を取り仕切っていた。良房は娘の明子《めいし》を皇后として五十五代文徳《もんとく》天皇に嫁がせ、そして生んだ子が惟仁《これひと》皇子《みこ》、つまりのちの清和天皇であった。

まだ幼い清和天皇の摂政となった良房《よしふさ》は、この地位をより盤石なものにするねらいから、養子である基経《もとつね》の三女である高子に目をつけ、清和天皇の元服を機に後宮《こうきゅう》に送り込む腹づもりでおり、それまでのあいだは手元に置いて養育していた。

清和天皇は貞観六（八六四）年正月、十五歳で元服。このときを一日千秋の思いで待ちかねていた良房は、かねての手筈通り、高子を皇后に、と画策した。男子十五歳で結婚は許されていた。『律令』の「戸令第八」には、「凡そ男の年十五、女《にょ》の年十三以上にして、婚家聴《ゆる》せ」とある。

したがって清和天皇の結婚は合法的であった。ところがとんでもないところから突如ライバルが現れたことで当てがはずれてしまった。良房の弟である良相《よしみ》の娘、多美子が皇后に迎えられたのだ。さぞかし良房、身をよじらせて悔しがったにちがいない。

このとき高子の後宮入りが見送られたのは、じつは彼女は清和天皇より八歳も年上であったこと、清和天皇は高子より多美子に愛情を傾けていた、というのが一応の理由になっている。ただしこれは表向き。じっさいのところは、高子と在原業平との恋愛沙汰が障害になったというのがどうやら真相のようだ。それというのは、高子の兄である基経や国経たちは在原業平を不埒ものとののしり、二人の関係を断ち切ったからだ。

高子の名がはじめて宮廷で知られるようになるのは貞観元（八五九）年十一月、五節の舞姫として居並ぶ高位高官のまえで舞を披露した、十七歳のときだった。むろんまだ清和天皇の皇后になるまえのこと。けれどこのころより高子には恋の噂がしきりと流れるようになる。しかも相手は在原業平というから、噂が噂を呼び、次第に増幅されていった。

在原業平といえば、「業平名誉の好色なればなるべし」と『伊勢物語』の「闕疑抄巻第一」にあるほどだから、なうてのプレイボーイであったらしい。ただし彼は慶元四（八八〇）年五月、五十六歳で他界しているので、高子に出会ったころはすでに三十五歳。この時代のこの年齢。ややくたびれかかっていただろう。

高子はといえばいまだ十八歳。まさしく娘盛り。しかし恋に年齢差など関係ないのはむかしもいまも変わらないらしい。恋心に火を点けられた高子は業平に愛の告白をせずにおれないほどに焦がれてしまうのだった。その思いとはどれほどのものであったか。『伊勢物語』の「第三段」で高子は大胆にもこう打ち明けている。

「思ひあらば葎《むぐら》の宿に寝もしなんひじきものには袖をつつも二条の后のまだ帝にも仕うまつりたまはで、ただ人にておはしましける時のこと也」

わたしを慕うこころがあなたにあるならば、雑草がはびこる廃屋であろうとともに寝るもいたしましょう。まともな夜具もないというなら私の衣を敷物にもしましょう――と熱烈な思いを高子は伝えるのだった。

こうまでいわれて応じないようでは男がすたる。業平は、子供が踏み倒した築地塀を踏み越えて高子がおわす屋敷にいそいそと通うのだった。そんな高子と業平を、許さないのは兄たちだった。そうはいっても高子は業平にほとんど夢中。業平に連れ出され、隠れ家にかくまわれていた高子を引き戻すのに苦労する。高子と業平の関係はそれでもなお切れない。『大鏡』の「第一巻五十七代陽成院《ようぜいいん》」にはこうあるのだ。

「この后宮の、みやづかひしそめ給けんやうこそ、おぼつかなけれ。いまだよごもりておはしける時、在中将しのびてゐてかくしたてまつりたりけるを、御せうとの君達、基経の大臣・国経の大納言などの、わかくおはしけん程の事也けむかし、とりかへしにおはしたりけるをり、『つまもこもれり、我もこもれり』とよみたまひたるは、この御事なれば、す?のよに、『神よの事も』とは申してたまひけるぞかし」

兄たちに隠れて密会をかさねる高子と業平の二人はついに性的関係にまで発展する。けれど二人は結婚によらない関係だ。『律令』に則ればあきらかに「妻妾を奸す」ものであり、しかも高子は未婚であったから徒一年の懲役刑はまぬがれない。

それはともあれ、清和天皇の皇后になるまえから恋のスキャンダルにまみれ、おまけにバージンでなかった高子であってみれば、清和天皇も結婚相手とするには躊躇せざるを得なかったのだろう。じっさい高子の後宮入りは見送られ、かわって多美子がその座に就いた。ところが多美子には子供が生まれなかった。このままでは子孫が絶えてしまう。そこで良房は摂政という立場を発揮し、養女の高子を後宮に迎えることを清和天皇に奏上。かくして、かねて念願の高子皇后を実現させた。貞観八年三月であった。

高子は二条の后と称された。これは清和天皇の母親である明子が京の東に位置する五条に住むのに対して高子は西の二条に住んでいたからだ。

高子は良房の期待にこたえるかのように貞観十年十二月に貞明《さだあきら》皇子《みこ》（陽成《ようぜい》天皇）を出産する。そして貞明皇子は三カ月後の二月一日には皇太子となり、早くもつぎなる皇位継承が約束される。おそらくこれも良房のくわだてだったかも知れない。

良房は清和天皇の即位にも影響力を行使した。良房は娘の明子を文徳天皇の皇后として後宮に送り込み、惟仁《これひと》皇子が生まれる。文徳天皇は天安二（八五八）年八月、三十二歳の若さで急死する。死が早すぎたことから、「ひょっとすると一服盛られたか……」と、毒殺の噂で宮廷内はもちきりだった。

文徳天皇の跡を継いだのが惟仁皇子であった。彼はまだ九歳。そのうえ惟喬《これたか》、惟条、惟彦など兄が三人おり、それらをさしおいての、第四子の惟仁皇子の践祚《せんそ》だった。これを画策したのが当時の右大臣であった藤原良房。

惟喬皇子の生母は紀静子《このしずこ》だったから、惟喬と惟仁は異母兄弟ということになる。良房は実の娘がもうけた孫を皇位に就けることで外祖父となり、宮廷での政治権力をさらに揺るぎないものに固めておきたかったのだ。そのため宮廷は惟喬派と惟仁派の派閥抗争が激化。それがやがて「承和の変」（八四二年）あるいは「応天門の変」（八六六年）につながってゆく。

高子は続いて貞観十二年には貞保親王《さだやすしんのう》を生んでいる。ただし貞保は延長二（九二四）年六月に死去している。貞保に続いて今度は女子の敦子内親王《あつこないしんのう》をもうけている。このように三人の子供をもうけたところをみると、清和天皇は多美子にかたむけていた愛情を高子にそそぐようになり、高子は高子で在原業平と交わした情事をすっかり清算し、清和天皇によくかしづき、まずは後宮としてのつとめを果たしたかにみえる。
しかしそれはあくまで皇室の体面を保つためにすぎず、どうやら二人は仮面夫婦であったようだ。後宮の暮らしに辟易し、皇后という窮屈な地位に飽き飽きするにつれて高子の淫奔な性癖がふたたびあらわになり、男ひでりに身を持てあますのだ。ただし、それは東光寺の僧侶善祐との艶聞だから、まだ三十年ほどさきになる。

一方清和天皇はというと、高子とおなじく極めて盛ん。見初めた女性にはまったく惜しみなく愛情のかぎりをせっせとほどこすのだ。ただし平安時代の天皇には政治とともに子孫を絶やしてはならないというもう一つの大仕事もあったから、単なる好色とばかりとはいえなかった。一夫多妻制が認められていたのはそのせいだ。『律令』の「後宮職員令」がそうだ。それによると天皇は皇后のほか妃（中宮）が二人、夫人（女御）が三人、嬪《ひん》を四人、合計九人の内妻を持つことを容認している。

清和天皇が愛をそそいだ女性たちのなかには在原業平の兄である行平《ゆきひら》の娘で在原文子がいれば、良房の養子である基経の娘、藤原頼子もいる。このほかわかっている女性の名前を挙げれば平寛子《かんし》、藤原佳珠子、源宣子《よしこ》、源厳子《いずこ》、源貞子、源済子《なりこ》、源喧子《はるこ》などがおり、この女性たちに生ませた子もまた少なくなかった。在原文子は貞数皇子と包子内親王を生み、藤原佳珠子は貞辰皇子をもうけている。

清和天皇は貞観十八年十一月、二十七歳で退位する。理由は病弱だった。そこで即位したのが高子がもうけた貞明《さだあきら》皇子であり、彼は陽成《ようぜい》天皇と称した。陽成天皇も九歳での即位だったことから藤原基経が摂政となり、政務を運営する。基経はさらに仁和三（八八七）年十一月、史上初の関白となる。この藤原良房・基経親子によって藤原一族の摂関政治ははじまり、藤原良経で終わるまでおよそ三百四十年間、それは続いた。この間には、藤原道長のように、長女の影子《しょうし》を一条天皇に、二女の妍子《けんし》を三条天皇、三女の威子《いし》を後一条天皇に、四女嬉子《きし》を後朱雀《ごすざく》天皇にそれぞれ嫁がせ、皇后に就かせることで権勢を謳歌するものもいた。

病弱を理由に清和天皇は退位した。彼は出家し、食事は二日ないし三日に一度と制限し、修行に打ち込んだことによる衰弱ともいわれているが、それればかりでもあるまい。というのは二十六人もの妾を囲い込み、まんべんなく夜ごとの交わりに励んだため、ついには干からびるほどに精も根も消費しつくしてしまった、ということのほうが正確であったかもしれない。

けれど高子にすれば清和天皇の退位はじつに喜ばしいこと。皇后という表舞台から退くことで窮屈な宮廷暮らしから解放され、自由に振る舞えるからだ。

清和天皇から譲位した貞明皇子は陽成天皇となったことで高子は「皇太夫人」の尊称が与えられた。さらに陽成天皇が十七歳で退位すると高子は皇太后となった。

陽成天皇が若くして退位したのはこれまた病弱が原因とされている。けれどじっさいはささいな喧嘩から源《みなもとまさる》益を宮廷内で斬り殺す、馬を飛ばして、逃げまどう町人たちを追いまわす、琴の糸で手足を縛りあげた女性を池に沈めるなどの乱行を繰り返し、はなはだ天皇としての品性に欠けるというのが真相だろう。なにしろ『扶桑略記』では「悪君之極」、「物狂帝」などと書き立てられ、手に負えない暴君であったことを伝えている。

いまようにいえばキレやすい少年というところだろう。そのような息子を生んだ高子だが、しかしそんなこと一向に意に介していないらしい。息子が息子なら母親も母親で、性格のおもむくままにふたたび高子は淫奔な恋に突っ走るのだった。東光寺の善祐法師と密通し、あろうことか子まではらんでしまうのだからあきれる。『宇多天皇御記』の寛平《かんぴょう》元（八八九）年九月四日で、その辺のことをこのように暴露している。

「去月、陽成君の母后、不豫《ふよ》のこと有り。而るを今ある蔵人等、言して曰く、善祐の児を娠《はら》み給へりと。他に事有るに非ずと雖《いえど》も、此の事を聞く毎に悶慟すること限りなし」

高子は病気で床に伏しているが、じつはそうではなく、どうやら高子は善祐の子ダネを宿したというのが本当だろう、などと蔵人たちはいっており、高子と善祐のただれた関係を聞くにつけ悩みが絶えない、と宇多天皇は嘆くのだ。

高子と善祐の不倫は『扶桑略記』でもおおっぴらにしている。

「陽成太上皇の母儀、皇太后藤原高子、東光寺の善祐法師と竊《ひそ》かに交通すると云々。仍《すなわ》ち后位を廃す。善祐法師に至りては、伊豆の講師に配流す」

善祐法師は、高子が資財をそそぎこんで神楽岡の南に創建した東光寺のいわば住職。そのような関係から親密となり、やがて男と女の関係にまで発展。この蜜のような甘い関係は八年間も続いたという。けれど口さがない官女や役人のあいだに醜聞が広がり、二人の運の尽きとなった。善祐は伊豆半島に流され、高子は寛平八年九月、皇太后の尊称を剝奪され、六十九歳で没す。

高子は死去後の天慶六(九四三)年に皇太后の尊称が与えられて名誉を回復するが、後宮に入るまえには在原業平との熱烈な恋を交わし、中年をすぎてふたたび善祐法師と恋に陥る。宮廷を舞台にしたスキャンダルは尽きることがないが、わけてもこの藤原高子の奔放な不倫は良きにつけ悪しきにつけ、宮廷人にしめした一つの格好のお手本になったにちがいない。

二　不倫の子であった平清盛、不倫で滅びる

祇園精舎の鐘の声、諸行無常の響あり。
娑羅双樹の花の色、盛者必衰のことはりをあらはす

おなじみの『平家物語』の出だしだが、平家琵琶のじょうじょうとした響きに合わせ、平家一門の栄枯盛衰を語る同書は、単に古典の名作としてだけではなく、人の世の常ならんことを読むものに訴える哲学書でもある。したがって二十一世紀に生きる私たちにも多くの示唆を与えずにはおかない。

つまり、いかに巨万の富を築き、人々を睥睨《へいげい》する地位と名誉を手に入れようと、永遠に続くものではない。奢《おご》れる者も、強く勇敢な者でも、ついには滅び風の前の塵のように消滅してしまうというのだ。まことにごもっともなおはなしだ。

このような格調高い『平家物語』でありながらしかしそのなかに奇妙な一節がある。その一節とは何かといえば、同書の巻第六「祇園女御」だ。そこには平清盛についてこのように述べているのだ。

「又、ある人の申しけるは、清盛は忠盛が子にあらず、まことは白河院の皇子也。その故は、去る永久の比ほひ、祇園女御と聞こえしさいはい人おはしける——」

平清盛は平忠盛の子供というのはまったくの嘘。じつは白河法皇が祇園女御《ぎおんのにょうご》という名の踊り子をはらませ、生み落とした皇子だというのだ。これが事実とするならば、平清盛の系図はただちに書き換えなければならない。清盛は忠盛と祇園女御の長子として元永元（一一一八）年に生まれたことになっているからだ。

種つけし、おまけにはらませておきながら、ではなにゆえ白河法皇は清盛をわが子として養育しなかったのか、という疑問がわいてくる。『平家物語』はこの疑問にもちゃんと答えているから嬉しい。

「さてかの女房、院の御子をはらみたてまつりしかば、『うめらん子、女子ならば朕が子にせん、男子ならば忠盛が子にして、弓矢とる身にしたてよ』と仰せけるに、すなはち男子をうめり」

かの女房とは祇園女御のこと。白河法皇ははらませた祇園女御を忠盛に押し付け、おまけに生まれた子供が女子ならば引き取ってもいいが、男子であればおまえの子供として育て将来は武士にせよ、とまでいっているのだ。

白河法皇は藤原賢子《ふじわらかしこ》など二人の后を娶り、男女九人の子をもうけている。一方、祇園女御の出自はつまびらかでない。清和源氏《せいわげんじ》仲宗の妻、あるいは息子の惟清《これきよ》の妻だったともいわれている。その彼女が白河法皇の寵愛を受けたのは、白河法皇が上皇時代に祇園行幸のとき、祇園社の門前で水汲みをしていた彼女を召し出したのがはじまりという。

ともあれ、平清盛は白河法皇のご落胤《らくいん》、隠し子であったとは驚く。ま、そうであったからこそ正三位の公卿となり、さらには、一介の武士にすぎない身分でありながら太政大臣《だじょうだいじん》にまで出世できたのであろう。

太政大臣といえばまさに国権の頂点に立ち、事実上の政治力、軍事力、統治力をもつ。とはいえそれでもやはり天皇にまではついぞなれなかった。本来なら時期天皇の有力候補として名が挙がってしかるべき血筋を受け継いでいたにもかかわらず、だ。あるいはこのようなところにも起因していたかもしれない、清盛の独断専横な政権運営は。

平家といえば平安朝を象徴する武士団として源氏に拮抗する勢力を誇示していた。平家の栄華は清盛の祖父、平正盛が白河法皇の厚い信任を受けていたところにはじまる。正盛の子の忠盛はさらに白河、鳥羽上皇のおぼえよろしきを得て、西海道に跳梁跋扈《ちょうりょうばっこ》する海賊どもを征圧、あるいは源為義、為朝父子による保元の乱でこの父子を撃破。つづく平治の乱で平清盛は源義朝、信頼を殺害し、一方の強力な武士団である源氏の伸長をくじいた。

かくしていずれのクーデターでも勝ち組になった平清盛の声望はいよいよ高まり、とんとん拍子に出世し、さきに述べたように大政大臣にまでのぼりつめる。

清盛の野心はしかし平家一門の繁栄だけではない。国家の頂点に立とうというのだ。そのため長子の重盛を正三位に叙すなど、一族の多くを公卿として朝廷に送り込む。あるいは妻の時子の妹である滋子《じし》を後白河天皇の皇后に立て、憲仁《のりひと》皇子（のちの高倉《たかくら》天皇）を生ませ、後白河天皇を上皇にしりぞけ、憲仁皇子をただちに天皇に即位させるのでもあった。

そしてさらに清盛は、娘の徳子《とくこ》（のちの建礼門院《けんれいもんいん》）を高倉天皇の皇后とし、徳子が言仁《ときひと》皇子（のちの安徳《あんとく》天皇）を生むと高倉天皇を上皇にして安徳天皇にあとを譲らせるのだ。

清盛は息子や娘を朝廷に送り込んで朝廷支配をもくろむ。このように彼は野心家でもあったが、同時にまことにたくましい絶倫の持ち主でもあった。なにしろ生ませた息子や娘は十八人というのだ。ただし、そのかずの多さのためどの女がどの子を生んだか、明らかでない。

英雄色を好む、というたとえがある。戦にも強いが女性にも滅法強いということだろう。平清盛もこのたとえにたがわず、女色のほうもことのほか盛んであったらしい。

高階基章の娘とのあいだに重盛、基盛を生ませ、正妻の時子とは宗盛、知盛、重衡、徳子をなしている。このほか母親の名前がわからない知度、清房、清定、清邦、盛子がおり、さらには単に女子とだけあり、名もなければ生みの親さえわからない娘たちがぞろぞろといるのだ。

どうやら平清盛は、これぞと思う女性を見るとたちまち手を出したがる、そんなドンファンな男だったらしい。それというのは、時子という妻がありながら白拍子《しらびょうし》の祇王《ぎおう》、祇女《ぎじょ》の姉妹に愛をそそぎ、さらには、それにもかかわらず加賀の国娘で十六歳になるという仏御前《ほとけごぜん》という名の白拍子が現れるとたちまち彼女のとりこになり、それまで愛していた祇王姉妹をあっさり振り捨てるといった具合なのだ。それぐらいだから、二十三歳、しかも三人の子持ち、熟れた肉体からはムセるほどの色香を放つ常盤御前《ときわごぜん》が現れてみれば、いかに憎き敵将の妻であろうと怪しみもせず、すんなり受け入れもするのだろう。しかしこれがいけなかった。平家滅亡はここからはじまったからだ。

平清盛は白河法皇の不倫の子であった。そうした遺伝子はどうやら子孫にも受け継がれるようだ。というのは、あまたの女性にあまたの子種を振り撒いていながら、よりによって平治の乱で殺害した源義朝の妻である常盤御前といままた不倫をかさねるからだ。

敵方の妻を側室に迎える。であれば、いつなんどき寝首をかかれるかわかったものではない。だいたいならこう考える。ところがそれを敢えて側室にしたのだから大した度量だ。けれどほめられるべきは清盛ではなくむしろ常盤御前のほうかも知れない。

常盤御前は九条院（近衛天皇の皇后）の雑仕《ぞうし》だったというから、雑用をこなしていた下級官女だった。ただしまれなる美人であったようだ。なにしろ美女千人のなかから百人が選ばれ、百人をさらにふるいにかけて十人を選び出し、十人のなかからなおすぐれた女性がその仕事にあたるというのだから、まさしく美人コンテストをつぎつぎと勝ち抜いてきた粒よりの美女であり、美貌を備えていたということだろう。

常盤御前は源義朝とのあいだに今若（のちの頼朝）、乙若（のちの範朝）、牛若（のちの義経）の三人の男子を産む。けれど平治の乱に敗れて夫は殺害されたため常盤御前は若くして後家になってしまった。

普通ならここで剃髪し、夫の菩提を弔うというのが当時の女性たちがたどる道だ。けれど常盤御前はそれに逆らったのみならず、本来なら夫を殺した憎いかたきであるべき平清盛の前に自らすすみ出て、三人の子供の助命を訴えるとともに側室におさまるというのだから見上げた女性だ。

常盤御前は久しく忘れていた男のたくましい肉体と体臭を存分に味わったにちがいない。清盛といえば飛ぶ鳥を落とすほどの勢いを誇り、栄耀栄華を極めた武将。それぐらいだから平時忠も、「平氏にあらざるは人にあらず」とまでうそぶくのだ。

まったく時の人であった平清盛の寵愛を受けた常盤御前は、「常葉《ときわ》が腹に一人、是は花山院殿《かさんのいんどの》に上﨟《じょうろう》女房にて、廊《ろう》の御方とぞ申しける」（『平家物語』巻物第一吾身栄花）という娘をさっそくなすのだから、常盤御前もおそらく男のナニを渇望していたのだろう。

娘の廊の御方はのちに藤原兼雅の妻となり、忠経、家経の二人の男子をもうけている。常盤御前は、養和元（一一八一）年二月に六十四歳で平清盛が亡くなると、次なる男をもとめて大蔵卿藤原長成という上級貴族にさっさと嫁ぎ、ここでも能成などの子をなしているのだからお見事である。

このように常盤御前は三人の男のあいだを渡り歩いたわけだが、それほどに彼女のフェロモンは、いったんとらえた男は離さないというほどの、強烈なものがあったのかも知れない。だからさしもの清盛もそのフェロモンには勝てず、常盤御前の色香にたちまちとろけてしまった。

ここで一歩踏みとどまり、常盤御前の接近を毅然とこばみ、三人の子供たちを容赦なく処断しておれば平家滅亡を早めることはなかったにちがいない。

その意味で、常盤御前は、武力では平家に負けたが色仕掛けで夫の仇を討った烈女といっていいかも知れない。

三　源頼朝も義経に劣らずの女色家

源頼朝といえば建久三（一一九二）年七月、征夷大将軍に任命され、鎌倉に幕府を開いた初代将軍。けれどこの地位に昇り詰めるまでにはじつに多くの苦難を体験しなければならなかった。

平治の乱で父の源義朝は平清盛に敗れ、敗走途中で暗殺される。義朝の子であった頼朝、範頼、義経ら三兄弟は命こそ助かったものの頼朝は伊豆の蛭小島《ひるこじま》に流罪。義経は京都の鞍馬寺にあずけられるなど離れ離れになり、敗者の悲哀を味わうのだった。しかもこれだけではない、もう一つ、頼朝は女難もまた多かった。

弟の義経は女性に関する風説が多いが、頼朝も、また勝るとも劣らないほど女性にはめっぽう目がなく、多情な男であった。そのせいか、戦いには強かったが女性に対する防備はどうやら甘かったようだ。まず最初の女難は伊東祐親《いとうすけちか》の三女とのスキャンダルだった。

頼朝が流された蛭小島は伊豆半島の山岳地帯。そのため往時から流刑の地としてさまざまな罪人がいた。しかもこの一帯には北条、宇佐美、工藤、伊東などの土豪が平家と同盟を交わし、源氏一族を監視していた。　頼朝が蛭小島に流されたのは十三歳。それから二十年のあいだ流人生活を送るのだが、親兄弟との離れ離れの寂しさに加えて流人といった屈辱が頼朝のこころをいっそう粗ぶるものにしていた。そのようなところに三女との出会いはうるおいを与えてくれ、唯一のなぐさみになった。

伊東祐親には四人の娘がいた。長女は三浦義澄《よしずみ》の妻となり、次女は土肥《どひ》実平《さねひら》の子遠平に嫁いでいた。けれど三女と四女はまだ嫁入りまえ、親がかりであった。なかでも三女はなかなかの美女であったらしく、頼朝は次第にこの三女に思いを寄せてゆく。このあたりについて『曾我物語』の巻第二は、このように述べているので見ておくのもいいだろう。

「中にも、三の妃は美女の聞へ有り。兵衛佐殿忍びてこれを思食されける程に、年月久しく積りて若君一人出来給へり。佐殿大いに喜びて、御名をば千鶴御前とぞ呼ばれける」

ところがこの千鶴御前《せんづるごぜん》の運命もじつに哀れなものだった。それというのは、頼朝と三女は伊東祐親《すけちか》が留守中に結ばれた、許されざる愛であったからだ。伊東祐親は平家の有力な家臣として中央の番役となって京の都に赴任していた。頼朝は祐親が領地を離れて留守をいいことに三女といい仲になり、子供まではらませてしまったのだ。

平家にとって頼朝はいわば敵。それは平家の家臣である伊東祐親にとってもいえる。それを知らない三女でもなかったはず。にもかかわらず敵となる相手の子供まではらむとは。この三女もまたなんと股のゆるい女であるか。祐親が驚くのも無理はない。三年の番役をつとめたのち蛭小島に戻ってみると、見たことのない幼い子供が目の前をうろちょろしているではないか。しかもおまけに「おじいちゃま」などといわれてみれば、「あれは誰の子供だ」、と祐親がうろたえるのは当然であったろう。

けれど祐親のとがめを恐れてか、千鶴御前の子守役はこれに答えるどころかあわてて逃げ出すしまつ。そのため祐親は別の女性におなじことを質すのだった。『曾我物語』ではそこをこのように伝えている。

「『ここに三つ許りなる少き者の、ゆゆしく償遵きつるを、誰が子ぞと問へば、返事もせずして逃げつるはいかなる人の子ぞや』と尋ねければ、女房、しばし隠して物も言わざりけり。祐親入道大きに瞋《いか》りて責め問へば、力及ばずして女房答へけるは、『あれこそ殿の償遵き給ふ妃君の京上の後に制すれども聞かで、厳げなる殿をして儲けたる子ぞや』とぞ語りける。祐親入道いよいよ腹を立て、『こはいかに、親の知らぬ婿や有るべき。いかなる人ぞ、不思議なる』と瞋りければ、つひに隠し遂ぐべき事ならねば、女房涙とともに、『あれこそ兵衛佐殿の若君よ』」

ことの事実を告白する女房の言葉に祐親は唖然とし、怒りと憎悪でいっそう胸が掻き毟られた。『曾我物語』はその怒りの様子をこのように書いている。

「『娘あまた有りてもてあつかふ者ならば、世間にいくらも迷ひ歩く乞食修行者をば婿には取るとも、当時、世になし源氏の流人を婿に取って子を生ませつつ、平家方より御料有らむ時は、入道がいかが答へ申すべき。しかも敵持ちたる我ぞかし。毒蛇をば脳を砕いて髄を見よ。敵の末をば首を切って魂を奪へとこそ申し伝へたれ。無益なり』」

まるで泥棒猫のように、父親の留守をねらって娘をたぶらかし、こともあろうに子供まではらませた男はいったいどこのどいつか。しかも女房に聞けば源頼朝というではないか。祐親の怒りはほとんど頂点に達し、ついに爆発するのだった。

あまたいる娘ならば世間に徘徊する乞食や坊主を婿にしようとも、敵であり、しかも罪人である源氏なんぞにやるものか。なのになにゆえ子供まではらみおったか。平家の譴責《けんせき》を受けたらなんと弁解するか。わしは日頃からあれほど言っておいたろうが、毒蛇を殺すときは脳を砕き、髄までよくよく見届け、生き返ることのないようにせよ、と。つまり敵の子孫は首を刎《は》ね、復讐の芽はことごとくたたき潰しておかなければならないということだ。それなのになんと厄介なことをしてくれたか、娘は……。

祐親はただちに使いの者を娘のもとに差し向け、子供を娘から引き取ると、さらに家来にこう命じるのだった。

「各々相構へてこの少き者をば、伊東の庄松河の奥を尋ねつつ、沈め石をつけて岩倉の滝山蛛が淵に沈めよ」

千鶴御前のからだに重石をしばりつけて山奥の滝壺に放り投げ、溺死させてしまえ、とこう祐親は言い放つのだった。祐親はそしてさらに娘をも頼朝から引き離し、江馬小四郎に嫁がせてしまうのだ。頼朝の嘆きは深く、仇討ちを決意した。けれど祐親の子、祐清に慰撫され、鉾をおさめるのだった。

かくして無残にも頼朝の最初の恋は破れた。しかしかえって、このことが頼朝を多情な男に変貌させたのかも知れない。というのは、伊東祐親の三女と出会うまでは禁欲的であったものが、祐親によって三女との仲が引き裂かれたのを契機に愛の情念がいよいよさかんとなるからだ。そのため相手にした女性のなかには未亡人、あるいは内縁の妻に隠し子を生ませるなど、禁欲的な生活で抑圧していた獣性が一気に噴出するのであった。そのような頼朝の前に現れたのが政子であった。

政子は北条時政の娘。頼朝はまたしても時政が京の都に出張中に政子と愛を結び合う。政子も気性の激しい、勝ち気な女性。そのため頼朝の野心にたちまち魅了されていった。

もちろん時政はこれを許すはずがない。伊東祐親に使った手をまたしても使い、留守をねらって、今度は自分の娘に接近する頼朝を政子から引き離すため時政は頼朝のところに兵を出した。このことを知った政子は父の説得に背き、頼朝が待つ伊豆山に一気に走った。祐親の言葉にしたがって身を引いた三女と政子とはこの点で大きくちがった。

激しく降りしきる雨にぬかるんだ伊豆の山道を急いだ。頼朝といえば源氏再興のためいずれ平家討伐に旗揚げする人物。それを思えば前途は苦難に満ちている。それにもかかわらず政子は頼朝との愛をつらぬこうとするのだった。この純粋さ、この一途さはやがて時政の干渉を排し、理解を得ることにもなるが、一方で頼朝の、やまない浮気ぐせに激しい嫉妬心をたぎらすことにもなる。

父に背き、世間の常識をくつがえし、ひたすら頼朝との愛に生きようとする政子の、それほどまでの熱い愛につつまれた頼朝。これ以上、男冥利につきるものはない。ところが頼朝の浮気の虫はおさまるどころかますますさかんになるから厄介。亀の前という女性が頼朝の浮気の虫をたたき起こしたのだ。

そのころの頼朝は平家討伐の直後であり、意気大いに高揚しているときであった。悲願の源氏再興の一歩を踏み出し、京の都に攻め上ろうという矢先。本来なら愛だの恋だのと浮かれ、はしゃいでる場合ではない。

もっともこの当時は、戦場でありながらうかれ女と称する遊女を引き連れ、昼間の戦闘で疲れた心身を癒すためのなぐさめ役を侍らせていたぐらいだからのんびりしたもの。大事をまえにしてなお女性に目がくらむ頼朝であっても不思議はない。

けれど政子は承知しなかった。まして政子は大姫に続いて二人目の子をみごもり、今日か明日かというときだった。頼朝と政子のあいだには頼家、実朝、大姫、乙姫の二男二女がいる。このとき政子の胎内にいたのはのちに鎌倉幕府に二代目将軍となる頼家であった。

自分のこころに忠実であるがゆえに頼朝との愛をつらぬき、勝ち取ったという自負が政子にはあった。しかもいまは臨月に入り、もっとも心身に負担がかかるという時期。そのようなときにまたしても自分以外の女と密通するとは——。

亀の前は良橋太郎《ろうばしたろう》の娘。良橋とは、頼朝は蛭小島にいたときからの昵懇《じっこん》。亀の前とはそのころから知り合う仲だった。

めでたく男児を出産し、産屋《うぶや》から頼朝の営中に戻った政子に待っていたのは、家来である伏見広綱の屋敷に愛妾の亀の前を囲い、そこに足繁く通う夫の姿だった。それを知った政子は身を震わせて憤り、ただちに兵を差し向け、伏見広綱の屋敷を打ち壊す。ところがこれほどの手ひどい仕打ちを受けてもなお頼朝は亀の前との関係を継続していた。そのため政子は、亀の前には危害を加えなかったかわりに広綱に対してはさらに重い遠流《おんる》に処した。猛女としての政子の面目、このあたりから次第に発揮される。

頼朝といえば猜疑心がつよく、冷淡な人物という印象がある。そのため好感をもって語られることも少ない。じっさい弟の範頼にしろ義経にしろ、そもそも頼朝の殺害の動機は猜疑心から発したものだ。弟たちをつぎつぎと抹殺し、父の義朝につらなる兄弟たちも平治・保元の騒乱のなかでことごとく討ち死にし、源氏の嫡流《ちゃくりゅう》は風前の灯火と化している。じじつ源氏の嫡流は頼家と実朝の二人。そのため源氏による鎌倉幕府は三代であっけなく潰れ、同時にそれが源氏の滅亡となった。

男に対しては仮借ない頼朝でありながら、女性となると途端に大甘になる。亀の前の措置でみせた妻の政子の激しい嫉妬でさぞかし不倫は懲りたかと思いきや、またしても頼朝は新田義重の娘に恋文を送り、口説きにかかったのだからなんとも鈍感。

新田義重は、前九年《ぜんくねん》の役《えき》ののち後三年《ごさんねん》の役《えき》でかずかずの手柄を立てた源義家の孫にあたる名門。義重の弟の義康は足利氏を興した祖であった。頼朝はそのような義重の娘にまで手を出しのだ。ところがここではじめて頼朝は深い屈辱感を味わう。

これぞと思う女性のほとんどはモノにし、頼朝にかぎって挫折という言葉は無用だった。けれどこ義重の娘にいたって、これまでの経験がことごとく否定され、あげくはすげなくあしらわれるしまつだった。

義重の娘は、じつは頼朝の長兄である義平の妻であったのだ。もっとも兄弟といっても母親がちがう。義平の母親は相模国の大豪族の三浦義明の娘。これに対して頼朝の母親は京都熱田神宮の大宮司藤原季範《すえのり》の娘であった。

二人の父親である源義朝は季範の娘を妻にする一方で義明の娘とも関係を持ち、さらに波多野義通の娘とのあいだに朝長を生んだり常盤御前とも肉体関係に陥って今若、乙若、牛若の三人を儲《もう》けるなど、これまたなかなかの好色家だった。頼朝の好きものぶりは、あるいは父親の、この血筋を引き継いだのかも知れない。

母親がちがうとはいえ義平が兄であればその妻は義姉だ。義平は〝悪源太〟という異名をもつ。十五歳のときに叔父の義賢《よしかた》を斬り殺す、あるいはわずか七人の騎馬武者とともに、五百騎を率いて立ちはだかる平重盛の軍勢を撃破することで勇名を馳せていた。そのような誉高い義平の妻である。けれど頼朝はことをもあろうにその妻を口説きにかかったのだ。

これぞとねらい定めた女性の大体は望みどおりになり、失敗したためしはない。ましていまや天下の大将軍。権力の頂点に立ち、人のみならず日本全体を支配する。ひとたび命令を発すれば草も木も従わないものはない。そのような慢心が義姉に対するよこしまなこころを呼んだのかも知れない。

けれど頼朝の下心は完全に見透かされてしまった。義姉は頼朝の誘惑をすげなくあしらったばかりか鼻でせせら笑ってみせるのだった。頼朝の怒り、いかばかりであったろう。はじめてなめさせられた苦い屈辱に頼朝は歯軋りした。この腹いせに頼朝は義重を源氏の一党から破門し、絶縁する。

このような義姉のきついしっぺ返しを受けてもまだ懲りず、頼朝は新たな愛をもとめて荒野をめざすのだからじつに逞しい。それぐらいだから愛の咆哮はひときわ雄々しく、そしてあくまでも貪欲。島津家の祖である島津忠久は、じつは源頼朝が政子に隠れてひそかに生ませた隠し子だったというではないか。

政子という正妻がありながら、頼朝の女あさりの癖はいっこうにおさまらない。いく度も破局を繰り返し、そのたびに消えたかにみえた愛欲。けれどしばらくするとまるでおこり病のようにふたたびぶり返し、ムラムラっと燃えさかる。比企能員《ひきよしかず》の娘、丹後局《たんごのつぼね》と床をともにしたのもそのようなときであった。

『寛政重修諸家譜』巻第百八の島津家にはこうある。

「頼朝将軍の落胤なり。母は比企判官能員が妹、丹後局と称す。かつて頼朝に仕え、寵をえて妊めることあり。嫡室政子これを害せんとするにより、治承三年兄能員に命じ、ひそかに鎌倉を去て京師にゆかしむ。摂津国住吉にいたり、日すでに暮、民家にいり旅宿をこふといへどもゆるさず。局つかるるのあまり、社のかたはらなる石にいこう。にはかにして産にのぞみて男子を生む。忠久これなり——」

ここでも政子の怒りは頼朝ではなく、丹後局に向けられた。身ごもった丹後局がそのまま子を生めば次期将軍の座をめぐって正室と側室の対立が予想される。無益な対立の芽は早いうちに刈り取るにかぎる。丹後局を亡きものにすればよからぬ芽ははえない。政子の思いはここに行きついた。けれど身の危険を察知した丹後局は大阪の住吉に逃れ、そこで男児を無事に出産する。生まれた子を頼朝は公家であった惟宗広言《これむねのひろこと》の養子に入れた。これがすなわちのちの惟宗忠久《ただひさ》である。

忠久は成長してからも頼朝の庇護を受け、やがて九州島津庄の地頭職を任命され、薩摩に赴任する。これを機に忠久は、惟宗から島津に名を改めるのだった。以来島津家は九州の大大名となり、関ヶ原の合戦では石田三成に加勢し、反徳川を掲げながら一度の改易もなかった。そればかりか明治政府では多くの有為な人材を送り込み、近代日本の基礎を築いた。

ともあれ島津家の始祖は源頼朝の隠し子であったとは驚く。もっとも歴史とは不可解なものであり、不可解だからこそおもしろくさせる。だから、仁和寺勝宝院院主であった貞暁もじつは頼朝の隠し子であったとの噂も、けっしてただの噂ではなかったかも知れない。

女性たちへの愛の奉仕に励む源頼朝。源氏再興に執念をかけ、そのためには肉親をも容赦なく抹殺する冷酷な武将としてのみ歴史は語る。けれどそれらはほんの側面にすぎず、じつは優しく柔順な頼朝でもあったのだ。ただし、女性のまえにあっては、という但し書きはつく。

四　後醍醐天皇は子孫を末広がりに生ませ続ける

第九十六代後醍醐《ごだいご》天皇は、武士階級の勃興《ぼっこう》と勢力拡大によって失墜した朝廷の権威を取り戻すため、元寇《げんこう》の相次ぐ襲来で財政が逼迫した地方の豪族による幕政に対する不平不満に乗じ、天皇の親政《しんせい》を一気に推し進めようとした。そしてそれと同時に子孫づくりにもこれまた大いに励んでみせた。ではいったい何人いたのか、ということになる。『太平記』の巻一「儲王御事」にはこのように記されている。

「螽斯ノ化行レテ、皇后元妃ノ外、君恩ニ誇ル官女、甚多カリケレバ、宮々次第ニ御誕有テ、十六人マデゾ御座シケル」

これを訳すとこのようになろうか。いなごは群れをつくってもたがいに争うことがないから子孫を多く生む。それとよく似て后や姫たちは仲がよいので天皇の寵愛もことのほか厚く、つぎつぎと子孫を生みなし、若君のかずは十六人にも達した、と。

ところがこんなものではない、じっさいはもっと多いというのが『皇胤紹運録《こういんじょううんろく》』だ。それによると皇子は十八人、皇女も十八人、合わせて三十六人とあるからたまげる。ま、どちらが正しくどちらがそうでないか、ここは数字の正確さを求める場ではない。それほどに多くの子づくりにひたすら精を出し、后たちに愛のエキスをそそいだ後醍醐天皇の、男の甲斐性を見届ければよいのだ。

ともあれ、『太平記』では若君の数を十六人としており、『皇胤紹運録』では男女それぞれ十八人としている。ただし前者では男女の内訳までは伝えていない。けれど男女とも十八人で統一している後者の例から推測して、前者は男女それぞれ八人と考えていいだろう。というのは、偶然にしてはいかにもできすぎであり、作為的なものを感じるからだ。つまりいずれの作者も〝八〟という数字がもつ縁起のよさ、ゲンをかついだということだ。

〝八〟という文字のかたちはさきにゆくほど広がりをみせている。そのことから「末広がり」と称し、吉祥《きっしょう》をあらわす文字として好まれる。後醍醐天皇もこの縁起のよさにあやかろうとしたにちがいない。けれど八ではなく、十八としたのはしからばなぜか、という疑問が残る。これにはさしたる根拠はないと当方は思っている。なぜなら、彼が手をつけた女性は三十三人、そして生みなした子孫は四十人という説さえあるからだ。したがって女性も子孫もいちいちかぞえあげていたらめまいを起こしてしまう。いっそのこと縁起のよい八、ないし十八にしてすべてをひとくくりにしてしまえ、とまぁ、こんな具合でかずを整えた、といっては乱暴だろうか。

いずれにせよ後醍醐天皇もまたたぐいまれなる絶倫天皇、艶福家であったこと、それはたしかのようだ。だからさきのようなあまたの畑をせっせと耕し、つぎつぎと子ダネを植えつけていったのだ。けれど、なにしろ正確にかぞえきれない多さ。そのため豊作をもたらす、よく肥えた畑もあれば、いくら肥料をほどこしてもいっこうに芽を出さない畑もあったろう。嬉子《きし》と廉子《れんし》がそのいい例だった。

いい例とは、ではどのようなことか。これを述べるには後醍醐天皇が隠岐島に流刑されるまでの経緯に触れなければならない。

後醍醐天皇（本来なら諡号《しごう》は生前中の徳を尊び、死後に送られるものだが、彼はすでに生前中から諡号を定めていた）は九十一代後宇多《ごうだ》天皇の第二皇子として生まれ、名を尊治《たかはる》といった。文保二（一三一八）年二月に践祚し、天皇に即位した。しかし彼はそのときすでに三十一歳。当時としては高齢になってからの即位だった。しかも彼は単なる中継ぎ、ピンチヒッターにすぎなかった。というのは兄の九十四代後二条天皇は二十四歳の若さで死去したため第一皇子の邦良《くによし》親皇はまだ幼かった。そこで富仁《とみひと》が皇太子となって皇位を継承し、花園天皇となった。このとき九十五代花園天皇の皇太子になったのが尊治、すなわちのちの後醍醐天皇だった。

花園天皇は文保二年に上皇となって尊治に譲位する。当時、皇位は持明院統《じみょういんとう》と大覚寺統《だいかくじとう》の両者が交互に継承する取り決めになっていた。これがすなわち「両統迭立《りょうとうてつりつ》」というものだ。

このような取り決めを行うようになったのは、後嵯峨《ごさが》上皇は後継者を決めずに死去したので鎌倉幕府は亀山天皇を即位させた。これに不満な後深草《ごふかくさ》上皇が幕府にねじこみ、自分の子供の伏見天皇を擁立するよう強く迫った。これを契機に亀山天皇を擁護する大覚寺統と伏見天皇を支持する持明院統ができあがり、皇統をめぐって激しく対立する、というところに端を発する。この両者の抗争はさらにのちには南北朝にまで発展し、我が国はじまって以来の、二人の天皇が同時に並び立つという、じつに奇妙な歴史をつくった。

話をもとにもどそう。尊治、つまり後の後醍醐天皇は大覚寺統の流れを受けていた。兄の後二条天皇の逝去で皇太子は持明院統から選ばれ、それが花園天皇となった。花園天皇の皇太子には、したがって今度は大覚寺統から選ばれる。じじつそのようになり、尊治が皇太子に就いた。そして花園天皇が上皇になったのを受けて尊治が即位。第九十六代後醍醐天皇となった。

皇太子には後二条天皇の遺児、邦良皇子を立てた。しかしこのとき室町幕府は、邦良皇子の天皇継承を想定し、そのときには持明院統で後伏見天皇の子である量仁《かずひと》皇子（のちの光厳《こうごん》天皇であり、北朝の初代天皇）を皇太子に、という流れを決めた。もちろんこれも「両統迭立」にしたがった措置であったろう。ところがこれによって後醍醐天皇の思惑は大きくくるってしまった。自分の息子に皇位をゆずる道を断たれたからだ。

さきに、彼は単なる中継ぎにすぎないといったのはこのことだが、この措置に後醍醐天皇が憤慨したのはいうまでもない。三十一歳という遅咲きの天皇でもあっただけにその分、野心は強い。息子の皇位継承の望みが断たれたことで大覚寺統の滅亡に危機感を抱いた後醍醐天皇は倒幕の意志を固め、近臣の日野資朝《すけもと》らと謀って僧兵や畿内の土豪に招集をかけた。これが「正中《しょうちゅう》の変《へん》」だが、このクーデターは事前に発覚し、結局頓挫。

けれどこれでもなお後醍醐天皇の倒幕の執念はいささかもゆるがず、再び決起する。これに河内の悪党などといわれた楠正成や肥後の菊池氏、播磨の赤松氏らが加勢し、反北朝を掲げた。これがのちにいう「元弘《げんこう》の変《へん》」だ。

だがこの決起はまたしても失敗。近臣の密告によってことが露見したからだ。そのため後醍醐天皇は京都を脱出し、畿内を転々として潜伏する。けれど楠正成《くすのきまさしげ》が敗走するなど味方の軍勢はことごとく敗れ、後醍醐天皇もついに捕縛され、隠岐島に流刑とあいなった。この隠岐島に流されるときに同行したのはわずか数名。『太平記』の第四巻「先帝遷幸事」はこのように書いている。

「供奉ノ人トテハ、一条頭太夫行房、六条少将忠顕、御假借ハ三位殿御局許也」

隠岐島に流される後醍醐天皇に付き従ったのはわずか三人。神の子にも等しい天皇の、なんと零落した姿か——と京の都を引き回されながら島送りされる後醍醐天皇を見送る人びとは深く同情した。しかしここで注目したいのは三人のなかに三位局が加わっているという点だ。

三位局とは阿野廉子をいう。彼女は阿野公廉《あのきんかど》の娘。西園寺嬉子が皇后になって後宮入りするとき内侍としてともにつき従った。そののち後醍醐天皇の寵愛を受けて元亨元（一三二一）年に従三位《じゅさんぐう》となったことから彼女を三位局と称するようになる。

島流しにあう天皇の身の回りの世話をする。だいたいなら妻がそれをするものだろう。ところが妻ではなく愛人がそれをやっているのだ。ここで嬉子と廉子の勝負はほぼ完璧に決まった。嬉子は西園寺実兼の娘であった。後醍醐天皇はまだ皇太子であったときに西園寺家に出入りし、やがて実兼《さねかね》の目をぬすんで嬉子を犯し、はらませてしまった。そのためやむなく実兼は二人の婚姻を了承し、後宮に入れたというから、当節風にいえば〝できちゃった婚〟ということだ。

十六歳で後宮に入った嬉子。その初々しさ、その麗しさには桃の花が春の陽光のようになまめき、青い柳が風になぶられる風情にも似ている、と『太平記』は形容し、美貌の女性であることを伝えている。したがってそれほどの女性であれば天皇のおぼえよろしきを得たにちがいない、と思ったがさにあらず。事実はまったく逆だった。『太平記』の巻第一「立后事付三位殿御局事」にはこのように述べている。

「君恩葉ヨリモ薄カリシカバ、一生空ク玉顔ニ近カセ給ハズ。深宮ノ中ニ向テ、春ノ日ノ暮難キ事ヲ嘆キ、秋ノ夜ノ長恨ニ沈マセ給フ。金屋ニ人無シテ、皎々タル残燈《ざんとう》ノ壁ニ背ケル影、薫籠ニ香消テ、粛々タル暗雨ノ窓ヲ打声、物毎ニ皆御泪ヲ添ル媒ト成レリ」

天皇の愛情は木の葉よりも薄かったという。そのため嬉子は生涯、ついに天皇のそばに寄ることさえないまま後宮に引きこもり、春の日暮れ、秋の夜長を泣き明かしたというのだ。きらびやかな廷内に人影はなく、窓を打つ雨が、胸がつぶれるほどにただむなしく聞こえ、涙をさそうというのだ。

十六歳で天皇の妻になり、さてこれから楽しかるべき極楽のような暮らしが、と期待し胸をはずませただろう。ところがいざ後宮に入ってみればこの仕打ち。天皇には一顧だにもされないばかりかほとんど幽閉状態。

これに対して思わぬ玉の輿に乗ったのが廉子だった。彼女を一目見るなり後醍醐天皇のこころはたちまち廉子に奪われ、本妻の嬉子などそっちのけで、ありったけの愛情をそそぐのだった。この辺について『太平記』はこう伝えている。

「其比安野中将公廉ノ女ニ、三位殿ノ局ト申ケル女房、中宮ノ御方ニ候レケルヲ、君一度御覧ゼラレテ、他ニ異ナル御覚アリ。三千ノ寵愛一身ニ在リシカバ、六宮ノ粉黛ハ、顔色無ガ如也」

宮廷に仕える美女三千人に匹敵するほどの愛情を一身に集めた廉子に、六つの御殿に暮らす官女たちは呆気にとられ、顔色を失ったというのだ。それほどまでに後醍醐天皇をよろめかせた廉子であってみれば、後醍醐天皇が隠岐島に流されたとき、ともにしたがったのもこれで理解できる。そのため新待賢門院《しんたいけんもんいん》という院号も賜り、後醍醐天皇が延元（南朝方の元号）四（一三三九）年八月、五十二歳で逝去したのち、皇太后となる。嬉子は礼成門院《れいせいもんいん》と称し、元弘三（一三三三）年八月に死去したのち、後京極院と改称する。

廉子には義良《のりよし》（のちの後村上天皇）、恒良《つねよし》、成良《なりよし》の三皇子および二女がいた。よく肥えた畑は耕せば耕すほどよい作物が見事なほど実ることを実証してみせた廉子は、後醍醐天皇の寵愛いよいよ深くなり、それをカサに宮廷王朝の実権をにぎり、政治にさえ口ばしをはさむようになる。すなわち賄賂政治だ。この辺については『太平記』巻十二の「公家一統政道事」に書かれている。武勲を立てた武士たちに褒美をさずけるとの後醍醐天皇の達しに諸国の武士が証拠となるものをしめし、こぞって申請に赴いた。ところがなかにはさしたる功績もないのに媚びへつらう、あるいは天皇の側近に袖の下を使って取り入ろうとする、はては朝敵であったものがいかにも味方であったように振る舞う不届きものもいた。そのため五カ所も六カ所も領地を手に入れる武士もいれば、遊芸人、官女、官僧までが褒美にあずかっていた。

その反面、忠節を尽くし、犠牲を払った武士は冷遇されるといった不公平が生じ、天皇を盛り立てた側近ほどこの恩賞に不満が強かった。このようなえこひいきが生まれた背後には廉子の介入があった。つまり「内奏秘計」というくだりがそうだが、賄賂を取って便宜をはかるよう後醍醐天皇をさかんにそそのかすのだった。身もこころもすっかり廉子にからめとられていた後醍醐天皇、もはやことの善悪を判断する能力さえ失っていた。まさにいいなりだったのだ。

天皇親政、王政復古をかかげ、公武合体による協調体制を目指した。これがいわゆる「建武中興《けんむのちゅうこう》」といわれるもの。このことから後醍醐天皇は英邁な、名君と高く評価される。とくに太平洋戦争前は南朝の正当性が強調され、北朝を打ち立てた足利尊氏などは逆賊の扱いだった。

けれどそのような名君でありながら、こと女性にかぎってはまったくだらしない。なにしろ手をつけた女性は嬉子、廉子のほか北畠親子、洞院実子、花山親子、源康子など三十三人、はらませた子供はざっと四十人ともいわれているのだ。

後醍醐天皇は三十二歳で即位し、五十二歳で死んでいるから、在位期間二十年。ということは毎年平均二人の子をはらませていることになる。二十年間のうちには隠岐島への流罪、吉野山への逃避行、

「正中の変」「元弘の変」などの戦乱と波乱に満ちた生涯を送った。それにもかかわらず男のつとめにも手を抜かず、きっちりとこなしていたのだから、ただ脱帽のほかかない。

五　足利義満、上皇の妻妾らと密通

足利義満《よしみつ》はとうとう我が身の不徳を認め、北朝第五代後円融《ごえんゆう》上皇に詫びをいれなければならない羽目に陥った。それというのは、永徳（北朝の元号）三（一三八三）年二月一日と十五日の二度にわたり、皇后と妾の二人の女性が相次いで上皇に咎められ、皇后などは重傷を負って実家に逃げ帰る、妾は剃髪して尼になるという事態に追いやられたからだ。

二人の女性がそうなったそもそもの原因は、上皇の妻であることも妾であることも承知していながら密通をかさね、しかもあろうことか皇后にはタネまでつけてしまい、「後小松《ごこまつ》天皇は後円融上皇の子ではない。じつは義満どのと厳子《たかこ》皇后の不倫の子では……」との噂のたねをまいた自分であったからだ。

火のないところに煙は立たない、のたとえがある通り、この噂、まんざら根拠のないものではなかった。それは義満の生涯をたどれば明らか。義満は皇后の厳子と密通し、できた子供の百代後小松天皇を出汁《だし》につかい、皇室を乗っ取り、自分が天皇に取って換わろうという野望を抱いていた人物だった。

足利義満といえば金箔をほどこしたことから金閣寺とも称されるド派手な鹿苑寺《ろくおんじ》を建立する、あるいは南北朝が自分たちの正当性を主張し、抗争を繰り返していたものを、南朝の九十九代後亀山天皇を説き落とし、北朝の後小松天皇に三種の神器を返還するとともに譲位するかたちで円満なる皇室の統一をはかり、足利幕府を名実ともに安定させた三代目将軍として知られている。

初代将軍尊氏からはじまり十五代将軍義昭で終わる、およそ二百三十年間を室町時代と呼ぶ。これも義満が「花の御所」と称する新邸を京都室町に築き、政権の中枢を置いたことにちなむ。御所には四季折々の花々、名木のかずかずが植えられ、天下の政務をつかさどるのにふさわしい荘厳さであったらしい。

住居がきらびやかなぐらいだから経歴もきらびやかな義満であった。義満は足利義詮《よしあきら》の嫡男として延文（北朝の元号）三（一三五八）年八月に生まれる。義満の上には千寿丸がいたが、幼くして亡くなっている。また義満には六歳違いの弟満詮がいた。

義満は義詮が死ぬ直前に正五位の官位に列せられ、左馬頭《さまのかみ》に任じられた。応安元（一三六八）年四月、十二歳で元服。同じ年の十二月には権大納言、および近衛大将に就き、これを契機に義満の王権支配、さらには皇位簒奪《さんだつ》という大いなる野望が着々とすすむことになる。

義満は永和のはじめごろに日野時光の娘である業子《なりこ》を正室に迎える。妻の業子にも准三宮《じゅんさんぐう》の宣旨《せんじ》が下された。業子との婚姻で、以来足利家と日野家は密接となり、義晴、義輝、義栄などは近衛家や結城家から妻を迎えているものの、十五人の将軍のうち七人は日野家から妻を娶っている。

義満と業子のあいだには子ができなかった。業子はつまり〝素腹《すばら》〟だったのだ。不妊症の女性を『大鏡』では、「御いもうとの素腹の后は、いづくにかおはする」と述べている。

業子が応永十二（一四〇五）年七月、五十五歳で亡くなったあと、義満は業子の姪の日野康子を正室に迎える。けれど康子もまた子供に恵まれなかった。したがって義満の子供たちはいずれも愛妾に生ませたもの。愛妾の藤原慶子などは四代将軍の義持《よしもち》、六代将軍の義教《よしのり》の二人の母親という幸運に恵まれるのだった。

宮廷に食い込みをはかろうとする義満の野心は永徳元（一三八一）年六月に内大臣、翌年の一月に左大臣へと進級し、准三宮になったことでいよいよ満たされてゆく。宮廷人との交わりも深まり、それにつれて宮廷内の発言力、政治力も次第に高めてゆく義満は、宮廷の権威を利用して諸国の守護大名らを挑発しては戦乱をけしかけ、謀略をかけて統一をはかってゆく。

武力による足利政権確立をハードとするならソフトは宮廷人たちを懐柔し、ついには皇位もうかがうという戦略であろう。これを望みどおりにするためにはより深く、そしてより多く、宮廷とのかかわりを密にする必要がある。そこで義満はあれこれ策をめぐらし、思い至ったのは女官たちとねんごろになる、という手だった。

女官たちは女房といわれた。天皇の后である女御や更衣のそば近くに仕えて身辺の雑用をこなしている。その女官たちに接近するということは女御に近づくことにひとしい。

天皇の妻ともなれば、後宮といわれるように宮中の奥に住み、男子禁制だった。けれど天皇が退位し、上皇になれば妻も皇太后となり、後宮を離れる。そのため窮屈な生活から解放され、自由な行動も許される。だから若い男との関係をエンジョイしたいと思えば不可能ではない。

ただしそれは不倫だ。露見したときのリスクは当然覚悟しなければならず、藤原綏子《すいし》と同じ道をたどることになりかねない。綏子は六十七代三条天皇の寵愛をうけながら臣下の源頼定との密会が露見したため宮廷から追放されている。そのような綏子が受けた仕打ちを知ってか知らずか三条厳子は義満との密通にふけっていたからたまらない、それを知った後円融上皇の怒りはほとんど極点に達していた。後円融天皇は北朝五代目天皇であった。彼の生母は広橋仲子《ひろはしちゅうし》といい、将軍義満の叔母にあたる。つまり義満の父であり三代将軍の義詮正室である紀良子と仲子とは実の姉妹であったからだ。

後円融天皇は永徳二（一三八二）年四月、五歳の幹仁《もとひと》親王、のちの後小松天皇に譲位し、上皇となった。ところが上皇になったあたりから彼は奇異な振る舞いをしばしばみせ、猜疑心もつよくなる。正室の厳子や愛妾の按察局《あぜちのつぼね》にみせた行動がそうだった。

宮廷への接近をつよめる足利将軍義満は、のちには太政大臣にのぼりつめ、ついには国王とまで称するほどになり、父祖でさえ達し得なかった、まさしく天下の頂点に立つが、それを可能にした一つには女官、さらにはそれより上級の、セレブな女性たちとの情交があった。

諸国の大名をことごとく制圧し、幕府の下に統一を達成した義満の武威、そして中国の明との交易でもうけた財政力、この二つをもつ義満の政治力のまえに立ちはだかる公家など、もはやおらず、かえって媚びへつらうばかりであった。後円融上皇にとってこれが愉快であろうはずがない。そのようなところにもってきての厳子の不倫であった。

後円融上皇は厳子と義満がしっとりと睦み合っているベッドシーンを妄想すると居ても立ってもおられず、嫉妬に燃え狂うのだった。

「厳子をここに呼べ。今宵の夜伽《よとぎ》をさせるのじゃ」

後円融上皇は女房に命じるのだった。ところが厳子はなかなかやってこない。厳子のこころは義満に奪われ、すでに自分のもとにはないと思うと、寝室に一人待つ上皇の憎悪はいっそうつのるばかりだった。

しかし後日、厳子の兄である三条実冬が義満に事件の真相を語ったところによると、上皇の急な呼び付けにあわてた厳子は袴も湯文字もつけておらず、支度に手間取ったというのが事実らしい。けれどそのような言い訳が通じる後円融上皇ではない。上皇の折檻は容赦なかった。

「義満殿とはどのようにやるのじゃ。こうか……それともこうか」

「わしのと義満殿と、どっちが満足じゃ」

「そなたは義満殿のどこが好みなのじゃ」

執拗に繰り返す後円融上皇の嫌みに厳子は無言で答えた。それがいっそう上皇を苛立たせ、ついには刀の鞘を払い、激しく峰打ちするのであった。嫉妬心で上皇は完全に我を失っていたのだ。

血まみれの姿で実家の三条家に逃げ戻った厳子は兄の実冬に真実を涙ながらに語り、冤《えん》をすすぐのであった。

義満の密通は厳子だけではなかった。じつはもう一人按察局も寵愛し、睦ごとを楽しんでいた。高位高官にのぼりつめるにしたがって義満は、武士は公家の臣下というそれまでの観念を否定し、むしろ政治的、経済的、軍事力でも圧倒的優位に立つ武士こそ天下を治める統治能力があるという現実主義者だった。そのためなんら臆することなく宮廷の奥深くまでズカズカと乗り込み、これぞとみるやつぎつぎと官女たちをしとみの陰に引き込み、あたかもイモズルのごとく子供をはらませては生ませていった。

義満は応永十五（一四〇八）年五月、五十一歳で病没するが、その間には藤原慶子や春日局などの愛妾をかかえ、義持《よしもち》、義嗣《よしつぐ》、義教《よしのり》のほか禅僧の友山清師、虎山永隆、仁和寺法尊、大覚寺義昭、梶井義承ら男児、大慈院聖久、聖紹、入江殿聖仙、法華寺尊順、光照院尊久、宝鏡院主、摂取院主など女子がおり、十一人の愛妾に二十一人もの子供をはらませるほどの絶倫家だった。

しかもおまけに義満が精力をほどこしたのは女性だけではなかったというのだ。男色にもことのほかご執心だったからますますご立派というほかはない。能楽の世阿弥をそば近くに侍らせ、寵したのだ。

男色といえば織田信長と森蘭丸、武田信玄と高坂虎綱、あるいは上杉影勝と近習《きんじゅ》の直江兼続などはよく知られたところであり、薩摩藩などが行った郷中教育にも男同士の結束や規律を重んじる気風から同性愛的傾向がよく反映されている。いわゆる「よかにせどん」というのがそれだ。

義満が十二歳の、まさに凜々しい美少年の世阿弥に少年のエロスを感じたのは、父の観阿弥とともに舞った「翁」のなまめかしくも妖しげな舞い姿であったという。寵童として身近に侍らせる一方、義満は、公家の二条良基に世阿弥の教育にあたらせている。

同性にも、異性とおなじぐらい精力をそそぐ義満。そのうえ宮廷工作や幕政改革、さらには文芸、寺社改革も成し遂げるなどその行動はじつにパワフル。できる男とはこれをいうのだろう。そのような義満であればよもや女性問題で手痛いシッペ返しを、とは想像もしなかったにちがいない。

厳子が重傷を負って実家に逃げ帰ったとの騒ぎがまだおさまりもしない同じ月の永徳三（一三八三）年二月、またしても後円融上皇が錯乱状態に陥り、とりなすすべもなく逆上しているとの噂が耳に入ったから義満は、「まったく……」と舌打ちするのだった。

後円融上皇のこのときの逆上も、愛妾の按察局が義満と密通しているのでは、と邪推したのが発端だった。按察局はひどく折檻されたあげく仙洞（上皇の住居）を追い出され、髪をおろして尼にさせられてしまったというのだ。

ところが後円融上皇の怒りはこれでもまだおさまらない。義満が仙洞につかわした広橋仲光を、自分を捕まえて流罪に処するための使者と思い込み、仙洞にある持仏堂に籠城し、まるでダダッ子のように、自害するといってわめくしまつだった。

広橋仲光は仲子の弟。仲子は、わが子である後円融上皇の邪推ではじまった錯乱とはいえ、それを円満におさめるには後円融上皇に対して義満が陳謝の一札を入れるほかなし、と判断し、両者の和解をとりはかるのだった。

厳子といい、按察局といい、上皇の妻妾に手を出すとは破廉恥このうえないが、しかしそれにしても不倫がバレてひと悶着おこすとは男として失格。義満のワキの甘さは指摘してよい。

ともあれ、義満は仲子のとりなしで後円融上皇とのわだかまりもほぐれ、永徳三年六月には准三宮を宣下され、明徳三（一三九二）年十月にはかねて悲願の南北両朝の統一を実現させ、南朝の後亀山天皇は北朝の後小松天皇に皇位を明け渡すのだった。

さらに応永元（一三九四）年十二月には子の義持に将軍職をゆずり、義満は太政大臣になった。太政大臣といえば天皇に次ぐナンバー2。義満は幕政とともに宮廷の実権をも掌中におさめ、名実ともに天下の最高位に立ったといってよい。

ただし太政大臣のポストも翌応永二年六月にはあっさり返上し、義満は出家して道有、道義といった法名を名乗った。とはいえそれで野望に終止符を打つような義満ではない。まだまだ生臭さは消えてないのだ。東大寺や延暦寺の戒壇を登り、法皇の儀式に擬う、あるいは北山第に鹿苑院（金閣寺）を築造し、そこを仙洞に似せるなど、まさに天皇以上の振る舞いを演じるのであった。

そして時代はぐんと下って応永十二（一四〇五）年七月、正室の業子が死去したあとに康子を正室に迎え、後小松天皇の生母である厳子の逝去と同時に康子を准母《じゅんぼ》（天皇の生母に準じる）とし、北山院という院号をも宣下《せんげ》させるのだ。

元来院号とは天皇の後宮などに贈られたものであった。そのため後宮でもない康子に院号が授与されるのは極めて異例。それだけに院号宣下には義満の宮廷工作があったと、容易に想像できる。

妻の康子が後小松天皇の母親がわりになったということは、康子の夫である義満は後小松天皇の父親がわりということになる。天皇の座をねらい、天皇家を乗っ取ろうとした足利義満の野望はほとんど手の届く距離にまで近づいたかにみえたその矢先、じつにあっけなく義満は頓死する。応永十五（一四〇八）年五月、行年五十一歳であった。

義満はしかし死んでもまだ人びとを悩ますのだった。太上法皇の尊号宣下をめぐって宮廷が紛糾したからだ。太上法皇は義満が望みに望んだ尊号。義満の生涯はこの尊号を極めるためにあったといってもよい。

しかし宣下は結局却下された。けれど世評は義満のかずかずの功績からすでに太上法皇を名乗るに足りうる、という見方をしていたからいまさら異議をとなえる声もなく、義満を太上法皇と号することがやがて一般的になってゆく。

六　不倫の子も生む女傑、日野富子

足利義政は正室の日野富子の男児出産に小躍りしてよろこび、祝ったという。けれどはたしたそれは事実だろうか。もし事実だとすれば、ただでさえ享楽にふけり、行政手腕のまったくない無能な将軍といわれているのに、そのうえさらに魯鈍《ろどん》な将軍といわなければならない。富子が生んだ子は義政のタネではない、じつは後土御門《ごつちみかど》天皇のタネであったといわれているからだ。『応仁広記』の巻一「御台所山名方御頼事」がこの事実をこうスクープしているからここに転載しておこう。

「――程経テ後室町ノ御所ヘ還ラセ給ヒ元ノ如クニ渡ラセ給フ無幾程シテ御懐胎ニテ若君出来サセ給ヒケリ。其比皆人ノ囁キケル様ハ此ノ若君ト申スハ公方家ノ御子ニアラス御台所森中ニマシマシケル中ニ主上密々御通ヒマシマシテ儲ケ給ヘル御子也御所ヘ還ラセ給フ時モ御台所ノ御記念トシテ薦ノ細道ト名付シ硯箱ヲ主上ヘ参ラセ給シナント様々ノ浮説ヲ沙汰シケリ――」

かくのごとく『応仁広記』は御台所（富子）が生んだ男児の父親は公方《くぼう》（義政）ではない、主上（後土御門天皇）であったとして、富子の不倫疑惑を暴露しているのだ。このスクープはしかも根拠のない、単なる与太ばなしではない。いくつかの状況証拠が信憑性あるものにしているからだ。

男児の出産前の富子と義政の夫婦関係はほとんど冷えきったものになっていた。そのため富子は室町の御所から飛び出し、叔母が女官として仕えていた禁中、つまり宮廷に逗留していた。一方宮廷では、しばしば催された連歌の宴などに加わるのをとおして後土御門天皇と親密になった、というのが証拠だ。

富子も、足利歴代将軍に正室を送り込んでいる例にならって日野家から足利八代将軍義政のもとに輿入れした。康正元（一四五五）年八月だった。このとき富子は十六歳。義政は二十歳だった。

義政は十五歳ではやくも今参《いままいりの》局《つぼね》という名の、十歳も年上である乳母をそのまま側室にするなど、富子を娶る以前からすでに複数の女たちを身近においていた。いく人かの名を挙げると、上臈《じょうろう》のちゃちゃ、あやや、わか、五い、めめ、御ま五、あぶら、近衛殿、あちゃち——など。

そして義政はそれぞれに子ダネをほどこし、富子が嫁いでくる直前の康正元年一月には今参局に女児を生ませている。富子が嫁いでやや日は経過するものの寛正三（一四六二）年と四年、六年には側室のあちゃが続けざまに女児を生みなしているのだ。

これに対して正室の富子はといえば婚姻後もしばらくは受胎に恵まれなかった。おそらく内心はあせりもし、気が気でなかったにちがいない。これみよがしに側室はつぎつぎと子をなしているというのに正室の自分は兆候すらなく、出産の話題からはずされていたのだから。

人一倍自意識はつよく、敵愾心もつよい性質な富子だけに今参局やほかの側室にむけた対抗心は並ではなかったはず。のちに詳しく触れるが、じじつ今参局とはことあるたびに対立し、女性版権力闘争を繰り広げるのだ。

婚姻から五年後の長禄三（一四五九）年、二十歳で第一子がさずかり、富子は女児を生んだ。ところが女児は誕生と同時に早世するといった非運な子であった。けれど義政は、「正室がだめでも側室がいるさ。なにも富子だけが女じゃない」

といわんばかりに、傷心にうちひしがれる富子などにおかまいなく、側室との閨房に連夜ふけまくるのだった。さきにいく人かの側室の名を挙げたが、富子がつぎの第二子を身ごもる寛正六年十一月までの六年の間にも側室のいく人かに子をはらませているのだ。

足利義政は永享八（一四三六）年一月、足利義教《よしのり》と日野重子のあいだに生まれた。二歳上の兄義勝は七代将軍を継いだものの赤痢が原因でわずか九歳で他界。そのため弟の三春（義政の幼名）は急遽将軍にかつぎ出されることになった。そうでなければ彼は僧侶になるはずだったから運命の転機をここで経験することになった。

とはいうものの幼児の三春に将軍職がまっとうできるはずもなく、細川勝元が将軍を補佐した。三春は十一歳のとき後花園天皇から義成《よししげ》という名を賜る。つづいて宝徳元（一四四九）年四月に元服し、晴れて征夷大将軍に任じられた。このとき義成には早くも側室があてがわれた。今参局だ。義成はさらに享徳二（一四五三）年六月、十八歳となって名を義政と改める。

元服と同時に側室を迎えるとはじつに早熟な義政であった。しかも義政は、日野富子を正室に迎える同じ年の正月には今参局に女児を生ましてもいるのだ。

女漁りだけではない。じつは義政には男色の気《け》もあった。相手は大納言の烏丸資任《からすまるすけとう》、有馬持家がそうだった。この二人に今参局を加えて「三魔」といった。烏丸、有馬、今参局、といずれも「ま」がつくからだ。

今参局に対する義政の寵愛はとりわけ深かった。もっとも乳母として乳飲み子の時分からそばについていれば実母以上に義政が今参局になつくのは当然であったろう。そのため実母の重子と今参局はことあるたびに衝突し、じっさい重子は隠居しようとさえし、あわてて義政がひきとめるとともに今参局を洛外に追放することもあった。ただしほどなくしてふたたび今参局は復帰し、またしても背後から義政を左右することになる。

今参局の色香に完全にはまり、トリコになってしまったのだ。なにしろ義政より十歳も年上であり、乳母でもある。それだけでも義政を手なづけることなど難ないワザ。そのうえおまけに女盛りときている。とろけるような色香で翻弄すれば義政でなくてもたやすくからめとられてしまう。まさに「魔」性の女、今参局といっていいだろう。それぐらいだから富子に向ける今参局の対抗意識は剝き出しであり、陰湿かつ執拗であった。

さきに述べたように、今参局は烏丸資任《すけとう》や有馬持家らとグルになって将軍義政の政務になにかと口ばしをはさみ、背後から操作していた。母親の重子にしてみれば、義政の存在はあたかも傀儡にすぎず、実権はむしろ今参局にあり、と映った。それを苦々しく見ていた重子はそのため北小路の邸宅を出て嵯峨野の隠居に籠るという行動に出た。これは義政に対し今参局から離れ、政務の正常化を回復せよとの重子の、無言の叱責が込められている。

これにあわてた義政は今参局を洛外に追放することで母親の面目を立てたが、このように今参局は義政をめぐって実母対乳母という激しい争奪戦を演じていた。これが女のバトル第一弾とするならば、富子との、正室対側室の激突は第二弾ということになる。

これまたさきに述べたが、富子は婚姻後しばらく子宝に恵まれなかった。何が原因かは明確でないが、しかし義政は、富子が第一子をもうけるまでの五年のあいだにほかの側室らに子タネをつけているところをみれば、富子の利かん気な性格にいま一つなじめず、したがって夜伽のほうも敬遠しがちだったのかも知れない。

今参局と重子が対立し、複雑な抗争を繰り広げている。そのような渦中に富子は嫁いできた。であれば当然富子も渦の外ではおられなかった。まして富子にとって重子は大叔母（重子の兄日野義資の息子重政の娘が富子）にあたる。今参局がどのような女性か教えられていただろう。たとえばこのように。

「大相公の嬖妾某氏、曾で室家の柄を司り、其の気勢焰々として近づくべからず。其の為す所殆ど大臣の執事の如し」

これは『碧山日録』の長禄三年一月の条で述べたものだが、室町幕府の実権は大相公（義政）の愛妾某氏（今参局）が牛耳っており、権勢はほとんど大臣の執事に匹敵する、といっているから義政政権は今参局一派によって壟断《ろうだん》されたも同然だった。

そのような女性を側室にもち、おまけに子タネまでつけた義政のところに富子は嫁いできたのだ。富子の、受けた精神的重圧は相当なものがあったはず。それにもかかわらず五年間は隠忍自重し、ひたすら耐え忍んだ。けれど子を授かったのを契機に富子は重圧から自分を解放するとともに、勝手放題に振る舞う今参局に対し、富子は宣戦布告する。そう、これは富子のリベンジだ。

富子は輿入れから五年目にしてようやく懐妊し、女児をなした。けれどその喜びもつかの間。女児は間無しに死去する。ところが女児の死去は、富子の懐妊で義政の寵愛が富子にかたむくのをおそれたこと、正室に子がめでたく誕生したことに嫉妬をおぼえた今参局が呪詛したせいだ、という讒言《ざんげん》がまことしやかに広まった。前出の『碧山日録』のおなじ条に、「――又妬忌《とき》するところ多く、寛に陰事をなす、而其《して》の室家の夫人に殃《わざわい》す、その事遂に発《あらわ》る」とある。

陰事とはすなわち呪詛を指す。ただしどこの誰が、いつ、どのような呪詛を行ったのか、そこまでは語ってない。もっとも讒言とは大体根拠のうすいものだが、いずれにしろ富子の懐妊は自分の存在を脅かすだけに、今参局が素直に祝福できないのは当然といえば当然だろう。いかに幼少時代から義政を面倒見てきたとはいえ所詮今参局は側室。正室である富子の上に立つことはできない。そこが妾の悲しいところ。

かくして今参局の讒言は露見し、一月十三日に身柄を拘束され、翌日には早くも遠島が決定。しかし島流しに遭うまえに今参局は自害したともいう。ともあれこれで重子、富子の二代にわたって繰り広げられた今参局との女の闘争はこれで一件落着した。

義政は多数の側室と交わり、複数の子をなした絶倫のお殿様であった。ところが生まれてくる子供はなぜか女児ばっかり。男子が生まれないとなると将来のお世継ぎがあやぶまれる。そこで義政は弟の義尋《ぎじん》に家督をゆずることにした。義尋はそのとき浄土寺の僧侶であったが、還俗して義視《よしみ》と名を改めた。寛正五（一四六四）年十二月四日のことだった。

この措置は、長禄三年一月に第一子をもうけた以降も富子は第二子、第三子をもうけるもののいずれも女児だったために、もはや男児には縁がないものとあきらめた、義政の苦肉の策だった。ところがこの措置に対して富子は猛然と反発した。その点を『応仁広記』の巻一「御台所山名御頼事」はこのように述べている。

「大樹義政公ノ御台所ト成セ給テ御子無リシ故ナル歟先年今出河義視卿ヲ大樹御家督ニ御定メ有リ。此時公方御年三十、御台所ハ猶以テ御歳モ闌サセ給ハヌニ如此ノ御挙動ヲ御台所御憤リ、遺恨深ク御述懐ニテ室町ノ御所ヲ出サセ給ヒ」

次の将軍を義視としたことで富子と義政の夫婦関係は険悪になり、富子は室町の御殿を飛び出して叔母が女官をつとめる宮中に移り住む。義政は三十歳。富子は二十六歳。いかに早くから女色、男色にふけり、しかも今参局からセックスを指南され、やや倦怠期にかかっていたとはいえまだ三十歳。男児を生む可能性は十分にある。それにもかかわらず義政は、たとえこのさき自分に男児が生まれたとしても将軍に就けることはないという誓約書まで交わして弟を還俗させたというから、富子は立腹し、抗議の意味をこめて御所を飛び出したのだ。

ただしどのぐらいの期間、出奔していたかは定かではない。しかし『応仁広記』によれば、月日をかさねる富子に対して叔母はあれこれいいふくめ、説得したので強情を張っていた富子も折れ、ふたたび御所にもどったというから半年、あるは小一年近く滞在していたにちがいない。そして御所に復帰後、ほどなくして冒頭で述べたような事態が富子の体調をとおして現れるのだった。

後土御門天皇は後花園天皇の第一成仁《ひさひと》皇子として嘉吉二（一四四二）年五月に生まれる。富子より二歳年下であった。成仁皇子が践祚《せんそ》したのは寛正五（一四六四）年七月。富子は、成仁皇子が天皇に即位して間もない時期に宮中に駆け込んだわけだが、宮中で催された連歌などを通じて後土御門天皇と親しくなることは大いにあり得る。まして月日をかさねるほど宮中に滞在し、しかも御所にふたたびもどって間無しに出産しているとなれば冒頭のはなしはいよいよ信憑性をもってくる。

富子は寛正六年十一月、待望の男児を生んだ。のちの第九代足利将軍義尚《よしひさ》であり、後土御門天皇の子ダネと噂された子である。

それにしても義尚の誕生は義政にとっても義視にとっても大いなる誤算であったろう。とくに義視の心理は微妙であったにちがいない。たとえ男児が生まれたとしても将軍にはさせないとの条件で還俗し、義尚が誕生する三日前には元服までして朝廷から従四位下を賜り、禁色も許されているのだ。ところが義尚の誕生によってこのような既得権もおびやかされかねず、自分の立場が不安定なものになる。

　義視のこの危惧はやがて現実となる。応仁の乱の勃発だ。次なる将軍を義視に譲位することを約束した義政は、幼い弟のために細川勝元を後見人に立てた。これを認めない富子は義尚こそ正当な将軍だとして山名宗全《やまなそうぜん》に後見役を託した。かくして両者は両雄並び立たずとばかりに激しく対立する。折しも家督相続をめぐって同じように争う地方の豪族をも巻き込みながら、京の都を灰燼《かいじん》に帰するほどの戦乱を十一年間にわたって繰り広げる。『応仁広記』の巻一「天下乱相事附熊谷献諫書事」の書き出しは、応仁の乱の発端からはじまっている。

「応仁大乱ノ起コレル事ハ大樹義政公御幼稚ノ御時ヨリ泰平ノ世ヲ知シメサレ、栄耀ヲ極メテ御成長、御心ノ儘ニノミ挙動レケル故カ、今御政務ノ時ト云ヘトモ天下ノ治乱ニ御心ヲ掛ケタマハス。只明暮華奢遊興ヲ好マセ給ヒテ美麗風流ヲノミ事トセラレ、公務遂日廃怠ス」

　天龍寺、相国寺などの名刹のほか公家たちの邸宅も焼失するなど未曾有の被害をもたらした応仁の乱は華奢遊興《きゃしゃゆうきょう》にふけり、政務にほとんど無頓着な義政の怠慢に起因すると『応仁広記』は指摘する。

　そのような乱中の文明五（一四七三）年十二月、義政はわずか九歳の義尚に将軍の座を譲り、東山の山荘に隠退した。おなじその年の三月には山名宗全、五月には細川勝元が相次いで死に、義尚、義視の後見人がいなくなった。そのため応仁の乱も次第に終息の方向に向かった。

七　蓮如上人、絶倫パワーはどこから

高齢に達してもなおセックスへの欲望は衰えを知らず、そのうえ長寿をまっとうして大往生を遂げる。

これほど幸福な生涯があろうか。まさしく蓮如上人はそのような人物であった。五人の妻を娶り、二十七人もの子供をはらませ、おまけに八十五歳。室町時代にあってここまで長生きするという、極めて異例な、天寿をまっとうした。

蓮如のこの絶倫パワーの源泉ははたしてどこにあったのか――秘訣があるならぜひあやかりたいものだ。しかしそれはいまも大いなる謎だ。ただ明らかなのは、二十七人の子供らがさらにそれぞれ子をもうけ、血族によるネットワークを形成し、強大かつ狂信的な、当節風にいえばいわゆるカルト的な真宗教団を築き上げたということだ。けれどそのようになるのは四十歳をすぎてからのことであり、それまでの蓮如は妻子がありながら部屋住みという、なんともうだつの上がらない一介のエロ坊主にすぎなかった。

ま、やることもなく、暇をもてあましていた身であったから、せめてセックスのほうで仏道に励もうとしたのかも知れない。三界に家なし、とたとえられるように、仏教の教えにしたがえば女性は過

去、現在、未来において寄る辺なき身として救済の対象からはずされ、地位は低く、差別されていた。けれど蓮如は逆の考えをもっていた。むしろ地位が低く、差別されたものを救済してこそ仏の道があるという、およそそれまでの仏教観をくつがえす、革新的とも思える捉え方をしていた。だから女性にはやさしく接し、こころが通じればすぐさま下半身のご奉仕にも、これまたせっせと励むのだった。

蓮如の誕生は祝福されたものではなかった。蓮如が女性と交わり、あまたの子をまるでイモズルのようにコロコロと生みなしたのは、おそらく彼の出自とかかわりがあったかもしれない。

蓮如は応永二十二（一四一五）年二月父の存如《ぞんにょ》と名も知れない下働きの女性とのあいだに生まれた。当時、存如は部屋住の身。しかも十八歳という若さであり、正式に妻は娶れなかった。したがって蓮如は父親が不倫でなした子供といえた。

存如は如円《にょえん》という女性を妻に迎え、一男一女ができたため、蓮如の生母は本願寺にいることもかなわず、いずことも知れず身を引いたという。そのためこのような出自からすれば蓮如が本願寺の法主に就くなどまずあり得ず、想像しようはずもなかった。じっさい蓮如自身、二十八歳で平貞房の娘である如了《にょりょう》と結婚し、四男三女をはらませるが、子供のよごれたおしめも自分が洗うというほど貧相な坊主で、四十代の、壮年になってなお不遇は続いていた。

そのような蓮如が突如ブレークし、八代本願寺法主《ほっす》に躍り出るのだから、皆があっと驚くのは当然であったかも知れない。存如亡きあと本願寺法主は応玄《おうげん》であること、だれもが信じて疑わなかった。応玄は存如の妻如円が生んだ嫡男だからだ。ところが応玄の法主就任に待ったをかけた人物がいた。存如の弟、如乗だ。如乗は、次期法主は蓮如であるとする先代法主存如の書状をしめし、次期法主は応玄に九分九厘かたむいていた形勢をくつがえすのだった。

かくして本願寺八代法主となった蓮如の、その後の活躍ぶりはめざましかった。叔父の如乗の庇護のもと、越前吉崎に自坊を築き、そこを足場に精力的な布教活動を展開するとともに、「御文《おふみ》」といわれる、蓮如の教えをしたためた、いわゆる教書ともいうべき文書を大量に書きつけ、真宗伝道の一助にするのだった。

ともすれば難解で、凡人には理解しがたく書いてこそありがたみがある、というのが仏教の経典。けれど「御文」は平易な、仮名まじりで書かれているので理解に苦しむことはない。それが農民や商人、あるいは遊芸人など、いわゆる社会の底辺に生きる人びとのこころを一気につかむのだった。

室町幕府も六代将軍足利義教《よしのり》の時代になると諸国の大名同士の内乱が頻繁に繰り返され、幕府の支配力は次第に衰え、とくに足利義視と足利義尚の、将軍の座をめぐって端を発した「応仁の乱」を契機に世相はいっそう騒然となり、それにつられて「土一揆」といわれる、農民や土豪などが守護大名や荘園の領主に年貢の引き下げを求める武装蜂起が畿内を中心に勃発していた。

内乱といえばだいたいは武士同士の権力争いや領地の奪い合いが発端。しかし土一揆は社会の底辺に位置する被搾取者たちによって構成され、自らの生活要求を掲げ、支配階級である領主や大名に武力で立ち向かい、決起したという点で、これまでにない、じつに画期的な闘争であった。

土一揆はあたかも燎原の火のごとく各地に燃え広がり、蓮如が道場を構える北陸地方にも飛び火していた。

北陸地方といえば一年の半分を雪やシベリアからの季節風にさらされ、厳しい気候風土のなかで苛酷な暮らしを余儀なくされていた。それだけでも農民たちを結束させる十分な土壌があったが、蓮如は親鸞以来の末法思想をもって、穢土《えど》にありながらも阿弥陀如来《あみだにょらい》に帰依《きえ》すれば農民も漁民も、遊芸人も無宿人も、男も女も、成人も子供も――職業や身分、男女の性別を超えてすべてのものが救われ、極楽浄土に往生できると教えてまわるため、人びとはこぞって蓮如の門徒になり、さらに門徒が主体になって「講」を形成する素地を固めていった。

講にかかわるものは農民、漁民だけではなかった。天台宗や真言宗、禅宗など他の宗派の僧侶、あるいは祈禱師、修験者、神官、琵琶法師までもが帰依していた。そのため越前吉崎の道場周辺には門徒たちの「他屋《たや》」が立ち並び、一大門前町を形成していた。

教団の巨大化、肥大化はしかし念仏による極楽往生を、という純粋な信仰生活をもとめる信徒にとっては複雑なものがあったかも知れない。自分たちの宗派を絶対化するあまり他宗派を批判、あるいは誹謗し、要求するところも年貢の軽減、徳政の要求にかわって、守護大名を領地から追放し、自分たちで一国を治めるといった政治的様相が増してゆくからだ。

これが北陸地方で勃発した加賀の一向一揆へと発展し、一揆は北陸地方から畿内、東海、紀伊地方にまで拡大してゆき、徳川家康の軍勢を相手に戦う三河の一向一揆ではじまり、織田・豊臣の軍勢と十年もの長期戦を演じる石山合戦の敗北で終結するまでのほぼ百年、一世紀にわたり真宗王国は信仰と戦乱が繰り返された。

一向宗は信仰集団から反体制武装集団へと変貌し、まさにカルト教団と化していった。とはいえ蓮如は明応八（一四九九）年三月、八十五歳で死去しているから三河の一揆や石山合戦は死後のことであり、見届けていない。

教団の巨大化にともない、さまざまな軋轢を生み、ざわざわする北陸地方を離れた蓮如は河内に向かい、さらに京都山科におもむき、そこに自坊を築いた。このあいだには最初の妻如了を康正元（一四五五）年に亡くす。長禄元（一四五七）年六月には父親の存如が死去する。文明四（一四七二）年八月には如了とのあいだに生まれた娘の見玉を亡くすといった不幸も経験していた。

蓮如は明応八年三月に死去している。織田信長は「人生五十年」とたとえたが、人の寿命はその程度であった時代に八十五歳まで生きたとはまさに天寿をまっとうしたといえるだろう。この八十五年のあいだに蓮如は五人の妻を娶り、十三人の男児と十四人の女児、合計二十七人の子をはらませている。これだけでもじつにあっぱれと褒めてよいが、しかもそのうえ驚くべきは七十二歳になってなお二十歳の妻を迎え、この妻には死の直前までに五男二女をはらませるという、逞しさだ。

死ぬまで現役でありたいというのが男の夢であり願望だ。けれど現実にはかなわない。だからこその願望でもあるのだが、蓮如さんはその願望をやすやすとモノにしちゃうのだからうらやましい。もっとも巨大教団の法主という立場を利用してのそれであってみれば、セックスに明け暮れるのも、子ダネを施すのも別の意図があったと思える。つまり教団の維持のため、という。

ともあれ、ならばここで蓮如が愛した妻と、妻たちがなした子供たちの名を挙げなければなるまい。最初に娶った妻は如了《にょりょう》といい、如了は嘉吉二（一四四二）年に長男順如を生み、これを皮切りに如慶（女）、蓮乗、見玉（女）、蓮綱、寿尊（女）、蓮誓の四男三女を生んでいる。さきに述べたように如了は康正元年に死去しているが、前年には寿尊を生み、死の直前には蓮誓を生んでいるから年子をもうけたことになる。

二番目の妻も伊勢貞房の娘で名を蓮祐《れんゆう》といい、如了の妹であった。蓮祐は四男五女、つまり九人の母親であった。実如、妙宗（女）、妙意、如空（女）、祐心（女）、蓮淳、了忍（女）、了如（女）、蓮悟を生む。このうち妙意と了忍は幼くして亡くなる。これほどの子をつぎつぎとはらむ蓮祐は多産な女性。ほとんど腹の空く間もなかったにちがいない。しかしそれ以上にほめるべきはすでに還暦もすぎ、老境にあってさえなお壮健な蓮如のあくなき愛欲だ。

蓮如この深き愛欲、肉欲への関心は三番目の妻にも向けられる。妻の名は如勝《にょしょう》という。彼女は妙勝という娘を一人もうけただけで文明十（一四七八）年八月に逝去。四番目の宗如をただちに妻とした。宗如は飛騨国司で公家であった姉小路昌家の子であった。ということは蓮如の門徒には武士もいれば宮廷人もいたことがわかる。

宗如との夫婦関係は七年間続いた。けれどもはらませた子供は蓮周（女）と蓮芸の一男一女だった。ナニに対する関心はことのほか深い蓮如のこと、宗如に対しても毎夜のように欠かさず求めたこと疑いない。ところが実をむすんだのはわずか二人だけで宗如は他界する。そして蓮如は七十二歳になっていた。これでもはや女はいらぬ、と思いきや、そうではなかった。文明十八年、ここでまたも蓮如は五番目の妻、蓮能《れんのう》を娶る。

蓮能は畠山政栄《はたけやままさいえ》の娘でまだ二十歳であったから蓮如とはなんと五十年もの年齢差があった。婚姻や家族関係など男女をめぐる関係が多様化し、タブーもほとんどない二十一世紀とはいえ五十歳もの年齢差を越えた結婚となるとそうざらにない。まして八十四歳になってなお子をなすというのもきわめてまれなことだろう。ところが蓮如はそれをやってのけたのだから、これはもう男子の鑑み。崇め、奉ってもまだたりないほどだ。

蓮能もまた蓮如の求めにすなおにこたえ、毎晩のように両足を開いていたようだ。その証拠に蓮能は妙祐（女）、実賢、実悟、実順、実玄、妙宗（女）、実宗の五男二女を生みなしている。

七十二歳から八十四歳までの十二年間ではらませた子供は七人。ということは平均すると一年七カ月に一人の割合で妊娠出産を繰り返していたことになり、蓮能もまた空きっ腹の状態はほとんどなかった女だ。さらに蓮如にかぎっていえば、二十八歳で如了と結婚し、八十五歳で亡くなるまでのほぼ五十七年間に二十七人の子供をこさえているからこれまた平均すると二年に一人の確率で子をなした勘定だ。

あきもせずにこれだけの子ダネをせっせとつけまくるスキモノなら、だいたいは妾の一人や二人はいて不思議はない。またそうあって当然の時代でもあった。それにもかかわらず子供はすべて妻に生ませたものだ。一人として妾あるいは不倫で生ませた子はいない、という点も、蓮如の律義な人間性をうかがわせる。妻にしたかぎりは真剣かつ深い愛をもって接していたことがわかる。

二十七人の子供たちはその後ほかの寺の僧侶、足利幕府をささえる日野家、皇室関係者のところに輿入れし、政府や貴族との密接なネットワークを構築するとともに同族のオジ、オバ、メイなどに嫁ぐものも多く、蓮如の遺訓を体現すべく真宗教団の組織拡大、結束強化に役割をはたすのだった。

ついでに記しておけば、蓮如の法灯を受け継ぐ東本願寺の大谷光暢《おおたにこうちょう》は大正十三（一九二四）年五月、久邇宮智子《くにのみやともこ》と結婚している。智子の姉良子《ながこ》は昭和天皇の皇后であった。

一方西本願寺の大谷光瑞《こうずい》も明治二十五（一八九二）年九月、公爵の九条道孝の娘籌子《かずこ》と結婚している。籌子の妹節子《さだこ》は大正天皇の皇后だった。このように真宗と皇室の強い結び付きは蓮如がなしたあまたの子らが宮廷や時の権力者と婚姻関係を結ぶことで閨閥を築いたことに由来する。

それにしても敬意すべきは蓮如のまさに超人的ともいうべきセックスパワーだ。その体力、気力の源泉はいったいどこにあったのか。私たちがもっとも知りたいのはここだ。

もちろんサプリメントだの栄養ドリンクなんていうものがあった時代ではない。むしろたびたび飢饉におそわれ、餓死者や流民があふれるなど、人びとの食糧事情は劣悪だった。そのような時代に毎晩のように夜の伽を欠かさない蓮如。体力気力ともによほど充溢したものがなければこうはできまい。蓮如とおなじとはいわない。だからせめて半分、いや、もっと少なくてもよい、男ならあやかりたいものだ。

第三章

武将はさすが絶倫なり

【戦国編】

一　武田信玄、男色の三角関係発覚で詫び証文

武田信玄といえば甲斐の山岳地帯にありながら権謀術数を弄して上野《こうずけ》、信濃、駿河を支配し、領土的野心をたくましくする一方、甲斐の国土開発、産業の振興にも取り組み、富国政策を推し進めた武将として、数ある戦国武将のなかでもひときわ精彩を放つ存在である。

けれど、それほどの信玄でありながら、じつは他人には知られたくない、もし知られることにでもなれば、英邁な領主として人びとの尊敬を集め、築いたそれまでの〝名誉〟が虚像であったとしてたちまち消失しかねない弱点、泣きどころがあった。すなわち信玄は、若衆と情事を交わした事実が発覚することを何よりもおそれていた。そのため信玄は近習の春日源助にこのような書状を送り、くどいぐらいに弁明し、身の潔白に理解を求めるのだった。ならばその書状とはどのようなものかといえば、『武田信玄と勝頼』（鴨川達夫著、岩波書店）から引用すると、このようなものだった。

一　弥七郎に頻りに度々申し候えども、虫気の由申候間、了簡なく候、全く我が偽りになく候事

一　弥七郎を伽に寝させ申し候事、これなく候、此の前にも其の儀なく候、況や昼夜とも、弥

七郎と彼の儀なく候、なかんずく今夜は存じ寄らず候の事
一　別して知音申し度きまま、いろいろ走り廻り候えば、かえって御疑い、迷惑に候此の条々偽り候わば、当国一二三明神（略）の罰を蒙るべき者也、仍って件の如し

七月五日　晴信
「春日」源助との

春日源助にこのような詫び証文を書き送ったのは天文十五（一五四六）年七月五日だったから、信玄が二十六歳のときだった。したがってまだ晴信という名を使っていたころの出来事だ。

晴信が信玄と名を改めたのは永禄二（一五五九）年九月。このとき晴信は諏訪神社に奉納した願文に信玄という法名をはじめて用いた。

二十六歳といえば晴信はすでに三人の女性と婚姻を繰り返していた。しかもそれだけではない。源助に詫び証文を送った五カ月後の十二月には側室である諏訪御料人《すわごりょうにん》に勝頼をはらませているぐらいだった。そうでありながら晴信は女色ばかりか男色にもふけっていたのだ。源助に書き送った詫び証文がそれを告白している。つまり書状はこのように述べている。

「弥七郎に対してはしきりに、繰り返し申し付けたものの、弥七郎は虫気（下痢腹痛）があるというからしかたがない、いたしかたない。しかし私はいつわりなどまったく申してない。

弥七郎をセックスの相手にしていることについてだが、以前もいまもそのような事実はない。ましてや昼も夜もないほど弥七郎と関係を結んだことなどない。とりわけ今宵のことなど考えも

およばないことだ。

そなたとはとくに仲良くしたいと思うので、あれこれ手を尽くした。けれどそれがかえって噂を広め、疑惑を深めてしまい、当惑している。そなたに対する愛情に変わりはないのでご安心くだされ――」

弥七郎とはどのような人物か明らかでない。ただし晴信と弥七郎が同性愛で結ばれていたことは疑う余地のない事実。事実でなければどうして主君である晴信が、一介の近習にすぎない源助にこのような詫び証文をしたためたりするか。

ともあれこの詫び証文からは晴信と源助の立場がまったく逆転し、拗《す》ねる源助に対してひたすら詫びる晴信の困惑した姿が浮かぶから滑稽であり、微笑ましいほどである。

どのようなはずみでそうなったのかわからないが、晴信と弥七郎の同性愛関係が源助の知るところとなった。そのため源助は嫉妬し、言い寄る晴信を邪険にあつかうしぐさすらみせるようになる。これに狼狽した晴信は、「嘘だ」、「わしを信じてくれ」、とひたすら釈明し、「縒《よ》りを戻そう」、「以前のように仲良くしよう」――と懇願するのだ。

春日源助とは、後に武田二十四将の一人にかぞえられる高坂弾正忠昌信だ。源助は、豪農であった春日大隈の息子として大永七（一五二七）年に生まれる。父の大隈は米大尽といわれ、晴信の父である信虎の時代から武田家に仕え、出陣の際には武田軍の兵糧をまかなっていたという。

十六歳のとき、父の遺産相続をめぐって源助と義兄が対立。しかし結局義兄に家督をゆずり、源助は相続から手を引いた。そのような源助に同情した晴信は六歳下の源助を甲斐府中のつつじが崎に仕官させ、小姓として自分のそば近くに侍らせるのだった。だが源助に詫び証文を送ったときの晴信にはすでに三人の妻がおり、二人の子供までなしていたのだ。

武田晴信は大永元（一五二一）年十一月三日に誕生。幼名を太郎（一説には勝千代）といった。十三歳になった太郎は天文三（一五三四）年はやくも最初の妻を娶った。相手は扇谷上杉朝興の娘といいうだけで名は不祥。ところが若い妻は翌年の十一月、難産の末に母子ともに死去する。

二人目の妻を迎えたのは、十六歳で元服し、名も太郎から晴信に改めたときだった。相手は京都三条家の左大臣三条公頼の二女であった。けれどこの娘も名は不明。

三条家との婚姻には今川義元が介在していた。義元といえば駿河、遠江、三河の一部を支配する東海の大立物。山岳地帯に囲まれた武田は海洋に面した東海への進出が悲願であった。そのため両軍の抗争は絶えなかった。

けれど氏輝の死去後の今川家を継いだ義元は武田家と和平条約を結び、武田信虎の長女を妻に迎えている。妻の俗名は不明だが、天文六年二月、義元に輿入れし、のちに定恵院という法名を名乗るようになる。のちに義元も、天文二十一年十一月、自分の娘を晴信の嫡男義信に嫁がせている。定恵院と義元の婚姻は武田・今川の同盟関係強化をねらった政略結婚といってよい。義元の、京都清華七家に列する三条家の娘を晴信に斡旋したのは、武田家に対する返礼だった。

晴信の正室として迎えられ、三条夫人と称された彼女は天文七年、待望の嫡男義信を出産する。三条夫人は義信のほか視覚障害者でのちに仏門に入った龍芳、信之の男児をもうけ、さらに北条氏政に嫁いだ黄梅院、穴山信君に嫁いだ見性院、木曾義政に嫁いだ真理姫など女児をもうけている。

三条夫人のほか晴信が手をつけた女性には油川《あぶらかわ》夫人、禰津《ねづ》御料人、さらに諏訪御料人などがおり、側室にしていた。

油川夫人は武田普代の油川信友の娘だった。彼女は五男の盛信、六男の信貞、四女の松姫、五女で、のちに上杉影勝の正室となる菊姫など二男二女を生みなしている。

禰津御料人は信州小県郡一帯を領していた豪族の禰津元直の娘。気性のすこぶる活発な、男まさりの性格だったといわれる彼女に武田晴信は七男信清をはらませていた。

諏訪御料人には武田勝頼をはらませていた。諏訪御料人にとって晴信は父の仇にあたる人物だった。それというのは、父の諏訪頼重は晴信の奸計《かんけい》にはめられ、謀殺されたからだ。

諏訪頼重の妻は、武田信虎の娘である禰々《ねね》御料人であった。信濃侵略をたくらむ信虎は諏訪氏としばしば戦闘を繰り返していた。しかし雌雄を決することなく両者は和解し、その証しとして信虎は晴信の妹である禰々を頼重に嫁がせた。天文九（一五四〇）年十一月、禰々はまだわずか十三歳だった。天文十一年四月には寅王をもうけている。しかし頼重とのむつまじい夫婦生活はわずか三年たらずで破局。晴信の謀略によって夫の頼重は殺害されているからだ。

武田晴信は父の信虎を甲斐から追放した。信虎の常軌を逸した性格に家臣たちが武田家の将来を危惧したためといわれている。信虎は、妊娠した女性を捕らえ、胎児が男か女か、検分したいといっては妊婦の腹部を切り裂き、胎児をえぐり出すなどエキセントリックな行動を見せ、側近たちが諫言《かんげん》するもののいっこうに改まる様子がなかった。

そのため晴信は、妹の禰々が頼重に輿入れしたのちの天文十年六月、父の信虎を駿河に放逐し、自分が甲斐武田十六代領主に着座した。その一方で晴信は信濃の豪族とも対峙した。

禰々を娶った諏訪頼重にとって武田晴信は義兄。それにもかかわらず頼重は、信州の四将と称された木曾義康、小笠原長時、村上義清らと軍事同盟を結び、武田晴信の軍勢を迎え撃った。ところがつわものぞろいの武田軍団の敵ではなかった。

甲州軍団の猛攻のまえに信州連合軍はたちまち敗走。諏訪頼重はわずかな家臣とともども討ち死にを覚悟した。しかし晴信は義弟の頼重に和戦を持ちかけ、頼重もこれを受け入れた。ところがこの和戦も晴信の策略だった。晴信は頼重を甲府に護送すると東光寺に監禁し、ほどなくして切腹を命じるのだ。信州連合軍敗北からほぼ一カ月後の天文十一年七月二十一日であった。かくして晴信は戦わずして諏訪城をまんまとせしめることに成功する。夫の自害で寡婦となった禰々は、夫を失う三カ月ほどまえに誕生した寅王をかかえてふたたび甲府に戻ってきたものの心労がかさなり、天文十二年一月、いまだ十六歳の幼き妻は没す。

諏訪御料人は頼重と小身夫人の娘として享禄四（一五三一）年に生まれた。そのため父の頼重を失ったのは十一歳。晴信とは十歳も年下の、妹のような少女だった。しかも彼女は自害を命じた頼重の遺児である。それにもかかわらず晴信はこともあろうに彼女を側室にするのであった。

年端もいかない諏訪御料人の心中はいかばかりであったろう。諏訪の居城は奪われ、父親の頼重は切腹に追いやられる。晴信に抱く憎悪は骨の髄まで達していたにちがいない。とはいうものの乱世に生まれ、戦乱に明け暮れ、力あるものこそ生き残れる下克上の世に生きる女性の宿命であったか、意思とは別に身は晴信のしとねに組みしだかれ、ついには勝頼を身ごもることになる。

晴信の子を宿したとはいえ晴信が父の仇に変わりはない。それを知っているから晴信も、武田家十七代領主は勝頼ではなく、孫の信勝を後継者とした。自分を仇敵とする諏訪御料人の子を後継者にすればいつ寝首をかかれるかわからない。晴信はそれをもっともおそれたのだ。

もっとも、勝頼という名がしめすように、かれには武田家の歴代領主につけられる「信」が入ってない。そのことから勝頼の誕生は武田家継承ではなく、むしろ滅亡した諏訪家再興が期待されていたともいわれている。

ともあれ武田晴信は諏訪頼重を自害に追い込んだことで妹の禰々、諏訪御料人の両方から恨みを買った。けれど晴信はそのようなことにいちいち頓着しない。晴信の女漁りはやむどころかますますさかんだった。正室や側室のほか名前が明らかでない複数の女性たちと関係をもち、はらませた子は全部で十二人に達している。

けれど女性だけでは晴信のありあまる性欲はまだまだ満たされなかったらしい。晴信は男色にも性の欲求をかたむけるのだった。しかもどうやらこちらも複数の男と交わっていたらしい。だから春日源助は、晴信が弥七郎という別の男と関係を結んでいたことを知ってひどく嫉妬し、口もきかないほどに拗ねてみせるのだった。

これには晴信もほとほと困った。そのため詫び証文を書き送り、源助のこころをなんとか解きほぐそうとするのだった。しかし考えてみれば戦国時代の武将に男色はいわば一つのステータスといってよいほど、つきものだった。

そもそも我が国の男色の歴史は神功皇后の時代にまで遡る。『日本書紀』巻第九の阿豆那比《あづなひ》がつまりそうだ。

神功皇后が紀井国に巡幸したさい、小竹宮《しののみや》というところにさしかかったところ、あたりが急に真っ暗になった。皇后は怪訝に思い、紀の国の祖神である豊耳《とよみみ》に問い質した。すると豊耳は阿豆那比の罪が原因といい、さらに、「二《ふたつ》の社《やしろ》の祝《はふり》者を、共に合《あは》せ葬《をさ》むるか」と答えるのだった。

これでも神功皇后はことの真相がのみ込めなかった。そこでべつの人にふたたび同じことを尋ね、このように教えられてようやく納得するのだった。

「小竹《しの》の祝《はふり》と天野《あまの》の祝《はふり》と、共に善《うるは》しき友たりき。小竹の祝、逢病《やまい》して死《みまか》りぬ。天野の祝、血泣《いさ》ちて曰はく、『吾は生けりしときに交友《うるはしきとも》たりき。何ぞ死にて穴を同じくすること無けむや』といひて、則《すなは》ち屍《かばね》の側《ほとり》に伏して自ら死ぬ。仍《よ》りて合《あは》せ葬《をさ》む。蓋《けだ》し是《これ》か」

小竹の祝が病死したのを嘆いた天野の祝は後追い自害した。それをあわれんだものが二人を同じ墓に埋葬した。はたして神功皇后が柩の蓋をあけてみれば二人の遺体がならんで横たわっている。それを別々に移しかえ、改めて弔ったところ昼の明るさがもどり、昼と夜との区別もはっきりした、と『日本書紀』は述べている。

天野祝が後を追うほど二人の仲が固く結ばれていた。ということは二人は同性愛の関係であったことがこれでわかる。さらにもう一つ、男色を世間に広めたのは弘法大師であったといわれている。かつて山岳宗教であった仏教は女性の出入りを禁じていた。とはいえ僧侶といえども所詮は生身の人間。食欲、性欲を超越するのは至難の業。そのため若い修行僧や稚児は格好な性の相手だった。じっさい尊勝院の僧侶宗性《そうしょう》は同性愛者であったことを隠していない。

宗性は貴族の藤原隆兼の子として建仁二（一二〇二）年に生まれ、後嵯峨天皇の信望を受けるとともに二百三十種、四百五十一巻もの、膨大な著書をものにする学僧だった。ところがそれほどの高名な僧侶である宗性でありながら酒もやれば女も抱く、といった生ぐさい一面ももっていた。

なにしろ酒癖の悪さがたたり、三十四歳と四十二歳の二度、断酒の誓いを立てている。さらに男色については、五つの誓約を文書でしめすほど、固く戒めてさえいるのだ。五つの誓約とはこのようなものだ。

一、四十一歳になりましたなら、東大寺をを去って笠置寺にこもる
一、目下九十五人です。ただし男犯百人のほかには淫欲はつつしむ
一、亀王丸のほかに愛童は侍らせない
一、自室に上童は入れません
一、上童、中童、特定のものを愛しません

この誓いを立てたのは嘉禎三（一二三七）年十一月二日だったから、宗性三十五歳。まさに男盛りのただなかだった。

男色をかさねること百人とはいやはや恐れ入ったが、貴族、僧侶へと伝わった男色はやがて武家にも浸透してゆく。

かつては戦場にも白拍子などを引き連れていたものだが、戦闘が高度化、戦略的になるにつれて非戦闘員である女性の同行を許す状態ではなくなった。そのため武将は若侍などを側近にし、時には女役をさせるのだった。たとえば織田信長と森蘭丸、そして武田晴信と春日源助のように。

江戸時代に入ると男色は衆道《しゅどう》あるいは陰間《かげま》などと称し、いっそうさかんになり、遊女屋の向こうを張って男色を斡旋する専門業者の陰間茶屋まで出現する。もちろん男性だけではない、女性同士の同性愛も公然化している。張形《はりかた》と称する、いわゆる男性器をかたどった性具を使い、セックスを楽しむ風が流行し、それを描いた風俗画も出まわった。

庶民がこうなのだから殿中ではもっとすさまじかったにちがいない。現に『土芥寇讎記《どかいこうしゅうき》』では、

文武には暗いが美女、美童には目がない鳥取藩主の池田綱清の暗愚を伝えている。

殿中のスキャンダルは後に述べるが、伊原西鶴の『男色大鑑』が堂々と出版されるなど、男色はますます一般化し、江戸時代においては男色はけっしてタブーでもなければアブノーマルなものでもなかったことを伝えている。したがって武田晴信はすでに一五〇〇年代にはすでに男色の道をひらいていたことになり、いうなれば風俗の先端を行っていたといえるかも知れない。

二　信長がはらませた妻妾、数知れず

織田信長といえば、群雄割拠する戦国騒乱の世を制圧し、国家統一の先鞭をつけた武将として我が国史上に長く名を残している。

けれど信長も、戦国時代の武将のほとんどがそうであったように権力欲、名誉欲、肉欲の、この三つの欲望に取りつかれた、例外の武将ではなかった。権力欲でいえば謀略、奸計を用いて肉親をも容赦なく暗殺あるいは政略結婚で敵を攻略するというものであり、名誉欲でいえば、近江の安土山に築いた豪壮な安土城の一角に祠を建て、自分を神と崇めるとともに大納言、さらには右大将という官位を賜り、武家の頂点に立つ、というのがそうだ。

けれど周知のように信長は天下の統一いまだ途中にあるなかで、天正十（一五八二）年六月、家臣の明智光秀の裏切りによって本能寺で自害し、波乱に満ちた四十九年の生涯を閉じた。

川の流れのように一つどころにとどまらず、浮き沈みの激しい戦国の世にあって国家を統一し、軍事、政治、経済あらゆる面において新たな秩序を構築するのは極めて難事業。それを成し遂げようとしたのだから、破天荒という言葉は信長にこそふさわしい。

それだけに女性に対する色事もことのほか深く、信長が手をつけた女性たち、そしてその女たちが

生みなした息子や娘は数知れずで、色欲もまた、まれにみるほどさかんであった。なにしろ名前もわからず、氏素性もつまびらかでないが、子供だけはなしている側室もいれば、子ダネをつけられたうえ家臣に払い下げられるといった側室もいた。生みの親にしてこうなのだから、まして生まれた息子や娘となるとなおさら不明。名前もわからない隠し子や落とし子は無数だったのだ。

信長の正室は濃姫《のうひめ》であった。『武功夜話』の「信長跡目相続」の項はこのように述べているので、現代語訳で書き写してみたい。

「美濃と三河の境がいまだ治まらないなか、尾州の人で堀田道空と老職の平手三位、西美濃三家衆が相談したうえで斎藤と織田両家の御縁組がすすめられることとなり、尾張と美濃のあいだを頻繁に往来し、ようやくここにめでたく成就することと相成った」

斎藤と織田の縁組とは斎藤道三の娘である濃姫と織田信秀の三男信長の婚姻のこと。二人の祝言は天文十七（一五四八）年十二月に成立。けれど実際の輿入れは翌天文十八年二月であった。しかもこの婚姻はまさしく政略結婚といってよい。

織田信秀は、尾張一国は平定したものの東方に駿河、三河を治める今川義元が陣取り、西方には美濃国を制覇した新興勢力の斎藤道三が立ちはだかり、この二大勢力に挟み撃ちされていた。そのためさらなる勢力拡大をはかるにはこの両者は大きな障害物になっていた。そこで信秀が選択したのは、斎藤道三と和平条約を結ぶことで背後からの攻撃に万全を期し、そのうえで今川義元を攻略するという戦法だ。

この和平条約の道具にされたのが濃姫だった。このとき濃姫はまだ十四歳。信長も十五歳というからじつに若い夫婦だった。ところが信長は濃姫と結婚するまえ、すでに肉体関係をもっていた女性がおり、おまけに三人の子供まではらましていたというから、いかに早熟な信長であったか、わかる。

信長は父の信秀と継室の土田御前《どだごぜん》の三男として天文三年五月に生まれ、幼名を吉法師《きちぼうし》といった。天文十六年、十三歳で元服したのを契機に父が使っていた三郎という通称を用い、織田三郎信長と改めた。

青年時代の信長は粗野でかなりヤンチャ坊主であったようだ。そのため世間からは「大うつけ者（大馬鹿者）」と陰口をたたかれた。母親も信長を疎んじ、弟の信勝（通称信行が一般的）をかわいがったという。じじつ信長はエキセントリックな行動をしばしばみせていたようだ。『信長公記』の首巻は信長の身なりをこのように書き伝えている。

「御髪はちゃせんに、くれない糸、もゑ《え》ぎ糸にて巻き立て、ゆわせられ」ていた。あるいは素っ裸になって川遊びに興じる、街なかで柿やうりをまるかじりする、通行人にむかって餅をばらまくなど、だれにはばかることなく奔放に振る舞っていた。おそらくそのような時期であったにちがいない、生駒家長の屋敷に出入りし、そこで見初めた女性に子をはらませたのは。その辺の経緯についても、『武功夜話』の「信長公室生駒氏」はこのように述べている。

「信長公、いまだ上総介様と申されていたころ、御近習衆十有余人を従えて清須から郡の生駒雲球屋敷に足繁く通われた」ことを伝え、「この屋敷は織田内府公の御内府である久庵様のご生家であることを、上郡において知らないものはいない」。「信長様の御三子はいずれも生駒屋敷で御誕生なされたが、これについても嫡子奇妙様、御次男の於茶筅様、御三女の於徳様のそれぞれ御出生」し、とりわけ弘治元（一五五五）年一月に男児が生まれときの信長のよろこびようは大変なものであったと伝えている。そしてさらに、

「吉野様が男の子をお生みになったとき、一陽来復と無礼講のお触れがあり、雲球殿が扶養中の牢人衆、親族縁者の家人、下男下女、はては若党や小者にいたるまで、馬場前のあたりに夜更けるのも忘れ、乱舞するありさまであったという。このおりは、信長様も『さても目出度きことかな』と踊り出られた」と記している。

生駒球雲こと家長の屋敷に頻繁に出入りしているうちに信長は家長の妹である吉野（きちの。吉乃ともいわれている）に懸想し、やがて二男一女をもうけた、と『武功夜話』は伝えている。ところが濃姫との縁組が成立すると、信長のこの前歴は〝秘事〟とされ、織田、生駒両家の関係者には箝口令が敷かれたことを『武功夜話』の「信長跡目相続」の項はスッパ抜いている。

信長の放蕩が明るみにでれば縁組はおろかせっかく築いた織田・斎藤の同盟関係にも亀裂が生じかねないことを関係者はおそれたのであろう。

「上総介信長様は美濃の斎藤道三の息女胡蝶様との御縁組以前に郡村生駒蔵人の娘吉野を御手つけなされている。この生駒の後家殿は土田弥平治が討死にしてより雲球屋敷にいたところ、上総介様が御屋敷にお遊び参られ、ことのほか目をかけられてお子を身ごもられた。もちろんこのことは美濃には秘事となされた。雲球一門とも相談し、世間の誹《そし》りをうけぬよう丹羽郡井上庄の井上屋敷に移し、隠された」

生駒家長の妹の吉野は、じつは土田弥平治と名乗る武士に嫁いだものの、弥平治が戦死したため実家の生駒屋敷にもどっていた、いわば出戻りだった。しかし、信長はそのような吉野と関係をもち、三人の子まで生ませながら、婚礼が決まると二人の関係は秘事としたうえに吉野を実家からも追い払い、井上屋敷に押しこむしまつだった。

信長は正式に婚礼を挙げ、濃姫を正室に迎え入れた。濃姫という名は美濃から嫁いできたことからつけられた通称。胡蝶、帰蝶、あるいは奇蝶などともいわれ、どれが本当の名前なのかいま一つ定かではない。

定かでないのは没年もそうだ。滋賀県の摠見寺《そうけんじ》が所蔵する「泰厳巌相公縁会名簿」のなかに「養華院殿要津妙玄大姉　信長公御台」という戒名があることから、信長の御台とは濃姫を指すとして、彼女の没年は慶長十七（一六一二）年七月とする説もあるにはある。これが事実とすれば、濃姫は信長が本能寺で自決してからもなお三十年も生きながらえていたことになる。ただしこの間どこで、どのように生きていたのかとなるとほとんど不明だ。

しかしわかっていることもある。濃姫は一人も子を生まなかったことだ。それにもかかわらず信長には三十人、いや隠し子や落とし子を加えればもっと多いといわれ、正確には把握しきれないほどの息子、娘がいる。

ということは子供たちはすべて側室ないしは側室でもなかった女性に生ませたということだろう。今日、名前や出自が明らかな側室として六人はわかっている。

信長の色好みの癖は父親ゆずりであったかも知れない。信秀は天文二十年三月、四十二歳で逝去。死因はハンセン氏病であったという。信秀には二十四人の息子と娘がいたようだ。それでいて信秀の場合も明らかなのは継室の土田御前と池田政秀の娘である大御さま、信安をなした女、信照をなした側室だけ。二十四人もの子をなしていれば信秀の寵愛をうけた女たちはもっといたはずであり、子供のかずにしてももっと多かったこと容易に想像できる。

もっとも信秀にくらべて信長の場合はもうすこし詳しく伝えている。正室の濃姫のほか吉野、お鍋の方、塙直政の妹で信正を生んだ直子、三条西実枝の娘のあここ、など名前がわかっているだけでもこれだけおり、名前は明らかでないが出身がわかっているというなら坂氏の娘、土方雄久の娘、稲葉貞通の娘、信忠の乳母となった、滝川一益の親族といわれる娘などがいる。

しかしわかっているとはいえこの程度。二十人以上もの子をなしていながら母親の名前が明らかでないのは、この時代に生きた武家の女性とは所詮子供を生むだけの存在、あるいは政治がらみ、権力がらみの具としての存在でしかないため、記録に残すほどでもなかったからか。

母親にしてこうなのだから、その子供、とくに女子ともなるとなおさらつまびらかではない。そのつまびらかでないなかで吉野がなした二男一女、坂氏の娘がなした信孝、於鍋がなした信高、信吉らの事跡は明らかなので、触れておくのもいいだろう。

信長の嫡男は信忠だった。信忠は生駒(つまり吉野)を母とし、幼名を奇妙《きみょう》といった。どうやら信長は、わが子に奇妙《きみょう》奇天烈《きてれつ》な名前をつけたがる癖があったらしい。元服するとさすがにまともな名前になった。奇妙から信重《のぶしげ》と改めるからだ。信重は二十五歳で従三位、左中将の官位を賜り、若くして公家に並ぶ。さらに信忠と改め尾張、美濃の二カ国を治める領主に出世し、名実ともに信長の嫡男にふさわしい働きをする。それぐらいだから天正三(一五七五)年十一月、信忠に家督を譲り渡すにあたって信長は、二十年間にわたって集めた、たとえば曾我五郎所持の星切りの太刀や金銀をちりばめた美濃の岐阜城などかずかずの名宝を惜しみなく分け与えるのだった。ところがそうまでした信忠であったが二十五歳で死去してしまう。明智光秀による本能寺の変で自害した信長の後を追って二条城で自決したからだ。

二男の信雄《のぶかつ》も母親は生駒だった。信雄の幼名は茶筅《ちゃせん》といい、これまた愉快な名だ。信雄は、織田軍に敵対する伊勢の北畠家と和睦する条件として北畠具房《ともふさ》の養子として北畠家に送り込まれた、いわば政略的縁組だった。

長篠《ながしの》の戦いで武田勝頼の軍勢に勝利した信長は北畠具房を隠居させ、養子に出した具豊に家督を譲らせる。具豊はここで信意《のぶおき》と改名する。さらに居城の田丸城が放火されたのちに築城した松ヶ城に本拠を移したのを機に、またもや信雄と名前を改める。

信長・信忠親子の死去後、織田の総領は信忠の遺児、三法師《さんぼうし》（のちの秀信）が受け継ぐ。このとき信雄と、神戸《かんべ》家に養子に出されていた信孝の二人は織田姓に復帰し、三歳の三法師は信孝の居城である岐阜城に引き取られた。信孝は柴田勝家、滝川一益らと連合し、畿内を支配する豊臣秀吉に敵対。秀吉は信雄と手を組んで信孝を打倒。信雄も信孝から三法師を奪還し、信孝を自決に追い込む。このようにして尾張、伊勢、伊賀を手に入れた信雄は信長の弟である長益、信照ら叔父と連携して天下統一を目指した。ところが秀吉に取って代わられたことで信雄は大名の地位を捨てて出家。関ヶ原合戦にも参加せず、寛永七（一六三〇）年四月、七十三年の生涯を京都で終えた。

五徳は生駒の三人目の女児として永禄二（一五五九）年十月（三月ともいわれる）に生まれたという。しかしわずか四歳で早くも徳川家康の長男信康と婚約し、永禄十年に輿入れするというスピード結婚をはたしている。このとき二人ともまだ九歳だったというから驚く。けれど二人は天正七（一五七九）年九月に破局する。信康は城主であった岡崎城を追放されたうえ信長に切腹を命じられたからだ。このとき家康の正室の築山殿も、家康の家臣に殺害されている。

信康は粗暴な性格だったうえに五徳がなした二人の子供はいずれも福、久仁という名の女児だったため不満をつのらせ、その不満を五徳にぶつけていた。そのような中へさらに築山殿がからんできたので五徳は、夫や義母を批判する文言を十二カ条にしたため、信長に届けるよう酒井左衛門督に託した。

築山殿とは、岡崎城外の築山の館に住んでいたことからつけられた通称。本名は瀬名だ。「冷酷で嫉妬深い女性」だったともいわれているが、事実はわからない。大なり小なりそのような側面はだれにもあるからだ。したがって築山殿や信康の死も、家康の寵愛を失ったのをねたんだ築山殿が信康を引き込んで武田方とひそかに内通したとする説、家康・信康離反をくわだてた武田方の流布説などいくつかあり、真相は不明だ。

ただし、信康の切腹は彼自身に原因があったというよりむしろ築山殿に原因し、その累が信康におよんだとみてよさそうだ。だから大久保彦左衛門も『三河物語』で信康の自害に同情し、こう述べるのだった。

「さても惜しき御事かな。これ程の殿ハ、又出がたし。昼夜共に武辺之者を召寄られ給ひて、武辺の御雑談計なり。其外にハ御馬と御鷹之御事なり。よくよく御器用にも御座候らへバこそ、御年にも足らせられ給ハね共、仰ラレし御事を後之世迄も、『三郎様之此の如く仰ラレし』と沙汰をもする。人々も惜しき事と沙汰したり。家康も、御子ながらも御器用と申、さすが御親之御身に持たせられ給ふ御武辺をバ、残さず御身に持たせられて出させ給へバ、御惜しみ数々に思召候らへ共、其此、信長に従わせられて叶わぬ御事なれバ、是非に及バズして、御腹を御させ給ふなり。上下万民、声を引いて悲しまざるハなし」

二十一歳で夫の信康を亡くし、寡婦となった五徳は信長のもとにもどり、信長自決のあとは兄の信雄のもとに身を寄せる。しかしさらに、対立していた秀吉との和解のしるしとして信雄は五徳を人質に出したため五徳は京都に移り、寛永十三（一六三六）年一月七十八歳で死去する。

信孝は、信長が側室の坂氏に生ました三男。坂氏の出自はほとんど不明だ。信孝は幼名を三七、あるいは勘八ともいった。じつは信孝は二男だったともいわれている。信孝は永禄元年四月四日に生まれた同じ四月、二十日ほど遅れて生駒が信雄をなしていた。したがって信孝のほうが信雄より兄貴になる。しかし坂氏は生駒に配慮し、生駒より遅れて信孝の誕生を信長に届け出たといわれている。

信孝も神戸具盛の養子に出され、神戸姓に変わった。とはいえ織田一族に変わりなく、織田の武将として長島の一向一揆、越前の一向一揆、紀井雑賀攻略、播磨神吉城攻略など各地を転戦した。

本能寺の変では父の信長や異母兄弟が明智光秀によって暗殺されたため、光秀を山崎の戦いで討ち果たし、信忠の遺児三法師の後見役として岐阜城に入った。だが秀吉が信長に代わって天下統一をはかろうとしたため信孝は柴田勝家と連携して秀吉に対抗した。ところが家臣の離反、勝家の敗北などで秀吉に降伏。天正十一年五月、二十六歳で切腹して果てた。

信高は信長の七男。幼名を小洞《こぼら》といった。兄の信秀の大洞《おおぼら》に対して信長は弟にこうつけた。信長の珍妙な命名趣味はここでも発揮された。信高の生年月日は不祥。ただし慶長七（一六〇二）年二月、三十二歳で亡くなったというから逆算すると元亀元（一五七〇）年ごろの生まれと思われる。

八男の信吉《のぶよし》も生年月日は不祥。ただ慶長二十（一六一五）年四月、大阪夏の陣当時四十三歳で没しているから、これまた逆算すると元亀三（一六五二）年ごろの生まれと思われる。信吉の幼名は酌《しゃく》といった。信高と同じく母親がお鍋という名の側室だったので、鍋には酌がつきものという理由で信長はつけたという。ここまでくればほとんど遊び感覚で名前をつけている。もっとも三十人もの子供をなしていればいちいちもっともらしい名前など考えるヒマはない。その場の思いつき、ひらめき、直感が決め手になって当然だ。

お鍋はもう一人、女児の振姫をはらんでいる。お鍋は近江国野洲の豪族高畑源十郎の娘であった。信長の側室になるまえ、近江八尾城主の小倉実澄に嫁ぎ、二人の男児をなしていた。けれど蒲生定秀に夫が討たれたことで信長を頼って側室となる。〝戦争未亡人〟という点で、生駒と共通している。

お鍋の方は信長とのあいだに二男二女をもうけ、そのうえさらに実澄のあいだに生んだ二人の子も信長に引き取らせ、父親の領地である小倉領を継がせている。晩年のお鍋は秀吉の正室である北政所の侍女あるいは側室の松の丸に仕えたともいわれ、慶長十七年六月に没したという。けれどお鍋の年齢は不詳だ。

信長は美人好みであったらしい。この点も父の信秀ゆずりだ。

信秀は城下に美貌の娘がいると聞くと有無をいわさず召し出し、すぐさま床に押し倒してお手付きにしてしまうという。信秀の息子たちは、信長をはじめ端正な面立ちなのはそのせいかも知れない。信長もその口で、これぞと思う美人をみると側室にし、タネをつけてつぎつぎとはらませ、生みなしたる子供はざっと三十人以上。閨《ねや》の天下取りも、いやはやたいしたものというほかない。

三　妻妾三百数十人、色と金と権力をつかんだ天下人・秀吉

豊臣秀吉は、どうやら無精子症ないし精子の活動が極めて微弱な体質の男性であったらしい。それというのは、秀吉のお手付きになった女性はざっと三百四十七人ともいわれている。これほどまめな関係をもちながら子ダネをつけたのはわずか淀君の一人だけ。しかも生まれた子供はたった二人だったからだ。

もっともこのほかもう二人、秀吉には男児と女児の隠し子がいたともいわれている。女児の名は不明だが、男児の名は石松丸秀勝といい、母親は南殿といわれている。けれど南殿の出生も、秀吉との出会いも明らかでない。そのため石松丸の出生も正確にはわかっておらず、元亀元（一五七〇）年、あるいは天正元（一五七三）年に生まれ、天正四（一五七六）年十月に亡くなったとされている。

ただ、石松丸が六歳で亡くなった天正四年十月、秀吉は石松丸の菩提を弔った近江国長浜城下の徳勝寺と知善院に三十石の寺領を寄進していることから、石松丸は元亀元年生まれとする説が有力。ちなみに女児も天正三年に生まれ、天正九年に死亡したという。

ただしこの隠し子たち、表舞台には出てこない。ま、出てこないから隠し子なのだが、したがって秀吉の子供は淀君に生ませた二人、というのが公式になっている。

淀君が生んだ二人の子の名は、長男が「棄《すて》」といい、次男は「拾《ひろ》」といった。なにゆえ秀吉はこのような奇妙な名をつけたのか。それは、「棄て子はよく育つ」、「棄て子を拾ったのならなおさら丈夫ですこやかに育つ」という当時の慣習にならったといわれている。

ところが三歳になった棄こと鶴松、秀吉の願いもむなしく早逝。秀吉の落胆は深かったにちがいない。なにしろタネ馬のごとくいろんな女性を相手に励んでみたものの五十三歳になってなお待望の子に恵まれず、内心あせっていた。そうしたところに淀君の懐妊の知らせだったから秀吉はたちまち有頂天になり、淀君の産所のために淀城をつくってやる、あるいは聚楽第《じゅらくてい》に公家、諸大名を集めて金、銀をバラ撒くといった「金賦《かねくば》り」の前祝いまで行ったのはまだ遠い過去の話ではなかったからだ。

人生五十年とたとえられた時代のこと。すでに人生のたそがれ時に入ってようやくもうけたわが子。しかもかわいいさかりの三歳。天正十九（一五九一）年八月、鶴丸の死に際して秀吉は髻《もとどり》を切って喪に服したと『絵本大閤記』では述べているから、悲嘆がいかに大きかったか、これでもわかる。

鶴松の死で秀吉は、もはや実子の望みはかなうまい、と考えたから鶴松が死去した直後、秀次をただちに養子に迎え、関白の座を譲り渡した。秀次は、秀吉の姉、智の長男であった。秀次にすれば予期しない幸運が舞い込んだことになる。関白といえばまさに天下の覇者。権力の頂点に立つ。けれどこの喜びもつかの間。淀君の二度目の懐妊で大きく狂ってしまう。

秀吉にとって淀君の妊娠は実子の誕生だ。であれば実子に関白の座を与えたいと思うのが人情。まして権力に執念をたくましくする秀吉であればなおさらだ。そのような秀吉の性格を知る秀次は、淀君の懐妊は関白の座から自分を引きずり下ろすことではないか、と疑心暗鬼にかられる。じじつ秀次は次第に粗暴をかさね、ついには秀吉に切腹を申し渡される。この点についてはのちに詳しく述べるとして、淀君は文禄二（一五九三）年八月、二人めの男児を出産。名を「捨」とつけた。のちの豊臣秀頼だった。秀吉、このとき五十七歳。淀君二十二歳。じつに三十五歳、親子ほどの年齢差だ。

淀君は側室だった。したがって秀吉には正室がいる。名はおね、といった。おねの父親は信長に仕えていたが戦乱で討ち死にしたため叔母の夫である浅野長勝の養女となり、成長する。

養父の長勝も足軽組頭として信長に仕えていたので、同じく信長に仕え、足軽屋敷に住む秀吉（当時は木下藤吉郎と名乗った）と出会う機会があった。だからおねと秀吉の二人は顔なじみといってよい。おそらく二人は遠慮なく悪態もつけば喧嘩もしたにちがいない。三河弁まる出しで。とはいえそうしながらもいつしか離れられない仲になる。前田利家の取り持ちで二人は簡素な祝言を挙げる。秀吉二十五歳。おね十四歳。これまた十一歳もの年齢差がある。

けれど年齢差を感じさせないほど夫婦仲はよかった。秀吉にすれば幼女のころから知っているおねは妹のようなもの。おねにすれば兄のようなもの。仲むつまじいのは当然かもしれない。そのうえおねは才気煥発。勝ち気な性格だったが秀吉をよくもり立てた。

秀吉が関白になり、天下人となった陰にはおねの存在があったればこそといわれているが、まさに「糟糠《そうこう》の妻」というたとえはおねのためにあるといってよい。ただ、正室でありながらおねは終生、子が生まれなかった。

じつは秀吉、おねと縁組する以前に菊《きく》（きくともいう）という女性と結婚していたのだ。武士となって一旗あげるとの野心を抱いて故郷の尾張国中村を出奔した秀吉は、やがて今川義元の家臣で、浜松城主の松下之綱に仕え、重用される。このとき城主の之綱から与えられたのが菊だった。

菊にすれば城主が勝手に決めた結婚。自ら望んだものではない。秀吉の品性のなさ、小賢しく、抜け目のない性格、猿にも似た貧相な面貌……いかにも野卑に見えてしまうのだ。そういえば、おねの結婚に母親の朝日が猛反対した理由も秀吉の品性のなさだったという。

秀吉は主君の信長にも「猿、猿」と呼ばれていた。衣冠束帯《いかんそくたい》の秀吉の肖像画をみると、なるほど猿の容貌に似ていなくもない。それにくらべて信長はすずやかな面立ち。いかにも気品に富んだ雰囲気をただよわせている。

信長が秀吉を猿と呼んだのは出会ったときの印象がのちのちまで影響していたからだ。すなわち『太閤記』の「秀吉公素生」がそうだ。

「――信長公、彼が威儀立翔を御覧じて打笑せ給ひつつ、仰せけるは、輔車は猿にも似たり」

輔とはツラガマチと読む。頬骨と歯牙の下骨というから顎を意味する。すなわち顔立ちのことだ。まるで猿のような、滑稽な顔。そのうえおまけに胴長短足ときている。醜態をまるごと引き受けた、そんな男。もとより好みのタイプではない。菊はなにかと理由をつけては離縁をせまった。秀吉は〝逆三行半〟を突き付けられたのだ。

のちに秀吉の女漁りが激しくなるのは菊から受けた屈辱がトラウマとなって現れた、と見るむきもある。ともあれ秀吉はバツイチだった。はたしてこの事実をおねは知っていたかどうか。秀吉にとっては、おねとの出会いはこころ救われる思いであったにちがいない。母親の反対を撥ね付け、相思相愛で夫婦になった。けれどやがておねは、とんだ計算ちがいに気づく。女性に対する秀吉の〝手癖〟の悪さに手を焼く羽目になるからだ。

秀吉は二百人を超える側室を大坂城内に囲っていたという。これが事実なら、大坂城が一大ハーレムと化していたことにも驚きだが、秀吉の肉欲の激しさ、妄執ぶりにも驚嘆せずにはおれない。これだけの多さだから、秀吉の魔の手にかかった女性は諸侯の子女、寡婦、農民の娘、あるいは町娘などあらゆる階層にわたっている。ということは、秀吉は身分や出生などに頓着しない、美貌でありさえすればそれでよろしい、という人でもあったのだろう。じじつ、秀吉の女性の選び方はほとんど手当たり次第というもの。線引きはないに等しかった。

まずおねがそうだった。彼女の養父は足軽の組頭。けっして上級武士ではない。おねと結婚するまえに関係し、石松丸秀勝をもうけたとされる南殿も京都の町娘ではなかったかといわれている。

寡婦であったおふくの誘いにも秀吉の頰はたちまちゆるんだ。おふくは、夫で岡山城主の宇喜多直家を亡くし、三十路の、女盛りの体をもてあましていたのだ。だから、秀吉は、明智光秀による信長暗殺の報を受け、光秀追討のため急がなければならないにもかかわらず、備前から京都に引き返す途中、おふく会いたさにわざわざ岡山城に立ち寄り、おふくとたっぷり同衾したうえで翌日出発したというのだ。

お嶋も夫と離縁し、秀吉としっかりまぐわった女性だった。お嶋は二十三歳。塩谷惟久の妻であった。けれど秀吉の会津下向を知った惟久は居城の倉ヶ城を捨て、しっぽを巻いて下野の領内から逃亡。後に残ったお嶋は秀吉を城内に迎え入れたうえ、五日五晩ほとんど抜かず、はめっぱなしで秀吉を随喜の涙でむせらせたというほどにセックス大好きお姫様だった。

淀君は、信長の妹のお市が柴田勝家とのあいだに生んだ女児。秀吉は主君の姪を側室にし、子供まではらませたことになる。淀君がそうなら信長の弟、信包《のぶかね》の娘の姫路殿、あるいは三の丸殿もそうだ。とりわけ三の丸殿といえば信長の六女。それさえ側室にしてしまうのだからもはや秀吉にとって主君も、単なる雇用主と従業員ほどの関係でしかないのかも知れない。

三の丸の名はつまびらかでない。秀吉の側室となり、伏見城の三の丸に住むようになったことからその名がついたという。三の丸殿は、異母姉で、蒲生氏郷の妻である冬姫の養女として育てられた。ただし何歳で秀吉の側室になったか、これまた不明。三の丸殿の名は秀吉の側室たちが一堂に会する場面に登場する。『大閤記』の「醍醐之花見」がそうだ。

花見は北政所が誘ったもの。これに側室たちが賛同し、それぞれ輿車を押し立て、吉野山に桜見物へと繰り出す。一番の輿には北政所、つまり正室のおね。二番目の輿には西の丸、すなわち淀君。三番目の輿には松の丸、つまり京極高吉の娘だ。四番目の輿には三の丸。そして五番目の輿には加賀殿、すなわち前田利家の三女、お摩阿だ。

この時代の女性たちは政略結婚だのお家安泰の道具、あるいは家名存続の具にされるケースも少なくない。そのため女性の〝人権〟などほとんどなかった、と指摘する向きもある。しかし実際はそうとばかりでなかった。ちゃんと選ぶ権利を行使していた女性だっていたし、じっさい秀吉のチョッカイにきつーいヒジ鉄をくらわせ、秀吉の鼻をあかした女性も少なくないのだ。前出の菊がそうなら、千利久の娘、お三（お吟ともいわれる）もそうだった。

利久は秀吉から切腹を申し渡され、天正十九（一五九一）年二月、七十歳で自害した。利久が切腹を迫られた理由は、大徳寺の山門に自分の木像を奉納した不遜な行為、茶人でありながら茶器の売買で利益を上げていたこと、娘のお三が側室になることを拒否したこと……といわれている。

利久が自害する二年前の春、鷹狩りに出かけた折り、三人の幼い子供と野遊びにたわむれるお三の姿が目に止まる。聞けば利久の娘で、万代屋宗安の妻という。けれどこのときお三はすでに宗安と死別し、寡婦だった。秀吉にとってこれは好都合。城内に召し出すよう利久に命じた。けれどお三はこれを拒み、三人の子供を残したまま自室に籠り、自害して果てたという。つまり好色な秀吉の誘惑を拒み、夫宗安との操を守ることにお三は命を賭けたのだ。

命を張ってまで秀吉の側室要求を拒否したお三の覚悟には哀れさと同時にいさぎよさを思う。その点で秀の前もそうだ。命を賭けてまで秀吉の誘惑を拒み、夫との貞節を守り抜いたからだ。

秀の前は九州佐賀の山中にあった岸岳城主波多守親の妻。守親は秀吉の命令で朝鮮半島に出征中。それをよいことに秀吉は秀の前を名護屋城に呼び寄せた。登城がなにを意味するか、むろん秀の前は知っている。だから、出征中で、夫が留守の城を抜け出すわけにはいかないとの理由をつけて拒否。とはいえ天下の秀吉の誘いをいつまでも拒み続けるわけにもいかない。そこで秀の前は短刀を懐中にしのばせ、秀吉の前にすすみ出た。ところが迂闊にも懐中から短刀が落下し、秀吉の激怒を買ってしまう。けれどけがの功名というべきか、秀の前はすぐさま岸岳城に追い返されたため、秀吉の魔の手から逃れられたのだ。

冬姫もまた亡き夫の蒲生氏郷《がもううじさと》との絆を示すため剃髪し、無言のうちに秀吉を拒否した女性だった。冬姫は信長の二女。永禄十二（一五六九）年十二歳で、十四歳の氏郷のもとに輿入れする。氏郷はこのとき近江の日野に城を構えていた。しかし出世をかさねて会津九十二万石の大大名にのし上がっていた。ところが氏郷は病が高じて四十歳で死去。このときを待っていたかのように秀吉は寡婦となった冬姫の上洛を執拗に迫った。

秀吉の矢の催促にもかかわらず冬姫は黙殺した。秀吉はすでに異母妹の三の丸殿を側室にしている。そのうえさらに自分まで、という思いに加えて冬姫にも女の意地があった。天下人になったとはいえもとを正せば秀吉は父信長の下僕。主君の娘が下僕の側室になれば父にも夫にも恥辱をさらすことになり、避けなければならない、という意地だ。

上洛の催促は、秀吉を代弁して石田三成からもあった。秀吉の思惑はなんであるか蒲生家の家臣たちも十分承知している。けれどこのまま黙殺し続ければあの秀吉のこと、逆ギレして領地没収、城は取り潰しということもなくはない。じっさいそのような事態に追い込まれた大名も少なくない。北条氏直《うじなお》がそうだ。

九州平定を成し遂げた秀吉は、諸大名に豊臣家に恭順する誓約書を書かせた。けれどなおまだ関東の北条、陸奥の伊達などは再三の命令を受けながら上洛を拒否し、恭順の意思を明らかにしなかった。そのため秀吉は大軍を派遣して小田原城を包囲し、兵糧攻めでじわじわと締め上げた。これで北条氏直もついにギブアップ。秀吉の軍門に下った。

「氏政氏照には切腹させ、氏直兄弟可相助旨家康卿へ御相談ましませば――」として切腹はまぬがれた、と『大閤記』は述べている。

秀吉の勘気に触れればどのような仕打ちが待っているか、冬姫も知らないわけではない。蒲生家存続のため、冬姫は上洛を決心した。ただし冬姫はこのときもう一つ、覚悟を決めたものがある。尼僧だ。尼僧の身であれば世俗の一切から無縁となる。であればさすがの秀吉も手を出すまい。冬姫のこの覚悟は、したがって秀吉に対する拒否の意思を無言のうちに示すものだった。

以上述べてきたように、失敗成功ともどもに秀吉は、女性に対してじつにマメだった。ところが生ませた子供はわずか二人。あまたの女性と交わっておきながら二人というのだからやはり欠陥は秀吉のほうにあったと見るべきだろう。二人のうち長男の鶴松は三歳で早死にする。二男の秀頼が豊臣家の跡目を受け継ぐこととなった。そのため秀次との跡目相続が勃発した。

秀次は秀吉の甥。そのため鶴松を亡くし、もはや実子の望みをあきらめた秀吉は秀次に関白の座を譲った。ところが間もなくして淀君がご懐妊。秀頼を生む。これで自分の立場があやしくなった秀次は次第にすさみはじめ、目をそむけたくなるような粗暴を平然と繰り返すようになる。

正親町《おおぎまち》上皇の逝去に際し、喪中にあるべきときに歌舞音曲にたわむれ、肉を裂いてくらう。あるいは妊婦をみれば殺害したうえ下腹部を切開する、囚人を連日のように切り捨てる、連日酒宴を張り、女色にふける――。

秀次の常軌を逸した乱行は『大閤記』の「前関白秀次公之事」の冒頭でも、天下の関白を賜るとたちまち行動が乱れ、すべてに思慮を欠き、諫めるものの声もきかず、秀次の放縦な振る舞いに世間もうとましくなったと述べている。

傍若無人な振る舞い、さらに秀吉に対する謀反の嫌疑までかかった。これで秀吉の堪忍袋の緒も切れた。高野山に謹慎を命じたのち、切腹を申し渡したのだ。文禄四（一五九五）年七月、秀次二十八歳。関白在位わずか四年であった。

けれど秀次の非運はこれで終わらなかった。秀次の妻妾息子三十余人が打ち首となり、三条河原が鮮血で染まる惨劇が待っていたからだ。『大閤記』の「秀次公御若君姫君並御寵愛之女房達生害之事」は惨劇の様子に触れている。

三条河原に二十間（約三六メートル）四方の穴を掘り、鹿垣をめぐらし、三条の橋の下に三間（約五・四メートル）の塚を築く。塚の上に秀次の首を西向きに置き、秀次に寵愛を受けた二十人あまりの妻妾に拝ませた。

妻妾はそれぞれに辞世の句を詠む。五十がらみの、髭面の男がいまだ年端もいかない若君をあたかも犬の首を引っつかむようにして二太刀でこれを刎ねた。つづいて三歳の姫君をかき抱く女房が「南無阿弥陀仏」を唱えるのもかまわず姫君を奪い取るとまたしても二太刀あびせ、掘った穴の中に投げ捨てた――というのだ。

妻妾の多くは十代、二十代。女性としてこれからというものばかり。ただこのとき、秀次の正室、若政所は池田輝政の妹であったことから刑をまぬがれ、在所の三河に帰されたという。

ところで、五十歳をすぎてようやく二人の実子を抱いた秀吉だが、長男の鶴松は早世。二男の秀頼だけが成長した。その秀頼、じつは秀吉の子ではないのでは、といった不謹慎な噂が浪速っ子のあいだに飛び交っていたのだ。

火のないところに煙は立たない、というたとえがあるとおり、まったく根も葉もない話ではなかった。それというのは、上背のある秀頼はいかにもさっそうとした好青年、イケメンそのもの。胴長短足、おまけに猿にも似た滑稽な秀吉の遺伝のかけらすら引いてないというのが一つ。二つめは、秀吉はあまたの側室と激しく交わりながら子ダネがつかない。にもかかわらず淀君だけは二人もはらんでいる、というものだ。

であれば不審に思うのはむしろ当然。浪速っ子たちはそこでさらに、「秀頼公はだれぞ、ほかの子では……」と話を広げ、やがては、淀君が城内のだれぞと不倫し、はらんだ子が秀頼であったなどとささやくのだった。

ならば城内のだれぞとはだれか、ということになる。噂はしかしそこまでおよんでおらず、不明だ。とはいえ、秀吉に攻め滅ぼされ、自害に追い込まれた柴田勝家、お市の方を両親に持つ淀君が生んだ秀頼は関白となり、天下人になった。さらには、妹のお江の方は徳川三代将軍家光を生み、これまた天下人の母として権勢を誇った。

かくして淀君、お江の方姉妹は、秀吉に対する積年の怨念をこのようなかたちでついに晴らしたのだ。

四　槍も下半身もすぐれものであった前田利家

前田利家とまつのあいだに生まれた息子や娘はざっと十一人。これだけでもご立派、称賛にあたいするというのに、利家はなおこのうえ五人の側室に十人の子をはらませているから、これらを加えれば二十一人ということになる。利家は槍の使い手として出世したが、どうやら陰茎の突き方も、槍に劣らずすぐれものであったらしい。

前田利家といえば加賀百万石の城主。信長、秀吉、家康ら三人の天下人に仕え、能登、加賀、越中を領する北陸随一の大大名として戦国の世から幕末に至るまで家名を保った。

槍が、利家の出世のはじまりだった。利家は天文七（一五三八）年十二月、前田利春の四男として生まれたとされるが、天文五年あるいは六年説もある。氏名も出生も不明なのはこの時代ならざら。まして出世した人物となれば故事や縁起を付け足し、あとから都合よく改竄するなどはよくあるはなしだ。

利春は尾張国荒子一帯を支配する一介の田舎城主だったが、十四歳の利家を信長に差し出した。利家は近侍となって五十貫、信長から禄をもらい受ける。近侍になったのを機会に元服し、幼名の犬千代から前田孫四郎利家と改める。そしてこの名で利家は初陣を飾る。利家が初出陣したのは天文二十

（一五五一）年八月、織田信友との戦闘だった。さらに弘治二（一五五六）年八月の稲生《いのう》の戦いにも参戦し、大手柄を立てて禄高を一気に加増させる。

稲生の戦いは、織田家の家老だった林通勝に擁立された織田信行が兄の信長に反旗を翻したことに由来する。信長に味方する利家はこの戦いのとき大身の槍を携え、七百余人の御徒《おかち》を率いて出撃。信行の小姓頭宮井勘兵衛恒忠が放った矢が右目の下に突き刺さったのもかまわず猛然と立ち向かい、恒忠を大身の槍で突っ伏し、首級《しゅきゅう》あげてようやく凱旋する。

若武者の果敢な戦いに信長はいたく感銘し、利家が献じた首級を高々と掲げ、味方の士気を大いに鼓舞するとともに利家の武運に百貫の加増で報いるのだった。

永禄元（一五五八）年五月、信長と信安が交えた浮野《うきの》の戦いでも長槍で奮闘し、名も孫四郎利家から又左衛門利家に改める。「槍の又左衛門」との異名で呼びならわすのはこのときからだ。石川県金沢市の尾山神社に所蔵される絵は、まさしく槍の又左衛門利家の面目躍如たるものがある。永禄三年五月の、今川義元との桶狭間の戦いで敵将の首を馬の鞍、あるいは槍の穂先に突き刺して帰陣する馬上の利家を描いている。

槍の又左衛門利家の出世は大身の槍が開いたものだった。ならば、艶福家としての利家は愛妻まつの、芳香かぎりないフェロモンで開眼したといえようか。

利家とまつはいとこ同士。しかもおなじ荒子城に暮らしていた。まつは天文十六（一五四七）年七月、尾張国沖之島で生まれた。父は信長の弓頭として仕えていた。弓頭といえば足軽雑兵をたばねる役回り。下級武士といってよい。その父、まつが四歳のときに死去。母親はまつを利家の父、利春にあずけ、高畠直吉と再婚する。いとこ同士が一つ屋敷に同居。しかも幼なじみときている。二人が接近するのになんら遮るものはない。多くの手柄を立て、信長のおぼえよろしく利家は五十貫から百五十貫に禄高が三倍に跳ね上がり、二十一歳の若武者は一気にヒーローに躍り出た。ここで不足といえば妻がいないことだけだ。利家は、妻にふさわしい相手はどこに、と身辺を見まわした。いるではないか、すぐ身近に。いとこのまつだ。かくして永禄元（一五五八）年、利家とまつはめでたく婚礼あい整い、華燭の典へと至った。利家二十一歳、まつ十一歳。じつに初々しいカップルの誕生だ。

十一歳といえば現在では小学校高学年。まだまだ少女ではないか。ところが翌年には早くもまつは長女の幸を生むのだから驚く。これが若さというものか。あるいはまつの肉感的な艶めきが利家の男性ホルモンを刺激してやまないのか、二人は宵になるのも待ちきれないように毎夜のごとく求め合い、しゃぶり合い、ちちくり合うのだ。その証拠にまつは、三十数歳まで十一人もの子をはらみっぱなしだった。

十一人の子供たちの名を挙げるとこうだ。長女の幸をなした三年後の永禄五年、長男の利長が生まれている。つづいて翌年には二女の蕭が生まれる。元亀三（一五七二）年には三女の麻阿を生む。さらに二年後の天正二（一五七四）年には四女の豪を、天正五年には五女の与免を、翌六年には二男の利政を、天正八年には六女の千世をそれぞれなしている。しかもこれだけではなかった。まつにはこのほか生年月日のわからない喜意、斎という名の男児二人と、幼くして亡くなった女児一人がいた。

十一歳で長女をなしたまつは七女の千代を生んだとき三十三歳になっていた。ということは二十一年間に四男七女をなしたわけだから、平均するとあらまし二年に一人の割合で出産を繰り返していたことになる。ほとんど空になる間がないほど、まつの胎内には利家の子ダネが絶えず宿っていたわけだが、このことは利家夫婦がいかに円満で、仲がよかったか。さらに、まつは安産型、多産系の女性であったかをも物語る。しかもこの夫婦のけなげなところは、戦闘に明け暮れていたにもかかわらずセックスだけはおこたりなく、きっちり果たしていることだ。

利家はまつと結婚した直後の永禄二（一五五九）年一月、拾阿弥《じゅうあみ》を殺害したことで信長の譴責《けんせき》を買い、登城停止の身となった。拾阿弥とは、主人に侍り、身の回りの雑用や世間の噂話あるいは世事のことなどをおもしろ、おかしく語り聞かせる役回りのものをいい、世阿弥や観阿弥などがよく知られている。

拾阿弥は信長の寵愛を受けていた。それをよいことに利家が脇差の鍔《つば》につけていた笄《こうがい》を盗み、使っていた。笄とは頭髪を整えたり、頭の地肌を掻くときなどに使う。盗んだことに腹を立てた利家は清州城の二の丸、まさに信長が見ている目の前で拾阿弥を殺害する。若さに加えて豪気な性格の利家。とはいえこれは少々やりすぎ。おまけに切ったのは信長の寵愛を受けた拾阿弥とは相手がまずすぎた。案の定、利家はただちに出仕停止、つまり懲戒免職の処分を受ける。

利家はその後二年間、無職に陥る。けれど永禄四年五月、美濃森部の戦闘に参加し、敵の大将足立六兵衛の首を取り、斎藤龍興を撃破した功績によって信長の出仕停止処分がようやく解除。二年間の浪人生活に終止符を打つとともに禄高もぐぅーんと上がって三百貫に達する。三百貫といえば、石高に換算すれと、一貫が約七・五石だからざっと二千二百五十石ということになる。

リセット後の利家の活躍はめざましい。復職と同時にあらゆる合戦に出陣し、永禄十年には赤母衣《あかほろ》衆《しゅう》に名を連ねるまでに昇進する。赤母衣衆とは、戦場にあって、各陣営の味方の指揮官に信長の作戦や軍事機密を伝達する役回りをいう。したがってだれでもなれるものではなく、信長の厚い信頼を受けていなければなれない。赤母衣衆に対して黒母衣衆がおり、こちらには越中新川一帯を支配していた佐々成政がいた。

永禄十二年十月には長男の利久から家督を受け継ぎ、名実ともに荒子城主となった。四男の利家が前田家を相続した背後には信長の援護が働いていた。もともと凡庸なうえに利久には子がおらず、弟の安勝の娘を養女にしたうえで滝川益氏の息子、慶次郎を婿に迎え、跡を継がせるはずだった。それを知った信長は、利家に後見を、といって利久の計画に割って入ったということだ。荒子城主になった利家、さらに禄高も二千五百五十貫と大いに出世する。

利家の出陣はなおも続く。大きな戦闘だけでも元亀元年六月、浅井長政・朝倉義景連合軍との姉川の合戦、天正三（一五七五）年五月、武田勝頼を滅ぼす長篠の戦い、天正四年五月、越前の一向一揆の鎮圧。天正六年十一月、高槻城主高山右近を撃破、天正七年四月、播磨国三木城主の別所長治の攻撃——。

まつが七女の千代を生むまでの天正八年までのおもな合戦を挙げたが、このほかにも石山本願寺の戦い、荒木村重との合戦などがあり、戦闘に明け、戦闘に暮れた日々が連続する。それにもかかわらずまつとの閨のいとなみは衰えるどころかますますさかんとなり、さきに述べたようにほぼ二年に一人の割合でせっせと子ダネを耕すのだからいくさにも強いがセックスのほうも抜群の利家であった。

しかも利家、まつのほか側室も愛し、愛されたというからまさにモテ男、タフネスといってよい。利家には五人の側室がいた。この数は多からず、少なからずといったところだ。けれど利家は側室に十人の子をはらませたといえば別だ。正室だけでなく、側室ともせっせと励む姿から、マメな男の側面がのぞけるからだ。側室たちの名は岩、存《あり》、ちよ、お古和《こわ》、阿千代といった。

岩は側室のなかではもっとも多い、利家とのあいだに五人の子女をなしている。そのうち女児の菊は秀吉の養女になったが、七歳で死去している。もっとも秀吉はこのほかまつが生んだ四女の豪を養女にする、おなじくまつが生んだ三女で十五歳の麻阿を側室にするなど利家と秀吉は強い閨閥《けいばつ》で結ばれていた。

存は天正十五年にお福を、天正十八年に知好の一男一女をなしている。ちよは元亀元年生まれというから、利家の唐津、名護屋下向に付き従ったとき二十三歳だった。一方利家は五十五歳。この時代の五十はすでに老境といってよいが、利家はそのようなハンデさえ返上するほどの勢いを持っていた。

自分の身の回りを甲斐甲斐しく世話してくれるちよの豊かに張った乳房、あるいは突き出した尻まわりを見るにつけ、ついムラムラッときたのか、こともあろうに出陣中だというのにちよを草むらに呼び込み、はらませてしまうのだ。よほど欲求不満がたまりにたまっていたらしい。けれどちよは果報な側室だった。生まれた男児は前田利常。加賀前田家三代目を相続し、慶長六（一六〇一）年九月には徳川二代目将軍秀忠の二女、珠を妻に迎え入れているからだ。ついでに記しておけば、利常も珠との夫婦仲はきわめて円満。親の利家に似てなんと二十三人もの子をもうけるほどの好きものだった。

お古和は文禄三年に利孝をなしている。利孝はのちに上野《こうずけ》国七日市（現在の群馬県富岡市）の初代藩主になった。お古和は晩年、利孝のもとにいたらしく、七日市で没している。阿千代は越前葛野坊円福寺の娘といわれているが、生年は不明。慶長三（一五九八）年京都伏見で利豊をなしている。利豊はのちに異母兄の利常に仕えるが、二十三歳で死去している。

利家がいかにたくましい精力の持ち主であったか、それを如実に示してくれたのがこの阿千代との交わりだ。慶長三年といえば、春三月、秀吉が催した醍醐の花見に妻まつ、さらには自分の娘で、いまは秀吉の側室となっている加賀殿と呼ばれている三女の麻阿たちと参席する、あるいは翌四月には前田家の家督を利長に譲る、つづいて八月には秀吉が六十三歳で死去する——と多忙な年であった。しかも利家もちょうど六十歳。還暦を迎えていた。ところがまだまだ枯れてなどおれないという、現役男の手本をまざまざと見せつけてくれるのだ。

利家は五十にはいると、まるで何かに取りつかれたように、ほとんど毎年子をなしていた。四十九歳で存に福を生ませる。五十二歳でまたもや存に知好をはらませている。五十五歳でこんどはちよに利常を生ましている。つづいて五十六歳でお古和が利孝を生み、五十七歳のときには岩がふたたび妊娠し、女児の保智をなしている。そして六十歳で阿千代が利豊を、という具合だ。

永禄二年、二十二歳で長女の幸をなしたのを皮切りに、六十歳までの約六十年間に二十一人の息子と娘をもうけた利家は、すると二年に一度の確率でタネつけに成功していることになる。このように子宝に恵まれた利家を、さだめし秀吉はうらめしく思えたにちがいない。正室のおねには子ができず、だから秀吉は三百人もの女性に手をつけた。けれど生まれた子供は淀君がなした鶴松と秀頼のわずか二人。そのため晩年になるにつれ、いかに豊臣家を存続させるかで秀吉の心労は絶えなかった。

ともあれ利家も秀吉の後を追うように、慶長四（一五九九）年閏三月三日、六十一歳で逝去。最後の子である利豊をなして一年後であった。利家の遺骸は大坂の前田邸から金沢に移送され、野田山に埋葬された。まつは、利家の死去にともない、髪を下ろし、尼僧となって芳春院と称し、元和三（一六一七）年七月、金沢城で七十年の生涯を終える。

第四章　政略と絶倫の徳川三百年［江戸編］

二妻十五妾を侍らせた家康、老いてなお盛んなり

さすが徳川家康も病魔には勝てなかったようだ。

さすがといったのは、二妻十五妾を侍らせ、六十歳を過ぎてなおまだ家康は三人もの子女をはらませるほどの絶倫ぶりであり、房事のさかんなところをみせていたからだ。なにしろ慶長七（一六〇二）年生まれの十男頼宣《よりのぶ》は家康六十歳のときの子であり、翌年八月に生まれた十一男頼房《よりふさ》は六十一歳。さらに慶長十二（一六〇七）年一月に市姫が生まれたときには六十五歳に達していたのだ。

徳川家康は天文十一（一五四二）年十二月、三河国岡崎城主松平広忠とお大《だい》の方の子として生まれ、元和二（一六一六）年四月、七十四歳で没した。家康の死因は、食した鯛の天麩羅による食中毒だったといわれている。食欲が減退した家康をおもんぱかった茶屋四郎次郎が精気をつけるために鯛の天麩羅をすすめたというのだ。

けれど、篠田達明著『徳川将軍家十五代のカルテ』は、医史学者の服部敏良著『江戸時代医学史の研究』を引用し、家康の死因は、じつは胃ガンであったのでは、と伝えている。

家康は発病から三カ月後に死去していること、徐々に食欲が衰えてゆくとともに身体も衰弱し、やせ細っていったこと、侍医の触診で、腹部からしこりが発見されていること——などが胃ガンであっ

たとする根拠だ。

遺骸は、家康の遺言にしたがい駿河国の久能山に埋葬された。次第に深まる病状の悪化から死期がせまっていることをさとった家康は側近を枕辺に集め、「遺骨は久能山に埋めよ。葬儀は芝増上寺で執り行え、位牌は三河国の大樹寺におさめ、一周忌がすんだのち、日光に小祠堂を建立し、そこに改葬せよ……」と、ことこまかに遺言し、十五日後に大往生するのだった。

七十四歳とはなかなかの長寿だった。それというのは、家康とゆかりのある豊臣秀吉は六十二歳、前田利家は六十一歳、蒲生氏郷《がもううじさと》はわずか四十歳、加藤清正は四十九歳、暗殺ではあったが、織田信長は四十八歳でそれぞれ没しているからだ。

家康は、こと健康に関しては細心の注意をはらっていたようだ。生まれ故郷の三河名物八丁味噌を取り寄せては調味に使わせる、玄米食を摂取し、たばこは喫せず、なまものは決して食べなかった。暴飲暴食はもちろん避けた。そのうえさらに薬研《やげん》、乳鉢、薬匙などの調剤道具までそろえ、自ら寛中散、万病丹、神効散などを調剤しては服用するほどの徹底ぶり。おかげで、「御医師家康」などと、揶揄されるほどだ。

家康はまた、いのち運の強い男でもあった。今川義元との桶狭間の合戦、武田信玄との三方ヶ原《みかたがはら》の合戦、武田勝頼との長篠《ながしの》の合戦、織田信雄に味方して豊臣秀吉と交えた小牧長久手《こまきながくて》の合戦。そしてさらに石田三成との関ヶ原の合戦など、幾多の激戦を繰り返しながらもその都度くぐり抜け、ついには征夷大将軍となって天下統一を成し遂げ、徳川政権二百六十五年の基礎を築くのであった。

してみると、家康の長寿は健康に留意したこと、生命運に恵まれていたことによるものと思われる。けれどここにもう一つ、あまた侍らせた女性たちが放つ、蒸せるようなフェロモンをたっぷりと吸い込み、精気を養っていたという点も、当方はつけ加えたい。

これで若返らないはずがない。案の定、六十五歳、還暦がはるかに過ぎてなお家康は側室のお勝の方に市姫という名の女児をはらませるほど。このような元気さの秘訣は、まさに若い妻や側室たちに囲まれているからこそであろう。

ならば家康にはいったい何人の妻妾がおり、はらませた息子や娘は何人だったのかという興味がわいてくる。まず妻妾だが、『徳川実紀』では、築山殿および、築山殿亡き後、朝日姫を正室として二人の名を挙げ、お愛の方、お万の方などのほか十一人の側室の名を伝えている。『幕府祚胤伝・一』の「家康公」では築山殿、朝日姫の名を挙げたあと愛妾たち十五人の名を列挙し、さらに、「右之外寵幸を被むりし顕婦これ有る由、然れども典拠を得ず。故にこれを記さず」として省いている。ということは十五人のほかにまだまだ複数の愛妾がいたことを示唆している。

じっさい氏名、出生ともに不祥だが、家康の二男秀康の養子になった松平民部を生んだ母親は家康の愛妾だったという。あるいはキリシタン信者だったために追放された小笠原権之丞は、家康が京都三条某の娘に生ませた、〝隠し子〟であったともいわれている。

さらにこのほか金座役人の後藤庄三郎光次は家康の愛妾大橋局を妻にしたといい、名は不明だが、神田上水の工事事業に功績を残した大久保藤五郎の妻は、家康の愛妾が下賜されたものといわれている。とするならば、これだけでも徳川家康が愛したのはざっと二妻十九妾だったことになる。

これだけの妻妾に囲まれていれば、夜の閨でのおつとめもさだめし、逞しかったにちがいない。じじつ、家康も子沢山の部類に入る男だった。

ならば妻、妾たちに生ませた息子や娘たちは何人であったか、ということだが、前出の『幕府祚胤伝・二』では十三人の息子と六人の娘の名を挙げている。ただしこれは家康が妻、妾らに直接タネつけした実子。家康には実子のほか二十数人もの養女がいたという。

多くの妻、妾がいれば家康や子供の存在をめぐって嫉妬、イビリといった女性同士の陰湿な対立も当然あっただろう。じっさい築山殿がそうだった。築山殿の名は瀬名姫といい、駿河国の瀬名を治めていた関口氏広の娘とも義広の娘ともいわれ、天文十一（一五四二）年に生まれている。その後、父親とは従兄弟であった今川義元の養女になる。

家康は、今川・松平同盟のカタとして今川義元の人質になっていた。その義元のはからいで弘治三（一五五七）年一月瀬名姫と祝言を挙げる。ともに十五歳。じつに初々しいカップルの誕生だ。そして二年後の永禄二（一五五九）年三月には嫡男の竹千代、のちの信康が生まれ、つづいて翌年六月には長女の亀姫をなしている。

けれどこの母子は、浜松城の家康とは同居せず、岡崎城外にあった尼寺の領地であった築山に館を構え、別居していた。したがって築山という称号はここからきたものだ。

家康と築山殿の夫婦仲はきわめて円満だった。それにもかかわらずやがてヒビが生じる。それはなぜか。原因は二つあった。まず一つは、お万の方を側室にしたことだ。お万の方は築山殿に仕えていたところを家康が目を止め、さっそく床に引き込んで畑をたっぷり耕し、子ダネをほどこすのだった。そこではらんだのがのちに将軍継嗣問題をもたらす秀康だ。

自分の侍女に夫が手をつけた。これだけでも正室の面目はまるつぶれ。そのうえ侍女は子供まではらむしまつ。築山殿の嫉妬、ほとんど沸点に達し、夜叉と化していた。全裸にしたお万の方を松の木に縛りつけ、鞭で打ちすえたうえ寒風にさらすという仕置きをくれるのだった。

なんともむごいはなしだが、そのような築山殿の執拗な性格を『玉輿伝一』の「源君の御奥方築山殿の伝」でも、「生得悪質嫉妬深き御人也」と伝えている。

二つめの原因は嫡男信康の自害であった。信康は信長の長女徳姫を妻にしていた。ところが信康はしばしば暴力を振るい、いわゆるドメスティックバイオレンスに徳姫は苦しんでいた。そこへもってきて信康と母親の築山殿は武田勢との結託のたくらみがあることを知り、それを書状にして信長に送るのだった。

信長にとって武田軍は宿敵。その宿敵と通じるとなればいかに娘の亭主とはいえ黙視できない。信長はただちに信康切腹を家康に命じた。かくして信康は謹慎ののち天正七（一五七九）年九月、遠江国二股城で切腹。いまだ二十歳であった。信康にかけられた嫌疑は築山殿にもおよんだ。もはや夫婦関係の亀裂は決定的。家康は築山殿の処置を決断。野中三五郎、岡本平右衛門をつかい、遠州小藪村で築山殿を殺害した。

子供の存在をめぐる対立とは秀康と秀忠のことだ。還暦をすぎた家康に将軍継嗣問題が浮上した。本来ならば長男の信康が跡を継ぐべきだが、彼は自害し、すでにない。となれば二男の秀康ということになる。秀康は最初の側室のお万の方に生ませ、秀忠は二番めの側室のお愛の方に生ませた子だ。秀康は天正二（一五七四）年に生まれたから天正七年に生まれた秀忠より五歳年上。したがって兄貴分の秀康が二代目将軍に就くのが筋だ。

ところが家康は常識を覆す人事を断行した。秀忠に次なる将軍を譲位したのだ。それというのは、家康は秀康をうとんじていたからだった。秀康の母親はお万の方。築山殿に仕えていたことから気まぐれに手をつけた女性。しかしそのお万の方も、わりかし腰軽な女性といわれていたから、はたして生まれた秀康が自分の子であるかどうか、家康は不信感を抱いていた。そこへもってきて秀康はおこぜにも似た面貌だったという。

おこぜといえば背鰭に毒をもち、鮟鱇などと同様に醜悪な面構えの魚の代表格。つまり秀康は醜男だったのだ。それはどうやら梅毒が原因だったらしい。ご存じのように、梅毒が進行すると口内や顎、鼻などの軟骨を破壊するため顔面はくずれ、変形した容貌をさらすことになる。

将軍の後継者問題をめぐって秀康擁立派の本多正信と秀忠を推挙する大久保忠隣が対立した。正信は、武勇にすぐれていることや二男であることを理由に秀康を強く推した。一方忠隣は、天下統一が成立した世であればもはや武勇ではない、文武両道が至当として反論した。結果はさきに述べたとおりだが、この対立はお万の方とお愛の方、側室同士の対立でもあった。

将軍の生みの親ともなればただの側室ではない。長男はすでにこの世におらず、二男も他家にほうり出された。残るは三男秀忠、つまり自分の息子だ。お愛の方がほくそ笑むのは当然だった。

お愛の方は秀忠につづいて忠吉を生むが、じつは家康の側室になるまえは西郷義勝の女房であり、一男一女をもうけていた。けれど義勝は戦死。後家の身となった彼女は実家にもどっていた。そのようなときに家康が見初め、側室に迎えた。これを機会にお愛の方は西郷局と称されるようになる。

じつは家康、後家好みの癖があったようだ。お愛の方をはじめお亀の方、阿茶局、お津摩局、茶阿局などがそうだった。家康は未亡人になった女性を見ると同情し、城内に召し上げている。そのようなところをみると老獪《ろうかい》だの、権謀術数《けんぼうじゅっすう》を弄する悪ダヌキだのと、とかく悪評の絶えない家康とは裏腹に、女性にはいたわりとやさしさをもって接していたのがわかる。

多くの養女を引き受けたのもそのようなこころから発したものであったろう。養女を引き受けたのは彼女たちを譜代大名さらには皇室などとの閨閥《けいばつ》強化、あるいは徳川政権安泰の道具に使うためといわれ、かならずしも善意でなかったのは事実。とはいえ打算や思惑だけでやれるものでもあるまい。

後家好みとともに家康が好んだ相手には姫といわれるような上流階級出身の女性が少ないのも大きな特徴。お万の方は築山殿の下働きをしていた女性。お勝の方は、家康が鷹狩りから帰る途中で拾ってきたような女性。茶阿局は三河国の鋳物師の女房であったという。

ともあれ、二人の妻とあまた妾を寵愛し、ほとんど性欲の枯れるいとまもないほどの絶倫だった徳川家康。ま、女性同士のあいだには多少ギクシャクした場面もあったが、おおかたは円満にいっていたようだ。天下を治めるにも長けていた家康だったがそれだけではない。どうやら女性との腰さばきもなかなかのものであったようだ。

二　隠し子騒動にうろたえる秀忠

徳川二代将軍秀忠には隠し子がいた。保科正之《ほしなまさゆき》がそうだ。隠し子などめずらしいことではない。現在でもよくあるはなし。まして側室をあまたかかえることが当然であった近世の日本ではなおさらだった。現に秀忠の父親の家康にも側室の大橋局に生ませた後藤庄三郎、大久保藤五郎、さらには一介の貧乏旗本から古河十万石の大名に出世した土井利勝や岸和田六万石藩主の松平康重など複数の隠し子がいる。

家康の父親であり、秀忠の祖父にあたる松平広忠にしろ僧侶の最恵、徳川家元、内藤信成など数人の隠し子がいたことがわかっている。それにくらべれば、隠し子が一人などというのはまだまだ序の口。それなのに秀忠は仰天し、処置に狼狽するありさまだからじつにだらしない。

隠し子の名は幸松丸といった。母親はお静といい、秀忠の側室だった。お静とはいかなる女性であったか。『以貫小伝』によると「おしつの方は神尾伊予栄加か女なり」と伝え、『幕府祚胤伝』では「武州板橋の在、竹村の農人、神尾栄加の娘」と伝えている。さらに『柳営婦女系伝・巻之七』を開くと、「大将軍秀忠公の御末男、保科肥後守正之の御母堂は、武州板橋郷竹村の大工の娘……」であったと述べている。

どちらにしても農業をいとなむかたわら大工仕事もこなすいわば兼業農家の娘であったようだ。それぐらいだから家計も苦しかったにちがいない。前出の『柳営婦女伝系巻七』でも、「素性賤《いや》しき女なり。父貧窮なれば江戸に来て……」と伝えている。

食い詰めた結果、江戸に流れついたということらしいが、そのせいか、お静の出生はいま一つはっきりしない。寛永十二（一六三五）年九月に信州高遠城で病没するが、そのときお静は何歳であったかも不明。

お静が江戸城に奉公した年月もこれまた不明。けれど気立ての素直なお静は穏やかな性格で奉公ぶりもよかったようだ。それというのも、奥女中としては最下級の御末《おすえ》でありながらやがて大姥の目に止まり、大姥のもとに仕えるようになるからだ。しかも大姥《たいろう》に仕えるようになったからこそ秀忠の寵愛をうけるチャンスにも恵まれるのだ。

お静が仕えた大姥の名は定かでない。『玉輿伝』では岡崎貞綱の妹で、河村善右衛門の妻だったとある。善右衛門は今川氏実の家臣だったが、氏実が北条軍に敗れて没落したため家康に仕えたという。このような縁から善右衛門亡きあと寡婦となった大姥は、家康の側室のお愛の方が長丸（のちの秀忠）を生むと乳母となって養育につとめる。つまり母親がわりになったのだ。

秀忠の乳母になったこととと無関係ではなかったろう。大姥の弟の岡崎長綱は家康に仕え、千二百石の旗本に取り立てられたのをはじめ、自分の長男は二千石、次男は五百石取りの小姓組みをつとめるというように、厚い待遇に浴する。ということは大姥はなかなかのやり手の女のようだった。そのような大姥のもとに仕えたのであればお静が秀忠の目に止まり、お手付きになるのはいわば当然の成り行きであったろう。じじつ秀忠は大姥の部屋に出入りするうちお静の秘部に自分の陰肉をくわえ込ませ、はらませてしまうのだ。

しかしこれが不覚だった。秀忠は顔面蒼白にしてうろたえるのだ。秀忠の脳裏にはお江与《えよ》の方の姿がちらついていたからだ。お江与の方は秀忠の正室。そのうえ年上の姉さん女房。勝ち気なうえに嫉妬深いときていたから秀忠はお江与の方には頭が上がらない。もっともお江与の方の嫉妬深い性格も多分に生い立ちからきていたようだ。居場所の定まらない幼女時代をおくり、各地を転々とする、あるいは結婚するものの夫運にも恵まれなかったからだ。

お江与の方の母親は織田信長の妹のお市の方。お市の方は浅井長政に嫁ぎ三女をもうけ、その三番目の娘がお江与だった。ところが浅井長政は朝倉義景に味方したため姉川の合戦で信長にほろぼされる。その後お市の方は三人の娘をつれて今度は柴田勝家と再婚する。けれどまたしても勝家は豊臣秀吉に攻めこまれたためお市の方は夫の勝家とともに自害して果てた。

遺児となった三姉妹はその後秀吉に引き取られ、それぞれの人生をたどるのだが、わけても末娘のお江与の方にはなおも不運が続く。お江与の方は文禄四（一五九五）年九月、秀忠（当時は幼名の長丸）のもとに輿入れする。秀忠十六歳。お江与の方は二十三歳であった。ただし彼女の出生はこれまた不明なためこの年齢は没年からの推測にすぎない。お江与の方は寛永三（一六二六）年九月、五十四歳で没す、と『以貫小伝』では記している。したがってここから逆算するとお江与の方は元亀三（一五七二）年ごろに生まれ、二十三歳で嫁いだことになる。

じつはお江与の方、これが初婚ではなかった。天正年間中に美濃国の井口城主（大野城ともいわれている）佐治一成と縁組していた。けれど一成は秀吉に領地を没収され、妻のお江与の方とも離縁させられてしまう。秀吉は、一成にかわって今度は自分の養子にしていた羽柴秀勝にお江与の方をくっつけた。けれど秀勝は文禄元年の朝鮮征伐に参加し、討ち死にする。ふたたびお江与の方は出戻りになった。しかも秀勝とのあいだには一女までいた。そのためお江与の方は、秀忠との婚姻は三度目、再々婚だった。

このように幼女時代といい、夫運といい、不運が続けば性格にゆがみが生じ、卑屈になるのも当たり前。多少の嫉妬心、猜疑心は、お江与の方なら許容のうちだ。むしろ秀忠の正室として千姫や家光など三男四女をはらみ、夫との円満な閨のいとなみにすっかり忘れかけていた夜の秘戯にひたる、そんなお江与の方のけなげさをいたわるべきではないか。

ところが秀忠はそうでなかった。側室にもたっぷりタネを落とし、一人ならず二人までもはらませてしまうのだ。一人は慶長七（一六〇二）年七月に生まれた初姫。初姫の母親は、これまた不明。なにゆえこうも母親の名を歴史から抹消してしまうのか。将軍の子供であれば、たとえ母親が側室であっても記録しておくべきと思うのだが……。ともあれ、そして二人めとは、側室のお静にはらませ、のちに会津二十三万石の初代藩主となる保科正之だ。秀忠は怒りに狂うお江与の方の姿が脳裏にちらつき、おののいた。そのため秀忠は大姥に泣きつき、助けを求めるのだった。窮地を救ってくれるのは大姥以外いなかったからだ。

「乳母としてそなたをお育てたからには生みの母もおなじ。わが子が窮地に陥っているとなればなぜ放っておかれましょう。大姥に妙案がございますゆえ、すべておまかせくだされまし」

さすが大姥。浮き沈みの激しい乱世を切り抜け、修羅場を渡ってきた女性だけに少々のことでは驚かない、肝っ玉がすわっている。そこで大姥が打った手は、ひとまずお静にヒマを取らせ、板橋の実家に帰すこと、そしてそのあいだに老中の土井利勝と本多正信に諮《はか》り、生まれた子をいかに処遇するかを考える、というものだった。いかにはした女の子とはいえ、将軍秀忠がタネつけしたことには変わりなく、粗相があってはならない。

お静もそこは心得ていた。下腹部が日に日に迫り出す姿ではもはや奥女中のつとめはむずかしい。しかもとかく口やかましい奥女中のこと。子ダネを宿した噂はすでにお江与の方にも伝わっているはず。それでなくてもお江与の方といえば、「此御台常に御嫉妬の心深ければ」と、『柳営婦女系伝』も指摘しているように、お江与の方の嫉妬心は想像以上のものがあった。

そのようなお江与の方であってみれば、ひそかに刺客を差し向け、お静母子を密殺し——ということもあり得なくはない。大姥は土井、本多の両名に、やがて生まれてくるお静の子の後見役を依頼した。

かくしてお静は慶長十六年五月、武州足立郡大間木村の実家で出産。子は幸松丸と名付けられた。ただし幸松丸は父秀忠の認知を受けていなかったため将軍の〝隠し子〟として生まれることになるのだ。

隠し子の処遇問題にケジメをつけた大姥は、幸松丸の誕生から一年七カ月後の慶長十八年正月、江戸で没した。大姥の死からさらに二カ月後の三月、幸松丸はお静の手からはなれ、武田見性院の養子になった。

見性院は武田信玄の二女。しかも夫の穴山梅雪は信玄の重臣であった。それにもかかわらず梅雪は信玄を見切り、家康に加担。また、このほか梅雪は養女を家康の側室におくり、万千代をはらませている。このようなことから見性院と徳川家とは深い関係にある。だから秀忠の隠し子についても問い質すことなく見性院は引き受けるのだ。

とはいえ見性院は尼僧。幸松丸をいつまでも手元に引き留めておくわけにはいかない。まして幸松丸はかりそめにも将軍のご落胤。しかるべき身分を与えなければいけない。そこで見性院は信州高遠城主保科正光に打診する。高遠藩は元武田領であったこと、正光には男児がおらず、後継者問題に苦慮していたことなどから見性院は養子話を持ち出したのだ。むろん土井など老中サイドからも働きかけが行われていた。

おかげでそれが功を奏した。元和三（一六一七）年幸松丸は正光の養子となり、名を保科正之と改める。そのさいお静も幸松丸とともに高遠城に入った。以後彼女はお静の方と呼ばれるようになり、秀忠が寛永九年正月、五十四歳で逝去すると落飾して浄光院と称し、寛永十二年九月に没するまでの約二十年間、高遠城で過ごすのだった。

一方正之は、寛永六年六月、江戸城西の丸で父秀忠と初めて対面する。秀忠にとってじつに十九年ぶりにみるわが子だった。けれど秀忠は、ここにいたってもなおわが子を認知することはなかった、正室のお江与の方はすでに寛永三年九月に他界しており、親子の名乗りを上げたところでおそれるはずはないのに、だ。けれどそのようなこともせず秀忠は没したから、正之はついに将軍の隠し子として生涯を終えなければならなかった。

三　男色・虚弱・マザコンの将軍家光

三代将軍徳川家光といえば凛々しく、英邁な将軍と伝えられている。外様大名の改易、参勤交代の制度化、武家諸法度の拡大強化、大型船建造の禁止措置、一国一城制の確立、キリシタン禁制と鎖国政策――。

武断政治を断行し、徳川政権の権威を確立し、約二百六十五年にわたる幕藩体制を揺るぎないものにした、というのが家光の評価を高めている。けれど、はたしてどこまで彼の手腕であったか。それははなはだ疑問。

というのは、いかに将軍とはいえ二十歳そこそこの家光にはまだ天下を動かすほどの力量は備わっておらず、家康ゆかりの土井利家、酒井忠勝といった敏腕大老、あるいは大久保彦左衛門といったうるさ型のご意見番が幕府をしっかりとささえていたからだ。そのため家光はブレーンが敷いたレールに乗ったにすぎず、むしろ家光の実像は、男色、虚弱、マザーコンプレックスにまみれた、じつに頼りない将軍だったのだ。

酒井忠勝は顔をしかめ、舌打ちするのだった。正室がいながら見向きもせず、もっぱら男色にふける家光にはほとほと手を焼いていたからだ。家光は酒井重澄をことのほか寵愛していた。重澄は家光より三歳年下。家光の小姓に仕えたのち、下総生実藩《しもうさおゆみ》二万五千石取りの領主に出世する。

夜ともなると家光は城を抜け出して重澄の屋敷に忍び込み、ひとしきり重澄との愛のたわむれに興じるのだった。忠勝はそのような主君の男色趣味をいかに断ち切るか、腐心した。とはいえ夢中になっているときはなにを言ってもむだ。かえって火に油をそそぐようなもの。まして色恋となればなおのこと。ほとぼりの冷めるのを待つしかない。そのため忠勝はひそかに後をつけ、重澄の屋敷の木陰に身を隠して家光のお楽しみがすむのを待っていた。そのようなあるひどく寒い夜、忠勝は、冷えた草履を主君に履かせては申し訳ないとの思いから家光の草履を懐中に入れてあたためた。ほどなくして家光の帰り支度がはじまり、忠勝は草履をもとの位置に戻すとふたたび屋敷のかげに隠れ、家光の表情に目をこらした。

はたせるかな、家光は一瞬、怪訝な表情を見せた。草履のなま温かさに妙なものを感じたのだ。このようなことがその後いく度か続いた。そのため妙な思いはいっそうつのり、家光は重澄に問い質してみるのだ。

「履くたびに、草履が妙に温かい……これはそちの心遣いか」

むろん重澄におぼえはない。だから、

「いえ、存じ上げませぬ」

と答える。ここでようやく家光は合点する。忠勝の配慮であることを。そこで家光は忠勝を呼び付け、礼を述べるのだった。忠勝はこのときを逃さなかった。すかさず、家光の軽々しい行動をいさめるとともに慎重な振る舞いをいい諭すのだった。忠勝の忠告に家光は大いに恥じ入り、以来家光の重澄詣ではプッツリと断ったという。

家光が同性愛にかたむいた要因には春日局が影響していた。家光の乳母であった春日局は母親がわりとなって家光を赤子のときから養育してたため実母以上に家光の行動や生活を逐一指図した。家光もまた、春日局こそ母親と頼りにしていたから春日局には頭があがらない、いわゆるマザコンだった。

家光は二代将軍秀忠とお江与の方の子として慶長九（一六〇四）年七月に生まれた。母のお江与の方は浅井長政とお市の方の三番目の娘であった。お市の方は織田信長の妹だったが、信長は小谷城を攻め、長政を自決に追い込む。夫を亡くしたお市の方は三人の娘とともに信長のもとに身を寄せる。

長じてからのお江与の方は秀吉の命令で尾張大野城主の佐治与九郎に嫁ぐ。けれど尾張・長久手の戦いで佐治は家康に味方したため激怒した秀吉はお江与の方を離婚させてしまう。そのかわり秀吉は自分の姉の次男、羽柴秀勝をお江与の方にあてがった。ところが一年たらずで秀勝は朝鮮征伐で戦死する。またしても出戻りとなったお江与の方が三度目の夫にしたのが徳川秀忠だった。文禄四（一五九五）年九月、秀忠十六歳、お江与の方二十三歳。七つ年上の姉さん女房だった。

ここでようやくお江与の方は落ち着いた。長女の千姫をはじめ子々姫、勝姫、長丸、初姫、家光、忠長、松姫など三男五女をはらんだのがそれを物語る。お江与の方はこの子らのほか秀勝とのあいだに一女がいた。ただしこれだけの子をはらんでいながらお江与の方がじっさいに子育てに関与したのは忠長だけだった。娘たちはいずれも早くに嫁がされ、長男の家光も乳母の春日局にあずけけられている。

春日局は斎藤利三の娘で、名をお福といった。利三は明智光秀の信頼を受けた家臣といわれている。けれど光秀は本能寺で信長を暗殺したことから秀吉に討たれ、利三もまた敗れて京都粟田口で磔《はりつけ》にされる。そのためお福は幼くして京都界隈を転々とし、やがて稲葉佐渡守正成の後妻になる。『玉輿記』によると、正成とのあいだに「二子をうめり、これ正勝、正利なり。しかるに故有りて春日の局召出さる。そのころ三代将軍家光公御誕生。すなわち御乳母分となりて三千石を拝領す」とあり、かつての家なき子であったものが将軍の乳母に大出世するお福であった。

けれどお福がなぜ幼い子を置き去りにしてまで乳母になったかについては明らかでない。だから『玉輿記』も「故有りて」とぼかしてるのだろう。ただし、このような推理は成り立つだろう。夫の正成は浪人。これといった食い扶持もないうえ幼い子供をかかえて台所は火の車。そのような折にお福は、家光誕生にさいして京都所司代板倉勝重の命令で京都市中から乳母をつのるとの触れを目にとめ、さっそくこれに応募した。なにしろ自分も子をなして一カ月そこそこ。豊満な乳房はプリプリして母乳の出もすこぶるよかった。家光といえばいずれは将軍となる人物。その乳母になれば自分はもとより夫や子までもが……このチャンスを逃してなるものか、という目論見がはたらいたという推理だ。

実際ことはそのとおりになる。お福が家光の乳母に採用されると夫の正成は徳川家に召し出されて御家人となり、子の正勝はのちに小田原八万五千石の領主に出世。さらに正勝の嫡男正則は十一万三千石に加増され、老中に抜擢されて幕政に関与する。次男の正利は忠長の小姓となり、お福の弟、斎藤助右衛門も幕府に召し出されて三千石を賜り、家光の上洛には共侍となり、そのときに拝領した長柄の槍は家宝となる。

このように、お福の乳母就任は一族に出世の道を開くが、それはそれだけ家光に対するお福の献身ぶりが秀忠や祖父の家康に認められたからにちがいない。それでなくても家光は水疱瘡にかかるなど病弱。おまけに色黒で無口。しかものろまときている。それだけにしっかりもののお福をいっそう頼りにしていた。けれど実母のお江与の方にしてみればそこが気に入らない。お福に張り合うように、お江与の方は忠長にありったけの愛情をそそいだ。さいわい忠長は目元すずやかな利発な子。お江与の方自慢の息子であった。そのせいか、城中は次第に、「次のお世継ぎは忠長公に……」との噂が広がりはじめていた。

こうなると穏やかでないのがお福。将軍の座が忠長に奪われたとなってはせっかく手に入れた一族の出世が途絶えるだけでなく、あわよくば将軍の〝母親〟となるべき自分の名誉さえ失い、ついには身の危険すら生じかねない。そこでお福が頼みとしたのが大御所の家康だった。お福はお伊勢参りを口実に侍女二人をともなって江戸を抜け出し、駿河に隠居していた家康のもとに駆け込み、次期将軍は家光に、と捨て身の直談判におよんだ。

お福のあせりは、秀忠の将軍継嗣の経緯を知っているだけに深かった。二代目将軍は武勇に長けた次男の秀康に、とだれもが信じて疑わなかった。ところが家康は秀康を秀吉の養子に出し、三男の秀忠を将軍に据えた。このようなどんでん返しが家光にふりかかることをお福はおそれたのだ。はたしてお福の直談判は功を奏し、家光は三代目将軍に着座。元和九（一六二三）年七月、十九歳であった。

忠長の落胆はひどかった。次期将軍は自分に、と信じていただけになおさらだった。だからヘソも曲げるのだ。五十五万石の大大名であり、駿河大納言と称賛されながらなお百万石の加増を要求する、大坂城を我が物にしたいなどと、不可能を承知であえて無理難題をふっかけ、困惑する家光の表情を楽しむのだ。さらに母親のお江与の方が寛永三（一六二六）年九月、五十四歳で死去するとますますエキセントリックとなり、殺生を禁じた駿府の西丸子山で派手な猿狩りを行う、あるいは乗っていた籠のなかから突如刀を抜きはなち、籠かきを刺し殺す——といった乱行が激しくなる。これを見かねた家光は忠長を駿河から甲府に改易し、さらに秀忠が死去すると高崎城に監禁のうえ寛永十年十二月、忠長に切腹を申し渡すのであった。

かくして将軍継嗣をめぐる兄弟の紛争は落着した。家光の勝利は、お江与の方に対するお福のそれでもあった。とはいえこれですべてが決着したわけではない。家光の男色趣味をいかに矯正するか、世継ぎ問題とも密接にからむだけにお福の手綱さばきが試された。

元和九年七月、将軍に就いた家光は同じ年の十二月に正室を迎える。新妻は関白鷹司信房の娘で孝子といい、家光より二歳年上だった。徳川家は家光の代になってはじめて京の公家から正室を迎えた。家康も秀忠も正室は武家出身だったからだ。それだけに家光にはやや鼻が高いところがあったかもしれない。もっとも家光の関心は相変わらず小姓にむかい、孝子をそばに引き寄せるなどまったくなかった。家光の関心をなんとしても異性に向けさせなければならない。お福はそのことにこころを砕いた。そこでお福の頭によぎったのが徳川光圀《みつくに》だ。

光圀といえば水戸黄門としてテレビや映画ですっかりおなじみ。姿を町人にかえて全国を遊覧し、行くさきざきでおこる事件や騒動を解決するという勧善懲悪の明快なストーリーはいまも人びとに楽しまれている。けれどそれらは後世につくられた、いわばおはなし。光圀の実像は酒宴を好み、悪所通いもはなはだしく、女狂いに手が負えない放蕩息子。そのためついには侍女をはらませたあげく「水にせよ」と命じ、ひそかに堕胎をくわだてもする。ところが家臣が機転をきかし、さらに実兄の頼重がその子を引き取って嫡子とした。それがのちの高松藩主頼常だ。

それぐらいカブいた光圀。家光をいさめるには光圀のほかにない、とお福は考えた。幸い光圀の父頼房と家光の父秀忠は異母兄弟だから光圀と家光は従兄弟同士。光圀は家光より十四歳年上というのも兄が弟をたしなめるにはちょうどよい年齢差。お福は膝をたたいた。家光を吉原の遊郭に連れ出し、光圀から女色の手ほどきを、そう思いついたのだ。

しかし実際には果たされなかった。城中のことは城中で解決を、とお福は思い直したからだ。そのため今度は大老の土井利勝に協力をあおぐ。さきに酒井忠勝の諫言で男色を断ったかにみえた家光だったが、やはり一度味わった甘い蜜の味は一つや二つの小言ではやめられるものではなかったらしい。

「なにかよい知恵はござらんか、土井殿」

「そうよのぅ……正室をお迎えなされてもなお上様の病いはおさまらんのだからのぅ……」

腕組みしたまま唸るばかり。土井利勝に妙案があるぐらいならすでに手を打っている。

「このまま世継ぎができぬとなれば徳川宗家にとって一大事。なんとしても上様のこころをおなごに引き戻さねば」

「この際、祖心尼《そしんに》殿にご相談なされてはどうか。あるいは妙案があるやも知れんゆえ」

土井の助言を受けたお福はさっそく祖心尼の知恵を借りた。『玉輿記』によると、祖心尼は、「斎藤佐渡守利三の女なり」というから、おそらくお福とは姉妹だったかも知れない。

「この疎心尼、始め加賀利家卿家臣小松城主前田対馬守直知の室となり、その子同対馬守入道了心を生む。前田直知死後、町野長門守幸知の室となり一女を生む。これ岡田吉衛門の妻なり。その生む女お婦里なり。町野幸知死後、大猶公に仕え奉り、疎心尼と称して出頭――」(『玉輿記』)

疎心尼、素心尼、祖心尼といくつもの当て字が使われているが、ここでは祖心尼を使用する。祖心尼が大猶公、すなわち家光に召し出されたのもお福の引き立てによってであろう。

「いかがしたものかのぅ、祖心尼殿」

「お婦里をあてがってみてはどうじゃ。首尾よくいくかどうかはわからぬが、まずはやってみぬことには」

「なるほど、お婦里か……あの娘ならわたしも存じており、安心じゃ」

お婦里はさきの『玉輿記』でも名が出たが、祖心尼が町野幸知の後妻となって生んだ娘が岡田吉衛門の妻となり、そして生んで子だから祖心尼の孫にあたる。

お福は祖心尼とはかり、お婦里に白羽の矢を立て、家光の男色趣味を断ち切るため側室に送り込んだ。家光も、お福の言うことには逆らえない。なにしろお福は育ての親。乳飲み子のときから世話を受けているだけでなく、将軍に君臨できるのもお福の存在があったればこそだ。お福が選んだからにはお婦里を袖にはできない。

正室とはいえ孝子の存在は名ばかり。男色にふける家光には指一本触れてもらえず、悶々とする日々を送らなければならなかった。そのような孝子のやるせない様子を『柳営婦女伝』の「本理院殿之伝系」はこのように伝えている。「嫉妬の心はなはだ多く、これに因り台徳公の命あり中之丸と称し、不幸にして空しき年月を送られしという」

これでは嫉妬深くもなるだろう。自分にはまったく関心をしめさず、無視されっぱなし。そのくせいい年をしてなおまだ乳母にべったりのマザコン。おまけに乳母が連れてきた側室にはいいなりときている。かりそめにも公卿の娘、幕府とは格がちがう、というプライドが孝子にはあった。であれば猜疑心もわくであろうし嫉妬心も強くなって当たり前。そのような孝子を秀忠は、吹上御所に中の丸と称する御殿をつくって住まわせた。家光と引き離されたのだから、これはいわば幽閉といってよい。

お福にとって孝子の中の丸移転はじつにめでたいことだった。そのためお福の手綱さばき、いよいよ鮮やかさを増してゆく。側室に送り込んだお婦里は首尾よく家光のこころをとらえ、見事、家光の男断ちに成功するのだった。

お婦里はお福の期待に応えるため毎夜家光のしとねにこもり、ありったけのフェロモンを全身に浴びせるから家光も応えないわけにはいかない。男色趣味だからといって生殖機能に問題があるわけではない。ちゃんと勃起もすれば射精もする。だからお婦里の豊満な谷間、あるいはヒップにカブリつき、家光もせっせと励むのだ。かくして寛政十四（一六三七）年三月、お婦里は千代姫をはらむ。

千代姫の誕生をもっとも喜んだのはお福だ。これで子をなす能力が家光にあること、お婦里をしとねに送り込んだことで女性の性的魅力にようやく目覚めたこと——これらが証明されれば十分。もはやお婦里に用はない。お福は、お婦里にかわる次の玉を用意した。十三歳と、じつに若いお楽だった。

お楽は下野国都賀郡に住む農民の朝倉惣兵衛の娘だった。惣兵衛はその日の飯にもことかく身。そのため違法な鶴撃ちを繰り返し、ついにはそれが発覚して打ち首となる。

惣兵衛の妻の紫はお楽をつれて七沢作左衛門の後妻にはいり、浅草界隈で商いを営んでいた。そのときだった、お福は正月の浅草寺参詣の途中、店のまえで一人遊ぶお楽を見初め、ただちに大奥に差し出すよう作左衛門夫婦にいい置くのは。

大奥に奉公にあがったお楽はお福の言い付けにいちいち頷き、まだまだ堅い蕾であるにもかかわらずはやくも家光の側室にあてがわれ、夜の伽に下半身を開くのだった。そして寛永十八（一六四一）年八月、待望の男児をなす。お福は小躍りして喜んだ。待ちに待った男児誕生。これでまずは徳川宗家は安泰だからだ。男児は後に四代目将軍家綱となる。そしてさらにお福はまたしても男児を生めば用のないお楽をしりぞけ、お玉を側室に送り込む。お玉もまた家光からたっぷりタネをもらい、男児をはらむのに成功。こちらはのちの五代将軍綱吉となる。

お婦里のムッチリとしたからだから性の味に目覚めた家光は七人もの側室をつぎつぎと迎え、五男一女をはらませていた。そのせいか、マザコンの家光にしては珍しく、お福に反発することもあった。家光、はじめて恋をしたのだ。男ではない。今度は女性だ。これまではすべてお福が見立てた側室が相手だった。だから好きも嫌いもない、ただあてがわれたものに入れたり出したりしたにすぎず、しかも相手がはらめばさっさと用済みとなり、次の玉にまたがる、ということの繰り返しだった。けれど今度ばかりはちがう。自分が相手を選んだのだ。女性だけでなく、家光は自我にも目覚めたのだ。

相手は、公卿の六条有純の娘。彼女は十六歳で伊勢内宮の慶光院の住職になる。その跡目祝いを伝えるため家光にお目見えするのだが、家光、このとき、彼女を見るなりたちまちのぼせてしまった。そのときのありさまを『柳営婦女伝系』はこのように伝えている。

「此人世に勝れたる容色たるに依て、大猶公江戸に留置されて還俗させられ、於万の方と改められ、有髪の形と成す」

つまり一目ぼれというやつだ。さだめし才色兼備の女性であったにちがいない。家光は久しいあいだ男色を好み、異性に目覚めてからもお福にあてがわれた女性だけを相手にしていたから自分の美意識を自覚できなかった。お万があらわれたことでそれをはっきりと意識し、自分の意志で女性を選ぶことをはじめて知ったのだ。

お福にとって、しかしこれはまことに由々しきこと。自分の庇護を離れるのをおそれただけではない。朝廷をもおそれたのだ。公卿出身の正室の孝子とは子をつくらず、お万には子ダネをつけたとなれば朝廷が愉快なはずがない。お福はまたしてもここであるたくらみをめぐらすのだった。ならば何か。前出の柳営婦女伝系の巻之九は、「老中の内意あって懐胎を禁ずる故に、御君達の儲けることなし」と伝えている。

つまりお福は老中と共謀し、家光の、お万への接近を遮断し、夜伽を封じ、お万が妊娠することを禁じたのである。

お福の権勢、いまやおそれを知らない。乳母として養育した家光を将軍に押し上げ、男色の性癖も断ち、四代目、五代目将軍の跡目にも目処《めど》がついた。しかもそのうえ寛永六年十月には後水尾《ごみずのお》天皇にも拝謁し、春日局という称号まで賜っている。かつて流浪の、家なき子であったものがいまでは将軍のご〝母堂〟。お福こそまさに徳川時代のスーパーウーマンといってよい。

四　スワッピングに同性愛、なんでもありの将軍綱吉

徳川五代将軍綱吉は、家臣である柳沢吉保《よしやす》の側室である正親町町子《おおぎまちまちこ》と肉体関係をむすぶかわりに自分の側室である染子を吉保にあてがうといった、いわば夫婦交換をやってのければ、この二人の女性と同時にまぐわうといったことさえさえ演じてみせるのだからとんでもない将軍なのだ。

綱吉といえば「犬公方《いぬくぼう》」との異名が思いつく。信仰心が強かった綱吉は、子ができないのは生前中に鳥獣を殺生した報い、とあやしげな真言を唱える祈禱師隆光の意見を丸呑みにし、貞享《じょうきょう》四（一六八七）年一月、「生類憐《しょうるいあわれ》みの令《れい》」を発布する。ところがこの禁止令、悪法もいいところ。犬を殺したため流罪はおろか死罪、はたまた蚊を殺したのがもとで解職された御家人さえいるありさま。そのため改正をもとめる人びとの怨嗟の声は高まるばかりだった。そのうえ女性にも目がないときていたから、まことに破廉恥きわまりない綱吉将軍だった。

けれど綱吉の奇矯な行動の背後には柳沢吉保の影がつらついている。吉保は、綱吉が十五歳で館林二十五万石藩主になった当時から小姓として仕える一方、同性愛の相手になるほど寵愛を受けていた。二人の関係はそして吉保が側用人、大老格、さらには甲府二十三万石の大名に列せられ、あたかも出世魚のごとく栄達を遂げるにつれて綱吉とは主従を越えて義兄弟にも似た絆で結ばれてゆく。それが

スワッピング、あるいは姉妹と交互に交わるといったスキャンダラスな関係をつくり出すのだった。

延宝八（一六八〇）年五月、綱吉は五代将軍に就いた。これは異母兄の家綱が、正室のほかお振とお丸に二人の側室をおきながら結局世継ぎに恵まれないまま四十歳で死去したため急遽、実母お玉と住んでいた神田橋の館林御殿から江戸城本丸に入ることになる。

綱吉三十四歳。男ざかりの、まさに心身共に充実した壮年将軍。この充実ぶりを政務にかたむけ、善政に取り組むなら大いにけっこう。ところが綱吉はちがった。性欲あるいは遊蕩にそそぐから城中には醜聞が絶えず、ついには妻の信子に暗殺されたとの噂さえまことしやかに流布されもするのだ。

寛文三（一六六三）年十月、綱吉は公卿の鷹司教平の娘信子を正室に迎え、神田橋の館林御殿で新生活を始めた。綱吉十七歳。信子十二歳というからまことに初々しいカップル。この若さであれば、だいたいならさかりのついたイヌやネコのように夜も昼もなくはめまくり、求め合い、一年もたたないうちに信子の腹は迫り出すものだ。ところがこの夫婦、肌をかさねるどころか触れることとさえ避ける、冷えきった仲だった。

延宝八年五月、綱吉の将軍就任にしたがって信子も御台所として館林御殿から城中に移った。ついでだから御台所とはなにか、説明しておくのもいいだろう。

御台所とは食べ物を調理する場所から出た用語。中世以前は公家、将軍、大名などの妻に広く使われた。けれど江戸時代になると将軍の妻にかぎって称するようになる。また、清水、一橋、田安の御三家や御三卿に嫁いだ妻は御簾中《みすなか》と称された。

環境が変われば夫婦関係に変化が、と奥女中は期待もしたが、やはり綱吉の関心は信子には向かなかった。その原因を尋ねると、どうやら吉保との関係にあるらしかった。綱吉と吉保の関係は単なる主従以上のものであったことを示すものに、綱吉が吉保の屋敷に通った回数が五十八回にもおよんだという事実がある。主君でありながら家来の屋敷にこれほど頻繁に通うなどほとんど例がない。例がないことをあえて綱吉はしたというのはなにやら特別のものが二人のあいだにあったということだろう。

もっとも綱吉はこだわりはじめるとやめられない、やや偏執的な性格でもあったらしい。たとえば儒教に傾倒した綱吉はしばしば儒教の講義を行い、家臣を集めては三百回ものレクチャーを行った。あるいは能にも入り揚げ、能面をつけては舞台に立ってみせるほどの熱の入れよう。そのため綱吉が登用した能楽師は二十六人にもおよび、元禄五年、六年の二年間に催した能楽は四十数回にも達するほどだったという。

吉保詣でには、ではなにがあったのか。それは吉保の側室の染子との密会を楽しむことにあった。もとはといえば染子は綱吉の側室だった。染子も京都生まれの娘。染子もといったのは、異母姉の正親町町子もおなじく京都生まれであったからだ。町子は吉保の側室におさまり、経隆《つねたか》、時睦《ときちか》の息子二人をなしていた。

二人の京娘を江戸に呼んだのは大奥を取り仕切っていた右衛門佐《うえもんのすけ》という名の上﨟《じょうろう》だった。上﨟といえば御台所の側近をつとめるほか大奥全般を采配するいわば大奥の最高権力者。

もとはといえば綱吉の側室であった染子。それを吉保に下げ渡したのは二つの理由からだ。綱吉には染子のほかにお伝、北之丸殿、御部屋様と称する三人の側室がいたことが一つ。二つめは、なかでも側室のお伝には二人の子をはらませていたというものだ。お伝の父親は黒鍬《くろくわ》者といわれる下級武士。お伝は綱吉の母お玉に目をとめられ、館林御殿に入ったことでやがて綱吉の側室に迎えられ、延宝五年四月に鶴姫をなし、つづいて延宝七年五月に徳松をはらむのだった。二人の子をなしたことからお伝を御袋様とも呼ぶようになる。あとの二人の側室には子ができなかった。二人の側室も公卿の娘。正室の信子が輿入《こし》れするときに供として京都から連れてきたものだ。

お伝に一男一女をはらませた。そのため染子に子ができたとなってはまずい。おなごならまだしも男児とあっては世継ぎ争いのもとになりかねない。綱吉はあれこれ思案をめぐらした。そこで思いついたのが交接の最中に染子がもらした言葉だった。染子は、「ねぇ〜、お願い。もし生まれた子が大きくなったあかつきには一国のお殿様に取り立ててぇ〜」とおねだりしたのだ。綱吉はそれを飲むかわりに染子を吉保に下げ渡す、という秘策を思いついた。

綱吉は女性がらみのトラブルにこりていたので穏便にことを始末したかったのだ。というのは、牧野成時の妻を大奥に召し出させ、なかば強引にはめてしまったことから、成時は綱吉に抗議の意思をこめて切腹するという、後味の悪い事件が記憶にあったからだ。この事実は『三王外記《さんのうがいき》』の「憲王外記」にも明らかにされている。三王とは常憲院の綱吉、文昭院の家宣、有章院の家継、三人の将軍のスキャンダルをスクープしたものだが、綱吉と牧野成貞の関係もスッパ抜いている。

成貞も寵臣《ちょうしん》として綱吉の慰めになっていた。成貞には美人と評判の妻お久里がおり、松子、お安、お亀の三人むすめがいた。ところがこともあろうに綱吉はお久里に懸想し、大奥に召し出せと成貞に迫った。もちろん成貞は同意するはずもない。そこで綱吉は家禄の加増を条件につけた。ここが家臣のつらいところ。こうまでされては逆らえず、成貞はしぶしぶお久里を差し出す。そのかわり成貞は三千石の旗本から一万五千石の下総関宿城主となり、さらに元禄元年には七万三千石に加増。とんとん拍子に勝ち上がってゆく。

綱吉の女癖の悪さはお久里だけではすまなかった。今度は娘のお安を召し出せときた。さすがに成貞もこれには困惑した。お安は、黒田信濃守直相《なおすけ》の次男を婿にとった牧野成時の妻だからだ。自分の妻だけでは満足せず、婿の妻にまでちょっかいをだす綱吉に成貞は顔をしかめるほかなかった。とはいえこれを断る手立て、成貞にはない。それは婿の成時も同じ。拒否すればどうなるか。牧野家断絶だ。娘のお安が大奥に召し出されたその夜、将軍綱吉への抗議を込めて成時は自害した。

このような前例があっただけに綱吉は、染子をあてがうかわりに子にはそれなりの処遇をもって応えることを吉保に約束する。むろん綱吉、吉保、染子の、三人のあいだにこのような密約が交わされたなど世間は知る由もない。だから染子が吉保の側室になって間もないのに早くも男児をなしていることに、「ほんまに吉保様の子かいな……」と不審がったものもいたほど。染子は貞享四（一六八七）年男児を出産。のちの大和郡山十五万石藩主柳沢吉里だ。

子供の処遇だけではない。じつは綱吉、吉保とはこのような密談も交わしていたのだ。

「のぅ吉保、ものは相談だが、染子をそちにさずけるかわりにどうじゃ、町子をわしにあずける気はないか」

「なにかと思えば、町子をとは……」

そうはいったものの吉保もまんざらではなかった。たがいの側室を交換する。ときにはこのようなスリルを楽しむのも悪くない。吉保は驚く素振りをみせながらも、目尻はゆるんでいた。

かくして二人は〝夫婦交換〟に合意した。綱吉は町子、吉保は染子、それぞれ閨《ねや》をともにする。さぞかしいつもとはちがうテクを使ってたっぷり楽しんだにちがいない。そして夫婦交換は同時に綱吉、吉保ともに異母姉妹を共有することにもなった。

スワッピング。夜の秘戯にまた一つ新たな楽しみがふえた。趣味を同じくする綱吉と吉保の関係はますます深くなってゆく。このようなただれた関係がやがてとんでもない騒動を巻きおこすことになるとも知らずに、だ。

綱吉が染子を吉保にあてがったのは世継ぎ争いをおそれたからだ。ところがそれがためにかえって騒動をまねくのだから皮肉なもの。綱吉にはお伝がなした鶴姫と徳松の二人の子がいる。鶴姫は紀州徳川綱教《つなのり》の妻となるものの宝永元（一七〇四）年四月、二十八歳で死去。徳松は鶴姫より二歳年下。けれど徳松もわずか四歳で早世。以後綱吉には子ができなかった。そのため隆光に子授かりの祈禱を受け、生類憐みの令も発布する。

神仏に頼ったところで子ができるはずもない。セックスに励んでこそ子はできる。そうこうしているうちに浮上したのが世継ぎ問題だった。綱吉は鶴姫の夫である綱教を次の将軍に、と考えた。ところがその綱教もあっけなく他界。ここで吉保の出番となる。吉保は甲府二十五万石の松平綱豊を推挙した。綱豊は、綱吉より三歳年上の異母兄である綱重の子であったから甥になる。吉保は、綱吉、染子らで交わした密約、つまり吉里を百万石の国主にするという密約を、あえてここでは出さなかった。そこが吉保の老獪なところ。吉保はさきを読み、綱豊後に期待したのだ。

吉保は、綱吉が綱豊を嫌悪しているのも承知している。綱吉の生母は京都堀川で八百屋をいとなむ娘だった。一方綱豊の生母は酌婦。綱重の酒席で酌をしたのをきっかけで綱重にエッチされた。身分の低い女を母親に持つという点で綱吉、綱豊は共通する。それが綱吉の、綱豊を嫌うところだった。それを知っていながら次期将軍に推したのは、綱豊はすでに四十八歳。将軍候補としては年齢的にも最後のチャンス。しかし吉里は二十二歳。まだまだ先はある。

だからここは密約を引っ込め、ひとまず綱豊に将軍の座をゆずることで恩を売っておく、としたのだ。吉保の後押しを受け、宝永六年五月、綱豊は六代将軍に着任。名も家宣《いえのぶ》と改める。綱吉も同年一月十日、六十四歳で死去している。そこで吉保は家宣にさまざまな貢ぎ物を献上する、自邸に招いては美女をあてがうといった色仕掛け、賄賂《わいろ》攻勢で籠絡《ろうらく》したうえでついに伝家の宝刀を抜くのだった。

「おそれながら上様に申し上げますれば、上様もご存じのように、吉里はわが愚息。しかしそれは真っ赤な偽り。まことを申せば吉里様は先君の隠し子。すなわちご落胤にございます」

「なに、隠し子とな……それはまことか」

「まことにござります。吉里様をわが倅としたのは、成長のみぎりには百万石の国主、すなわち将軍に取り立てるとの誓約が吉里様の母御とのあいだに交わされておったからにほかなりませぬ。よって上様にあらためて申し上げますのは、先君のお約束通り、吉里様を何卒次なる将軍にご推挙されたし、ということでござります。重ねて申し上げまする。吉里様を次なる将軍に。これはいわば先君のご遺訓でもありまする」

家宣は狼狽した。吉里は綱吉のご落胤。そのうえ次期将軍の約束まで交わしていたなど、おのれの知られざる事実が吉保の口からつぎつぎと暴露されたからだ。

じつはこれとは別に、吉里の出生をめぐってもう一つ、騒動が起きていた。それは綱吉が正室の信子に暗殺されたというものだ。信子は子ができなかったうえに綱吉にはうとまれ、夫婦関係は冷《ひ》え冷えとしていた。そのようなところに染子を側室に迎え、子だねをつけたうえに百万石の国主に取り立てるとの染子のおねだりにお墨付きを与えるなど、とんでもない約束まで交わしている。だから信子は癇癪《かんしゃく》を起こしたのだ。けれど綱吉は聞く耳を持たない。それればかりか相変わらず吉保の屋敷に通っては染子との密会を楽しんでいた。信子のこころには復讐心が渦巻いていた。もはや忍耐も限界に達していたのだ。自室である大奥の宇治の間に綱吉を呼び付けるなり短刀でひと突き、綱吉を刺し殺すという挙に出たのだ。

噂好きの江戸っ子のあいだに将軍暗殺の噂がたちまち広がった。後を追うように、綱吉の死去からわずか一カ月後の宝永六年二月九日、信子も死去するから綱吉暗殺説をいっそう信憑性あるものにした。むろん吉保ら幕閣は綱吉暗殺説など認めるはずもなく、ひたすら黙殺した。だから信子の死因はあくまでも『以貫小伝』に述べられた、「宝永六年の春御所かくれさせ給ひしところ、おなしやうに御なやみと聞えしか、ついにおもらせ給ひて、二月の九日と申すにむなしく見奉る」というのが幕府の公式見解であった。

同じようにお悩みとは、綱吉は宝永五年の暮れごろより風邪をこじらせ、宝永六年の元旦は病床で迎えていた。正月三日ごろには麻疹《はしか》にかわり、やがて疱瘡の発疹があらわれる。けれど次第に食欲が出てくる、疱瘡のかさぶたも乾いてくるなど回復にむかうかにみえ、側近たちは安堵した。ところがそれもつかの間。正月十日早朝、綱吉はあっけなく頓死。

信子の死因も綱吉と同じというから麻疹が原因だった。当時江戸市中では麻疹が大流行していた。ウイルスはそして城内にも持ち込まれ、将軍夫妻に感染したのだ。

ともあれ、側室交換、そしてさらに同性愛に人妻強奪、なんでもありの綱吉将軍。とどめは痴情沙汰のもつれから暗殺というからまさに以て瞑《めい》すべし、だ。

五　ありあまる性欲に悶絶した尾張藩主徳川綱誠

人間とは煩悩のかたまりだ。

煩悩とは貪《むさぼ》ること、怒り狂うこと、無知蒙昧なこと、この三つを指す。これらのものを人から拭い取ることは並大抵ではない。まして食欲や性欲となるとほとんど本能に根差した欲望だけに避けようにも避けられない。

そうとはいえ本能のおもむくままに欲望を満たそうとすれば執念にとらわれ、貪ることになる。そこには人としての品位などまったくない。だから人は理性あるいは社会的規範というものをもって煩悩を調伏《ちょうぶく》し、無軌道を戒める。

けれど人間はさまざま。自戒といったこころのブレーキがきかないものも世の中にはいる。徳川綱《つな》誠《なり》はそうだった。食欲も性欲も人並みはずれ、貪るという形容がぴったりの、まさに本能剝き出しのお殿様だった。それというのは綱誠は飽くなき人間の欲望をひたすら求め続ける業深き男だったからだ。つまりは綱誠の死因はバカ食いによる食中毒であり、側室十七人、はらませた子供らの数は三十九人という超絶倫だったことだ。

徳川綱誠は尾張三代藩主。尾張藩といえば六十二万石の大大名。紀伊、水戸とならぶ徳川御三家の筆頭格。綱誠は光友の嫡男として承応元（一六五二）年八月、江戸鼠穴屋敷で生まれ、元禄六（一六九三）年四月、父光友の隠居を受けて三代藩主に就任。けれど六年後の元禄十二年六月、綱誠は四十七歳で頓死する。まだ光友は健在というのに、だ。しかし綱誠の若死にを惜しむ声はほとんどない。それればかりかむしろ陰ではせせら笑う声すらきこえた。というのは、綱誠の死因には至極納得できるものがあったからだ。

綱誠の死因について尾張藩士朝日文左衛門は『鸚鵡籠中記《おうむろうちゅうき》』にこのように記載している。「御成御振廻二年鴨めし丼饂飩及び覆盆子を沢山に被召上、御食傷の気味あり」

よくぞ食ったものだ。鴨めしどんぶりに饂飩《うどん》。そのうえ食後のデザートとして覆盆子（草いちご）をつまんだ。さだめし満腹だったにちがいない。この食いっぷりのよさから想像できるのは、綱誠に腹八分などという言葉はないというものだ。口に入るものならなんでもいいからほうり込み、ゲップが出るまで食わなければ満足しない。たらふく食ってゆるんだ腹をさすりながら、そして今宵の夜伽に思いを巡らし、一人うぃヒッヒヒヒとほくそ笑むのだ。

そのような綱誠だったたから草いちごが原因で中毒死したときいても驚くものはほとんどなく、かえって当然の報いという受け止め方だった。むろんその受け止め方のなかには綱誠の旺盛な房事《ぼうじ》に対する顰蹙《ひんしゅく》も込められていた。なにしろ十一人の側室に三十九人もの子供をはらませ、食欲と同じく性欲もまた貪欲な綱誠だったのだ。

綱誠が広幡忠幸の娘で十三歳の新君《にいぎみ》と祝言を挙げたのは寛文七（一六六七）年九月だったからまだ十五歳だった。だから若さにものをいわせて毎日毎晩はめまくり、はやくも綱誠の子ダネがついて新君の腹はパンパンに迫り出してくるはず。ところ新君にはそれがなかった。その後も新君には懐妊の様子がなく、元禄五年十月、三十九歳で死去するまで結局新君には子供ができなかったようだ。

正室に世継ぎは望めないとみたのか綱誠は側室に世継ぎを託し、延宝四（一六七六）年六月、側室の礼与に男児五郎八をはらませるのに成功。綱誠このとき二十四歳。これが子供三十九人中第一子の誕生だ。ただし五郎八の命は二年半しか続かなかった。

綱誠はそこで今度は京女でしとやかな気立ての佐野を側室に迎えてタネつけに励む。おかげで五郎八が亡くなった同じ年の延宝六年に源之助をなした。けれど源之助もその年に早くも死亡しているから綱誠はタネつけはことのほかうまいが生育は下手な口だった。ま、医療事情も食料事情も劣悪な時代であってみれば未熟児が生まれて当然。成長し、成人に達するほうがむしろ幸運といえた。じじつ綱誠の子たちがそうだ。まるで芋づるのようにぞろぞろと生まれてくるものの早死にするものも絶えず、三十九人中十九人は一歳ないし二歳たらずの命だった。

礼与も佐野もだめなら下総はどうだ、とばかりに綱誠は三人目の側室を閨に引き込み、どどめ色してそそり立つ男根を下総の秘部に挿入。下総の反応すこぶるよろしかったようで見事にはらみ、ほどなくして悦姫をなす。気合を込めていつもより多めに注入したはずだったから今度こそは、という願いも強かった。下総もそれに応えるようにまるまると肥えた悦姫をなしたのだがそれもつかの間、結局悦姫も一歳半とはかない命だった。

「どいつもこいつもだめな女ばかりじゃ。ましなおなごはおらんのか、ましなおなごは……」

綱誠はいささか憤慨していた。まともに成長するのを期待しながらいまだそのような子供に恵まれなかったから苛立つのだ。

「今宵はおまえじゃ、よいな梅小路。今宵の夜伽はおまえじゃぞ」

綱誠は四人目の側室梅小路との房事を脳裏に想像しながらてんこ盛りに盛られた食膳をせっせとたいらげた。房事に励むには精力をつけなければならない。それにはまず美味いものをたらふく食うことだ。

「おぼこよのぅ梅小路は……怖がらんでよいのだぞ。そぅじゃ、わしにすべてをまかせればよい夢が見られるぞ」

正室をふくめてすでに四人の女性と交わっている綱誠だったから初体験のものには初体験なりに、経験豊かなものには豊かなりに、タイプ別の接し方も知っている。そのせいか梅小路との相性はまずまずだったらしい。挿入するとたちまち敏感に反応をしめし、次第に腰使いも上手になり延宝八年八月には待望の鶴丸をはらみ、一年半後の天和二（一六八二）年五月、またしても松之助を身ごもる。さらに梅小路は貞享元（一六八四）年八月に菊姫をなし、貞享三年七月には喜太郎をなしている。

『徳川諸家系譜』をみると綱誠にはいままで挙げた四人のほか段、津解、佐子、難波、林金左衛門の娘である和泉、前出の下総とは別人の、坂崎勘左衛門の娘の下総、京都の女で万、三浦太次郎兵衛の娘の梅津、鈴木平次左衛門の娘和子、里見伝兵衛の娘の唐橋、松永七左衛門の娘菊山、京都の浪人であった村上利兵衛の娘である倉橋、さらに中東半左衛門の娘の新太夫らの側室がいたことがわかる。

側室を持つことの目的は子孫を生み、世継ぎを絶やさないための安全装置にほかならない。世継ぎが絶えれば相続をめぐってお家騒動が巻きおこる。最悪の場合は幕府の命令で領地没収のうえ家名断絶ということさえあり得る。そうなれば家臣はたちまち食いぶちを失う。それをおそれるから領主たるものひたすらセックスに励む。だから少しぐらい頭がイカれていてもよいのだ。なにのほうさえ強ければ。綱誠もそのような殿様だった。

十七人もの側室を囲っていた綱誠だったが、側室一人当たりの出産数をみるとさほど多くないのがわかる。たとえば梅津と唐橋は二男一女、難波と倉橋は一男二女、和泉は三男、礼与にしろ佐野にしろあるいは佐子にしろ菊山、段、津野、万、新太夫にしろ一人しかなしておらず、和子も子ダネをたっぷりと振りまかれた口とはいえ、なしたのは二男三女だった。それだけに梅小路の四男三女は際立っている。梅小路との相性がよかったといったのはこのためだ。

十五歳で新君を妻に迎えてから元禄十三（一七〇〇）年六月に四十七歳で死ぬまでのおよそ三十年間に綱誠は三十九人の子供をはらませた。ということは平均十三カ月に一人の割合で子が誕生している勘定だ。それぐらいだから綱誠はほぼまんべんなく、そして毎晩、側室に子ダネをそそぐことに余念がなかった。

そのせいでもあったろう。津野が八代姫、佐子が清姫、梅小路が菊姫をそれぞれ貞享元年に生む、あるいは下総が葛姫、和子が猶姫、難波が内膳、和泉が常三郎をこれまた元禄元年に、さらに元禄五年には和泉が通顕、梅小路が綾姫、万が伊羅姫、和子が石松を同時になすといった現象もめずらしくなかった。

生まれた年が同じだけではない。年子というのもざら。つぎつぎと生まれてくる子供に城中はテンヤワンヤの大騒ぎ。産屋は妊婦の予約でほとんど満杯。産婆も汗だくで右往左往。カラスの鳴かない日はあっても産声をきかない日はなかった。

奥向きでは今宵も発情期を迎えたイヌネコのごとく綱誠が側室を相手にもだえ、咆哮を放つのだった。だから、あまりにさかんな綱誠のセックスライフに家老の竹腰正武は見るに見かねてついに、こう諫めるのだ。

「殿、ちと夜伽が過ぎまするぞ。御身のためにもよろしゅうないゆえおひかえ召され」

意見を聞き入れるぐらいならとうに控えていただろう。年よりの世迷いごとがまたはじまったぐらいにしか思わないふくれっ面の綱誠はこううそぶいてみせるのだ。

「てやんでぇ、親父だって二十人も生みなしてるじゃねぇか。オレの女好きは親父ゆずりよ。意見するなら親父にしろってぇんだ」

二代目藩主の友光もなかなかすぐれた陽物をもっていたらしい。徳川家光が側室の岡氏にはらませた千代姫を正室に迎えて一男一女をなしたほか側室十一人を侍らせて合計十一男十女をなすほどの、あっぱれな友光だった。そのような絶倫親父を父親に持てばセックスに強いのは父親ゆずりといいたくなる綱誠の言い分も理解できる。しかも子沢山であったことがかえって功を奏し、後継者問題から藩の窮地を救ったとなればなおのことだ。

綱誠の跡を継いだのは九男（十男の説もある）吉通《よしみち》。吉通は千姫、三姫、五郎太の一男二女をなしたものの二十五歳で急死。死因はまんじゅうの食い過ぎによる中毒というから、草いちごがもとで死んだ綱誠ともども食にのろわれたのかも知れない。

吉通の跡目を継いだのが遺児の五郎太だった。とはいえわずか二歳。しかも五郎太もまた藩主着任からわずか二カ月で急死。当然幼い五郎太に世継ぎなどいようはずがない。そこで六代藩主になったのが綱誠が側室の和泉にはらませた十一子（十三子説もある）の継友だった。二十一歳で尾張六代目当主に就いた継友は、まずは順調に藩政を担った。が、三十八歳のときに麻疹にかかり、あっけなく死去。そこで今度は宗春（通春ともいう）を後釜に据えた。宗春も綱誠が側室の梅津に生ませた二十番目の倅だ。

このように藩主の急死によって後継者をいそぎ擁立しなければならないときがある。子供が多ければただちに引き継ぎが可能であり、慌てることはない。側室はだから必要なのだ。側室は世継ぎ騒動を回避する、いわばセフティーネットだったのだ。このことをもっともよく知っていたのがじつは綱誠だった。だから綱誠は子ダネの最後の一滴が涸れはてるまでひたすら房事に励み、精根をかたむけるのだった。

六　励む一茶は精力剤を愛飲して三交四交

小林一茶は無類の猫好きな俳諧師だった。たとえば『七番日記』をみると「斯うかけと云ぬばかりか猫に竹」「のら猫が仏のひざを枕哉」というように、生涯に残した一茶の句はおよそ一万九千ともいわれるなかで猫を詠みこんだ句は三百以上もある。かえる、すずめ、いなごなど小さな生き物を詠んだ句も少なくない。けれど自分も猫を飼っていたせいか、猫の句は突出している。

猫好きと同じぐらい、一茶師匠は夜ごとのいとなみもことのほかお盛んだったらしい。なにしろひと晩に三発、四発はざらという絶倫ぶりを臆面もなく日記にしたためるほどのエロ爺さんなのだ。

文化十一（一八一四）年四月二日、五十二歳の一茶師匠ははじめて妻を娶った。名は菊といい、二十八歳だった。『七番日記』では、「十一晴、妻来、徳左衛門泊」とだけ書き、じつにあっさりしたものだが、内心は嬉しさと感激で胸がいっぱいであったにちがいない。だってそうではないか。初老にさしかかり、妻帯などほとんどあきらめていたところに嫁がくる、しかも嫁は二十四歳も年下の若妻というのだ。これで有頂天にならないほうがむしろ不思議。妻を迎えたら、なにはともあれまずは一発、男の証明をぶち込むことから新婚生活を、と一茶師匠は考えた。

一茶の本名は小林弥太郎。宝暦十三（一七六三）年五月、信州柏原村の農民の長男として生まれた。

三歳で実母くに逝去。以後、父の弥五兵衛が後妻に迎えたさつ、によって養育。けれど義母とのあいだはしっくりいかず、十五歳で出郷。江戸に奉公に出た。

転職、転居を繰り返す、なかば流民のような生活が続いていた。そのようななかで弥太郎は俳諧に関心を向け、葛飾派と称する一派に所属する。そしてやがて寛政元（一七八九）年春ごろには一茶という筆名で句作をはじめる。以来俳諧師として一茶師匠の名声は関東、東海、関西にまできこえ、各地に句会がつくられ、次第に門弟も増してゆく。とはいえ所詮は水面をただよう浮草稼業。おまけに独身ときている。年齢も五十歳と初老にさしかかっている。残された年齢を考えればいささか不安になる。やはり落ち着く場所がほしくなった。そこで一茶師匠、生まれ故郷の信州相原村にもどる。

中央の俳壇で名を成した超売れっ子一茶師匠のお帰りだ。一茶はたちまち地方の名士。近郷近在はもとより越後や上野から俳句の手ほどきをもとめて訪ねる門人はあとを絶たなかった。その一人に宮沢徳左衛門もいた。徳左衛門は一茶の母方の叔父にあたる。

「そろそろ身をかためたらどうだ。師匠といわれてるもんが嫁ももらぁねようじゃ肩身も狭かろう」

「身をかためろっつぅと」

「嫁だよ、嫁」

「どこぞ、あてでもあんのげぇ」

「あっからいってんだ」

徳左衛門がもってきた縁談は常田久衛門の娘で菊といった。常田家は徳左衛門の親戚にあたり、「こくや」という屋号のとおり、米穀を商う大農だった。結婚前の菊は陣屋で行儀見習いをしていたが、十代で縁組が当たり前の時代に二十八歳は出遅れ。縁談といえばどこぞの後妻に入るか、さもなければ一茶のような男やもめぐらいしかいない。

徳左衛門の媒酌で一茶師匠と菊はささやかな婚礼を挙げた。かくして孤愁をかこっていた一茶師匠の生活はにわかに活気づいた。なにしろ年若い妻がやってきたのである。夜のおとずれが待ち遠しいというものだ。しかもじっさい一茶師匠、夜伽のほうはすこぶるつきの逞しさだったからなおさら夜が楽しくてたまらなかった。

「菊、もうちょっとこっちさこぉ。夜はなげぇんだ。たっぷり楽しむべぇ」

一茶師匠のイチモツは早くも青すじを立て、キリリっと引き締まっていつでも突入可能なモードにはいっていた。

「そうたに強引にしねぇでも……あんりぃ、旦那さまったら……」

「いい嫁だっちゃ、菊は……」

婚期が遅れた分を取り戻すかのように、菊の下半身にかぶりつくや一茶師匠は猛然と臀部を揺するのだった。そして事が終わると筆まめな一茶師匠はさっそく夜のいとなみにおよんだ回数をきっちりと、いつわりなく書き留めるのだ。『七番日記』の文化十三年八月八日には、「夕方一雨、菊女夜五交合」と書き記している。

さらに続いて、「寒、夜雷雨。夜三交」、「墓詣。夜三交」、「通夜大雷。四交」——などと書き込んでいる。

このほか『文政句帳』の文政五（一八二二）年一月二日には、「晴、夜交」、同じく一月九日にも「晴、夜交」と書き加えている。

外は夜通し、激しい雷鳴と篠つく雨。けれどそれにも負けない勢いで一茶師匠のエッチもしどどにぬれそぼり、ひと晩に三発四発、ときには五発もの弾丸を爆射する逞しさだった。夏のさかりに汗だくになりながらも下半身にムチ打って励みに励む一茶師匠、さだめし満足、極楽の境地であったにちがいない。

もっとも医者の法現先生にいわせたら、これぐらいはまだもののかずではない、と一蹴されるかも知れない。はなしはやや横道に入るが、『藤岡屋日記』の第十三、天保十二（一八四一）年正月三日のところに、「九十二歳にて嫁を取、強淫乱にて珍事有之候件」という記事が掲載されている。この日記の顚末とはつまりこのようなものだった。

医者で九十二歳の法現先生、妙仙という名で五十歳の女性と正月三日に祝言を挙げた。そこで法現先生年甲斐もなく猛烈にハッスルし、三日の夜から四日の夜にかけてなんと連続十八回も交尾し、大放出したというのだ。

これだけでもあっぱれ、脱帽のほかないというのに、法現先生まだまだ不満とみえて、「日々昼夜無差別、十日程之内交合致候」というすさまじさ。そのためついに妙仙さんは、「陰門腫痛」をきたし、痛みとうずきでヒリヒリする秘部に耐えかね、とうとう正月十九日には婚家を逃げ出したというのだ。

しかしそれにもかかわらず、まだ続きがあるから面白い。ほどなくして陰部の腫れがおさまったので妙仙さんはふたたび法現先生のところにもどってきた。少しは懲りて交尾も控えるかと思いきやとんでもない。むしろ前にもまして法現先生執拗に迫ってくる。そのため妙仙さんの身内のものが法現先生のあまりの淫乱ぶりを書状にしたためて町奉行に提出。書状には法現先生の驚くべき性豪ぶりが書き連ねてあったから評定所のものさえ目を丸くするのだった。

「法現義、元来強淫ニシテ、一夜ニ三度位交合致シ申サズ候テハ陰茎痿申不由。是マデ定リ妻無之処、奉公人口入之者頼ミ置、月雇ヒ女抱エ、夜分伽致候得共、一カ月ニ弐三度ズツハ代リ候ヨシテ御座候――」

九十二歳でなおまだひと晩に三回ほどぶち込まなければ屹立した法現先生の陰茎は穏やかにならないというのだからまいった。

その点、法現先生にくらべれば一茶師匠などまだまだハナタレ小僧の遊びにひとしかったろう。そのせいでもあるまいが、一茶師匠、自分で精力剤を調合しては愛用し、菊との交合に励むのだ。

『七番日記』の文化十六年三月九日を見ると、「黄精分失申来ル」とある。黄精とはトコロともいい、ヤマイモ科の多年性つるくさで、根や茎は食用にする。

こいつを食べればたちどころに精力もりもりなこと請け合い。そのため一茶師匠はよそから取り寄せるだけではなく、山野に出かけては自分でも採取してくるほどの熱心さ。しかも自分だけ愛用してはもったいないと思ったのか、妻の菊にも黄精の愛用をすすめている。精力をたっぷりたくわえたところでまたもや一茶師匠は房事に挑み、一晩に三発、いや五発、六発と放射するのだ。

その甲斐があってか、婚姻から一年後の文化十三年四月、一茶夫婦に待望の男児が誕生。男児には千太郎という名をつけた。ところが千太郎、翌五月十一日に死去。わずか一カ月たらずの、なんともはかない命だった。死因は発育不全というから、おそらくろくな栄養もとれなかったにちがいない。

しかし一茶師匠、長男を失った落胆は次の子づくりで取り戻さんとばかりに、黄精の量を多めに用いてパワーアップ。まえにも増す勢いで菊を抱き寄せるのだ。

「ややこができんだべか……ゆんべそぅた夢ぇ、見たもんだけぇ」

「おぉ、ややこの夢ぇ見たかや」

菊からはらんだ夢を見たと告げられた一茶師匠、さっそく日記につけるのだった。『七番日記』の文化十四年十一月十一日「妻妊夢」がそうだ。さらに二十七日には、またしても菊から安産の夢を見たと告げられたため、「キク、安産アリシ夢」と日記に書き、二人めの誕生が近々ありそうな、そのような気配にそわそわする一茶師匠だった。

菊が見た夢はまさしく受胎告知だった。文政元（一八一八）年五月四日、菊は女児をなした。「キク、女子生ム」と日記ではさらりと書いているが、一茶師匠、サトと名付け、娘の誕生にことのほか上機嫌だった。サトが生まれてはじめて迎える正月には、まだ乳離れもできていないというのに人並みに雑煮の膳をこさえてすこやかな成長を祝い、「這へ笑へ二つに成るぞけさからは」、と句までつくって花を添えるのだった。

五十五歳になる一茶師匠、孫のようなわが娘を抱き上げては頬ずりをしたりほっぺをしゃぶったり、ときにはぬれたおしめを取り替えるなど、自分の老いをすっかり忘れるほど、こころははしゃいでいた。けれどそのようなサトも、疱瘡にかかってしまう。

数年前、江戸市中で流行した疫病が信州の山里にも感染したらしい。疱瘡の苦痛に激しく泣くサトに一茶師匠は薬をほどこすもののおろおろするばかりだった。『八番日記』の文政二年六月十五日では、不安気に「サト女痛甚ク多介ヨリ熊胆貰」と書き、十六日には、「サト女二甘草桔梗湯呑ス」と書く。十八日には「キク女サト女湯ニテタテル」と書き、いっこうによくならないサトを哀れむのだ。

そして六月二十一日、サトもとうとう幼くして逝く。その悲しみを一茶師匠は、「サト女此世ニ居事四百日一茶見新百七十五日命ナル哉今巳ノ刻没」と文政二年六月二十一日の日記には書いた。

一茶師匠、この悲しみを乗り越えてなおも憤然とセックスに邁進。文政三年十月には二男の石太郎、文政五年三月には三男金三郎をそれぞれはらませる。とはいえ石太郎は生後九十六日、金三郎も生後一年九カ月で死去。一茶師匠は還暦までに三男一女をなしたものの成長した子は結局一人もいなかった。しかもそのうえ金三郎をなした一年後には妻の菊までも他界するのだから一茶師匠、自分の不運をつくづく思うのだった。「時々雨。菊女没」、と一茶師匠は菊を亡くしたわびしさを『文政句帳』の五月十二日の日記にしたためた。

菊は産後の肥立ちが思わしくなく、めまいや通風に悩まされていたうえに毎夜求めてくる一茶師匠の猛烈な性欲にこころも体もほとんど枯れかかっていた。そのため十年たらずの夫婦生活だというのに菊は三十八歳で逝ってしまったのだ。

ところが一茶師匠、菊の死などにいつまでもかかわっておれないとみえ、一年後の文政七年五月、雪という後妻を迎え、新しい妻には新しいテクで迫ってみせる一茶師匠だった。ところがわずか三カ月ほどで離縁。さらに二年後の文政九年八月、ヤオを三人目の妻にした。一茶師匠これには手放しで喜んだ。というのはヤオはまだ三十二歳。まさに三十路の女盛り。蒸せるようなフェロモンが全身から放出されるのだからうれしくなってしまう。だからまたしても一茶師匠、六十三歳の身をヤオの下半身にうずめ、夜ごとしゃぶりつく。ヤオもそれに応えてたちまちはらみ、文政十一年四月、女児が産声を上げ、やた、と名付けた。ただしこのとき、父親である一茶師匠はすでにこの世の人ではなかったから、やたは父親の顔を知らずに生まれた。それというのは一茶師匠、文政十年十一月十九日、持病の中風の発作で頓死するからだ。享年六十五歳だった。死んでなおお子をはらませるほどのエロ師匠であった小林一茶。男冥利という言葉は一茶師匠にあるのかも知れない。

七　老人パワー畏るべし、老いてますます盛んなり、松浦静山

性も恋も若いものの特権だ、などといおうものなら「黙らっしゃい」、と松浦静山《せいざん》、あるいは岩田勇馬《ゆうま》などからたちまち碣破されそうだ。両人ともに七十歳。古希を迎えてなおまだ子をはらませるほど気力体力ともに充溢、衰えるどころではなかったからだ。肥前平戸藩六万石第九代藩主松浦静山といえば『甲子夜話《かっしやわ》』の著者。

幕府お抱えの儒者で寛政改革に敏腕を奮った林述斎のすすめで静山は文政四（一八二一）年十一月、甲子の夜から筆をおこし、大名、旗本、あるいは農民、町人などのゴシップ、スキャンダル、風俗、流行、趣味嗜好などを天保十二（一八四二）年六月、八十一歳で没するまでこまめに書き続け、正編百巻、続編百巻、後編八十巻をまとめあげている。

文政四年といえば、文化三（一八〇六）年十一月に隠居し、嫡男の熈《ひろむ》に家督を譲ってからすでに十五年が過ぎ、年齢も、宝暦十（一七六〇）年一月生まれだったから、六十一歳になっていた。

だいたいなら世間や時流から距離をおき、風流典雅な世界に遊ぶものだ。まして静山の場合、藩主時代には陣頭に立ち、平戸藩はじまって以来といわれる藩政改革を指揮し、農地整備、新田開発、商業振興などに取り組み、十万石体制を確立するとともに家臣や領民の生活安定をはかり、やるべきこ

とをあらかた成し遂げたうえで息子に跡を譲ったのだ。

ところが静山は単なる隠居人でなかった。世間のゴシップには耳をそばたて、男女の色恋沙汰には身を乗り出し、切った張ったの事件には目を剥いて飛びつくほど野次馬根性丸出しだったのだ。だからこのような話題でも、静山の小耳に入るとこう書き立てられてしまうのだ。

「江都の町中にある湯屋、予が若年迄はたまたま男湯、女湯と分りても有たるが、多くは入込とて男女群浴することとなり。因で聞き及ぶに、暗処、又夜中などは、縦に姦淫のこと有しとぞ。然を寛政御改正の時よりこのことを改りて、男湯、女湯とて男女別処にて浴すること、陋巷《ろうこう》の湯屋迄も都下はみなみな此制の及びたると見ゆ。彼の寛政御政の中にも弛たるもあれども、この湯屋のことの今に違はざるは善政の御余沢なり――（以下略）」（『甲子夜話』巻二十二）

さらに、家臣であり医者でもある修徳というものからこのようなスキャンダラスな話を耳にするなりたちまち静山は膝を乗り出し、聞いた話をさっそく面白おかしく書き込む。

「予が臣修徳曰。某嘗て平戸に在て、相神浦農婦の女子を産せしを見しに、肛門なくして大便陰戸より出づ。その児、身体異状もなし。ただ肛門の在るべき所少し凹なるのみ。父母これを憂へ、外科に請て其所を刺破らしむ。大便其穴よりは出ずして、猶陰戸より通ず。日を経ずして死せり」

と書き、さらに女児の身体異状に疑問を抱いた静山は『解体新書』を引っ張り出してきて原因究明にあたったことを記すのだ。

「又近頃『解体新書』『医範提綱』を読て、始て惑を解けり。大便道大腸は胃腑の下に連り、胃飲食を受け、これを醸て腸に輸れば、腸受て又調熟し、水穀を分ち精液を血とす。所謂白色乳汁なる者なり。其糟粕は下りて肛門に到れり。又小便は腸胃醸熱の精液、腸より上部の動血渣に輸れば、やや血となりて百骸を廻養す。其血中の渣を腎臓に於て分ち、尿道膀胱に輸て小便と成る。されば大便は腸より直ちに通じ、小便は腸より上部を廻り関所を越て尿戸に出づ。因て二道懸隔す。然れば肛門なき者有りとも、糞尿ともに出る理なし。又腸間塞れば、直に上逆するを吐糞病とす。然るに彼小児の如きは、常論の議する所に非ず。是天稟の非人なれば、遂に其命を墜すも、是還りて非理に非ず」(『甲子夜話』巻五十一)

このように、なにごとにも関心を大いに示し、疑問、不審がわけば文献をあさってトコトン調べる。それぐらいだから静山、引退したとはいえ枯れるどころかかえって好奇心は高まるばかり。話のタネ探しに余念がないのだ。

もっとも、ものごとに興味や関心を失った人生ほど味気無いものはない。興味や関心をもつからこそ感動がわき、人生が面白くもあり、楽しくもなるのだ。静山が生涯セックス大好き人間でいられたのもそうだ。女性にかけては人に引けをとらないほどの興味と関心が強いからこそそのもの。セックスの醍醐味も、だから格別に知っている。

松浦静山は安永四(一七七五)年二月、十五歳で藩主に着任。若くして平戸藩を継いだのは、八代藩主誠信《さねのぶ》が六十三歳で引退し、静山に家督を譲ったからだ。

静山は藩主就任から三年後、松平信礼《のぶうや》の娘である鶴年《つね》を正室に迎える。けれど静山には正室のほか森、初といった五人の側室がおり、これらの女性にはなんと十七男十六女、合計三十三人もの子供をはらませているのだ。しかもこのうち二十人は隠居したのち、四十六歳から八十一歳で死去するまでになしているのだ。

「あたまとナニは生きているうちに使えと申すが、まことそのとおり。ことに性愛の極致においてはそうじゃ。男女ともにみなぎる生命があってこそ得られるもの。ゆえにこうたとえることもできよう。男女の性愛こそ盛んなる生命の源泉なり、と」

むろんこのように語ったかどうかは定かでない。けれどなにゆえこうもセックス大好きなのかと人に問われればこのように答えたにちがいない、という静山の気持ちを代弁したもの。それというのは、文政六年、つまり六十三歳の静山は男児二人をはらませ、つづいて文政八年にも男児と女児の二人をなし、さらに七十四歳でなおまだ女児をはらませる勢いであり、加齢とは裏腹にセックスのほうは度外れているからだ。

それぐらいだから静山、エロっぽい話となると無関心でいられず、ニンマリしながらこのように書き込んでしまうのだ。

「五十七巻にて猫誤て婦女の陰戸《ほと》を齕《かむ》ことを記す。其後、或宴席にて聞に、先年吉田盛方院(官医)、正月元日、沐浴より出、湯衣を着ていたる所に、常に愛せし猫、鼠を捕り来り、院が前に弄びいしが、鼠ふと逃げ去て、院が浴衣のすそに入る。猫遂入て、院が陰茎に齕つく。院即遂のけしが、この創《きず》遂に本となり、尋で死せり。その家人、これを秘して、病没と披露せりとぞ」

(『甲子夜話』巻五十九)

女児かと思いきや男児であったというから、あるいは半陰陽であったかも知れない。静山、その風聞に接したからたまらない、興味津々に書き立てる。

「右その申女、当午四月上旬頃より陰門頻に痛。日増に腫れ出、膏薬抔ひそかに買用候得共、利めなく、弥痛強く成候処、女の事故、隠置。然処五月上旬頃に至而、陰茎、陰囊共出来、五音

ともに男こえに相成、両親え髪を切出し男に成候間、元服可致旨申候得――（以下略）」（『甲子夜話』巻八十九）

三十三人もの子供をゾロゾロとへりなした松浦静山。けれどそれでも片付けるものは片付けている。なかでも側室の森にはらませた十一女愛子はでかしたもので、公家の中山忠能《ただやす》に輿入れしたのち慶子を生む。そして慶子は孝明天皇に嫁ぎ、明治天皇を生む。静山はそのため明治天皇のひ祖父になった。かずを生めば一人ぐらい皇室の閨閥に食い込むこともできるという、これはその好例だが、静山の、これしきのことでひれ伏しているようでは岩田勇馬を語れなくなってしまう。勇馬も静山に負けていないのだ。

岩田勇馬は松平上総介（岡山藩主池田斉政とも）の家臣。七十歳を超えてなおまだ妾をはらませてしまうほどの馬力をたくわえているから外聞を気にする倅は勇馬にこう持ちかけた、と根岸鎮衛《やすもり》は『耳嚢《みみぶくろ》』に書くのだ。

「松平上総介家士に、物頭勤ける岩田勇馬と言る者有。文化二年の比、七十余歳なりし。健にて二三年以前、妾に出生有りしを、其倅老年の出生、儕輩の批判も気の毒にこそ思はんと父の前に出、比度の出生をば我等の子の様に届けなんと申しければ、何故右の通り申哉と尋ける故、高年のうへ出生に付と斷申ければ、老人以の外気しきを損じ、凡士は老年に至りても子共の出生せるほどの勢いなくて、君の御用には難立。埒もなき中条也と申けるゆえ其倅も手持ちなく、退きしと也」

勇馬は、世間体を気にする倅の小賢しい知恵こそ笑止、といいたかった。だから、武士たるもの、老齢であろうと子をはらませるぐらいの精力を持たずなんで主君に仕えることができようか、いらぬ配慮は無用、と逆に倅を諭しさえするのだ。

七十過ぎの父親が妾をはらませたぐらいで世間をはばかるようでは、松平忠昌の家臣、本多五郎左衛門のことを知ったら卒倒どころではすむまい。なにしろ本多五郎左衛門は剃髪して浄哲という法名までもちながらナマ臭いことこのうえないのだ。七十五歳で十八歳の妾をはらませ、八十八歳で二十歳の妾にまたもタネつけし、九十六歳では二十一歳の妾にまたしても女児をはらませるという、神棚に奉ってもまだ足りない、セックスの教祖のような人物なのだ。

日本人の平均寿命は男女ともに八十歳をはるかに超え、いまや我が国は世界一の長寿国といわれるまでになった。けれどこのようになったのは戦後のこと。戦前までは人生五十年といわれ、短命なものだった。まして医療事情も食料事情も劣悪だった江戸時代。六十代も七十代も生きるなどほとんど奇跡に近い。そのような環境にあってさえ静山はあまたの子孫をこさえ、五郎左衛門は若い娘と同衾をかさねるのだから老人パワー畏るべし、というほか言葉がない。

八　一妻十七妾五十三子女、将軍家斉の性果

天明から寛政に改元された翌日の寛政元（一七八九）年二月四日、十一代将軍徳川家斉《いえなり》は、かねての手筈通り茂姫との婚礼がとどこおりなく挙行された。かねての手筈通りといったのは、安永二（一七七三）年六月に生まれた茂姫はすでに三歳で家斉の許婚となり、将軍の御台所《みだいどころ》になることが約束されていたからだ。茂姫は実の名を寔子《さだこ》といい、薩摩藩主島津重豪《しげひで》の娘であった。重豪は、将軍家は三代将軍家光のころよりに皇室ないし宮家から正室を迎えるのを習いにしているのを知っているので、娘を公卿の近衛経熙《つねひろ》の養女にし、そのうえで家斉に差し出したのだ。

家斉、茂姫ともに安永二年生まれの十六歳。幼いときから同居しているので夫婦というより仲のよい兄妹のようなものだった。

家斉は先代家治《いえはる》が悪化した脚気がもとで五十歳で死去したため急遽将軍に就いたものだった。家治には家基《いえもと》と貞次郎の二人の男児がいた。けれど貞次郎は生後二カ月で死去。兄の家基は順調に成長し、次期将軍の期待がかけられていた。ところが家基も鷹狩りから帰城して数日後、十八歳で急死する。不可解な父子の急死に田沼意次《たぬまおきつぐ》による毒殺の疑いがもたれたが、ともかく将軍家は相次ぐ急死で世継ぎを失った。

このような不測の事態に備えるために尾張、紀伊、水戸の御三家、一橋、田安、清水の三卿がある。つまり御三家三卿は将軍家に世継ぎがいないとき、自家から世継ぎの候補者を擁立する安全弁だったのだ。

家治の側室であったお富の方から生まれ、一橋に養子に出されていた十四歳の家斉が城内に呼び戻され、天明七（一七八七）年四月、十一代将軍に着任したのはセフティーネットが有効に機能したからだ。

将軍着任から二年後に茂姫と正式に婚礼をかわす家斉だったが、じつは婚礼より以前、すでに家斉には平塚為吉の娘でお万武という側室がおり、女児まではらませているのだ。女児は名前がつかないうちに早くも死亡するが、正室を迎えるまえから側室に子ダネを振りまく手回しのよさは、五十四歳で最後の五十三女、泰姫を側室のお瑠璃の方にはらませるまで片時も途絶えることがなかった。それというのは将軍に就くさい、一橋家からきつく申し渡された言葉を堅く守り通したからだ。

「先代は二人の子しかはらませなかった。それがおまえの運命を変えたことを忘れてはならん。徳川宗家の主となられたならばせいぜい子づくりに励まれよ」

この厳命こそ家斉を稀代のエロ親父に変えた最大の要因であった。まだ十代の家斉は律義にもこの戒めを守り抜く。そしてお万武の方をはらませたのを皮切りに、家斉の子供の大量生産がはじまった。

お万武の方は寛政二年十月に二人目の女児、寛政四年七月に竹千代をなすもののいずれも早世。さらに寛政八年七月にも綾姫をなすが、これまた三歳の命。以後お万武は子づくりレースからおろされたらしく、家斉の寵愛を受けることはなくなった。卵を生まなくなったメンドリは廃鶏となって処分される。お万武の方もどうやら同じ運命をたどったようだ。側室第一号といえども御用済みともなればあわれなものだ。

お万武の方と入れ替わったのがお羅久。側室二番手の登場だ。お羅久はお楽ともいい、御小姓組《おこしょうぐみ》押田藤次郎の娘で、十代将軍家治の養女であった種姫の御中﨟《おちゅうろう》として大奥に仕えていた。そのため、種姫が天明七年七月に紀伊十代藩主治宝《はるとみ》の正室となり、赤坂の紀伊守殿屋敷に引き移るときも同伴する。ところが二年後の寛政元年十二月、ふたたび大奥に呼び戻される。復帰の理由は明らかでないが、寛政元年といえば茂姫入輿《じゅよ》の年だからおそらくこのことと関係していたかも知れない。

十一代将軍を継いだ家斉は松平定信を老中首座に抜擢し、ただちに幕政改革に乗り出す。先代家治《いえはる》は武芸を好み、奨励したが、肝心の政治は田沼意次に牛耳られ、賄賂政治に陥っていたからだ。

田沼意次はわずか三百石取りの旗本の小倅だった。それが九代将軍家重の側用人として仕え、三千石に加増されたのを契機に出世をかさね、家治の代になると二万石、さらに老中へと昇進して三万石、そしてついには五万七千石の遠江相良藩主にまで昇りつめる、まさに出世魚のような人物だった。

田沼は新田開発あるいは貿易の振興など通商産業を積極的にすすめ、幕府の財政再建をはかった。けれど反面利権がらみのスキャンダルが絶えず、冥加《みょうが》金、運上金名目の賄賂が公然化し、賄賂政治が田沼を出世させたといってよい。しかし家重の死去で田沼の出世はとまり、あげくは失脚閉門となる。

松平定信は天明の飢饉でさえ自身の白河藩内から一人の餓死者も出さなかった名君として領民の信頼は厚かった。そのため定信は農業の復興を幕政の中心に据え、新田、植林、開墾の奨励をはかるとともに飢饉や干ばつに備えて社倉、義倉を設置し、備蓄米の保管をすすめるのだった。

士風刷新にも取り組む。華美にながれ、豪奢にはしる武士の風俗矯正を断行。洒落本や私娼にも規制をかけた。いわゆるこれが寛政の改革だ。家斉はしかし定信の幕政にかけるほどの熱意などないばかりか大奥の経費削減、あるいは実父の一橋治斉《はるなり》の大御所就任に反対する定信を罷免し、老中から締め出すありさまだった。しかし幕府を取り巻く情勢は日増しに緊迫していた。農民一揆の頻発、無宿者、博徒の横行など社会不安が高まる一方、ロシア船、イギリス船が日本近海をおびやかすなど内憂外患に陥っていた。このようなときこそ定信のような辛口の老中が必要にもかかわらず家斉は失脚に追い込む。それでいながら自分は相変わらず多数の側室を侍らせ、タネ馬のごとく次々とはらませることしか知らない殿様だった。

ふたたび大奥に呼び戻されたお羅久はさしたる美人でも才知にたけていたわけでもない。けれどそれがかえってよかった。確執や権謀が跋扈する大奥では、頭角を現そうものならたちまち蹴落とされる。お羅久にはそのような敵がいなかった。おだやかな性格はむしろ好感がもたれ、やがてそれが家斉にも伝わり、夜伽の相手に召し出されることになる。そして寛政五年五月、敏次郎、すなわちのちの十二代将軍家慶《いえよし》をなすのだった。

敏次郎をなしたことでお羅久は幸運な側室になった。というのは、家斉はお羅久のほかお満天、お志賀、お利尾、お登勢、お蝶、お美尾、お梅、お八千代、お袖、お八重、お美代、お八百、お以登、お瑠璃、本名不祥の、真性院という女性などの側室がおり、それぞれ満遍なくタネつけに成功し、『幕府祚胤伝』では一妻十七妾五十三人の子をはらませたことがわかっている。しかしこのうち三十数名は五歳未満で早世ないし流産し、まともに成長したのは半数にも満たない。そのようななかで敏次郎は六十一歳と長命を保ち、将軍にまでなるのだ。お羅久は幸運な側室だったというのはこのためだ。

これだけの側室を侍らせるとなるとさだめし家斉も夜伽の配分で頭を悩ませたにちがいない。特定の側室のみに執着すれば、ねたみ、そねみから側室同士のいさかいがはじまる。愛はあくまで公平でなければならないのだ。よってこのような珍妙なことも起こる。それはなにかといえば複数の側室が同じ年に子供をなすといった、いわゆるダブル出産だ。

寛政八年と十年は子供の当たり年だった。寛政八年三月十九日、正室の茂姫が敦之助をなした。側室に先を越され、彼女らにはすでに六人の子供がありながら自分にはまだ子ダネがつかない。茂姫は嫉妬もし、あせりもあった。そのようなところに入輿から八年目でようやくさずかった男児だった。

茂姫の出産に誘発されるように七月にはお万武が綾姫を、十月にはお志賀が総姫をなした。さらに寛政十年にはまたしても茂姫が正月早々に出産したのにさそわれて、同じ正月にお志賀、二月にお満天、八月にお利尾がそれぞれ子をなしている。同じ年に複数の子が生まれるダブル出産現象はこの後も享和三（一八〇三）年に四人、文化六（一八〇九）年には三人というようにしばしばおきていた。これというのも家斉が毎夜のようにエッチをかさね、精の液を一滴もあまさず放出したたまものだった。

側室にひとしく愛をそそぐとなれば身も心も常に壮健でなければいけない。なにしろ雌馬は一頭から夕ネをもらえばいいが、種馬は一頭だけの相手ではすまない。そのため家斉は、かつてはあびるほどに飲んだこともあったが節酒につとめ、そのかわり曾祖父の吉宗にならい、房総の嶺岡の牧場で飼育する乳牛からしぼった「白牛酪」に切り替えたりするわけだ。精力をいかに保ち、持続させるか、それなりの苦労もなくはないのだ。しかもこのところそげ立ったような雰囲気がただよい、大奥の女たちのご機嫌がかんばしくないからなおさら家斉の気苦労は絶えない。女たちは松平定信の財政削減政策に憤慨しているのだ。

将軍とはいえ幕政は老中の定信にまかせっぱなし。定信は、田沼意次のもとではびこった賄賂、情実、金権などの腐敗政治を一掃するとともに綱紀の引き締め、歳出削減をはかるため「倹約令」を発した。けれどすべてに公平といかないのが政治だ。一方が浮かべば一方が沈む。定信の政策は農民や窮乏にあえぐ御家人、下級武士には歓迎されたが大奥や公卿、皇室などからは不満の声が漏れた。経費は削減され、節約を強要されたからだ。

大奥といえば六千三百坪以上もの、とてつもない広さをもち、そこには御台所の居室である大奥御殿があり、奥女中らの居室である長局《ながつぼね》、さらには大奥を警護する役人の詰所の広屋敷がならぶ。そしてこれらにはそれぞれ大小の部屋がある。たとえば『武士の生活』（雄山閣）掲載の江戸城大奥向総絵図をもとに大奥の間取りを見ると、呉服の間、御台子の間、老女衆詰所など七十余室もある。さらに奥女中が起居する長局をみると、まるでブロイラーを飼育するケージにも似た、おびただしい小部屋が整然とならんでいる。

家慶に将軍職をゆずり、家斉が大御所になった天保九（一八三八）年ごろの大奥には、大御所には六百六人、将軍には二百七十九人の女中がついていたという。このほか御台所つきの女中、将軍の倅につく女中などもいるから合計すればなるほど、大奥三千人という数字もけっして大袈裟ではなかった。それだけに人件費をはじめ諸々の経費は膨大なものだった。定信には大奥も聖域ではなかった。経費削減、人員整理の大ナタを振るったのだ。奥向きの雰囲気が険悪なのはこのせいだった。

大奥の機嫌をそこねては夜のお楽しみにもさしさわる。側室にソッポを向かれ、尻を向けられた日にはいきり立つナニをかかえておろおろするしかない。定信の政策はともあれ、せめて自分だけはひとしく側室に接し、不満なく精をそそがなければいけない、と考え、じじつ家斉はそうした。家斉は寛政元年に淑姫をはらませていらい文政十（一八二七）年十月、お瑠璃が二人めの女児泰姫をなす五十四歳までの約三十八年間、ほとんど絶やすことなく子をはらませ続けてきた。むろん多い少ないはあれ、しかし大概はヒットし、はらまない側室はおらず、こと種付けにかぎっていえば上手いほうではなかったか、とひそかに自慢する将軍家斉だった。

とはいえ十七人もいれば具合のよろしき側室、そうでない、味も素っ気もない側室とさまざま。お袖やお美尾には八人をはらませていたから秘所の締まり具合はすこぶるよろしい側室だった。けれど家斉がもっとも こころを許したのはお美代だった。お美代がなしたのは溶姫、仲姫、末姫の三人だったから多くはない。けれどおだやかな気立てのよさが家斉のこころを引き付けた。ところが子をなしたのを契機にお美代の性格は一気に豹変し、権力欲に取りつかれた夜叉と化すのだ。お美代は寛永寺や増上寺にも匹敵する大寺院の建立を望む実父の野心をかなえる、さらには娘の溶姫が前田斉泰《なりやす》とのあいだに生んだ犬千代を将軍家定《いえさだ》の跡継ぎに、策を弄するのだった。

お美代が大奥につとめるようになったのは小納戸頭取の中野播磨守清武のはからいだった。中野はお美代の気立てのよさを見込んでいたから、いったん自分の養女にしたうえで大奥に差し出した。それというのは、じつはお美代は下総の中山法華経寺の塔頭《たっちゅう》である智泉院の僧侶日啓の娘であったからだ。坊主の娘より武家の娘としたほうが大奥には上げやすい。そう中野は思ったからお美代を養女にしたのだ。

法華経寺といえば加持祈禱で知られる日蓮宗の寺だ。日啓には自分の娘を大奥に上げることで将軍家とのつながりができ、それを後ろ盾に将軍家の祈願寺に、という野心があった。中野清武にも、いずれお美代を側室に召し出すことでおのれの出世をはかるといった打算があった。ここで日啓と中野の思惑は一致し、お美代を大奥の女中として差し向けた。文化三（一八〇六）年三月だった。

大奥につとめて四年後、お美代は確実に出世して御中﨟に昇り、十三石四人扶持となるお美代だった。中﨟はいわば側室の予備軍。出世と引き換えに将軍のセックスの相手が要求され、拒むことはできない。お美代も例外でなかった。家斉の目にとまらずまだ「お清」、つまりバージンの中﨟だったお美代にもついにご指名がかかり、大奥に入ってちょうど七年目の文化十年三月、お美代に子ダネがつき、溶姫をなした。

溶姫は家斉の三十九番目の子であった。お美代はこのあと文化十二年十二月に仲姫、文化十四年九月に末姫をなしていた。ただし仲姫は一歳たらずで死去。二人の娘は成長し、溶姫は十歳で、後に加賀十三代藩主前田斉泰と縁組み、末姫も六歳で早くも広島藩主浅野斉粛《なりたか》の正室に決まっていた。

お美代の出世に合わせて中野清武も家斉に目をかけられ、五百取りから三千石取りに出世する。中野はほくそ笑んだ。お美代が子をなしたことで思惑通り家斉の外祖父になり、出世の道が開けたのだから。ところが中野は解職を願い出て、隅田川のほとりに建てた別宅に隠居し、硯翁と名も変えた。とはいえ将軍の子をなしたお美代の父親であることから登城が許され、家斉に進言もしていた。そのような中野には老中も一目置き、中野の権勢は変わらなかった。

日啓の羽振りのよさは中野以上であった。片田舎の貧乏寺にすぎなかった智泉院は将軍じきじきの祈願寺となり、奥女中たちの参詣を呼び込むのに成功した。これだけでも破格の扱いなのになおも日啓は欲望をめぐらす。法華経寺をもしのぐほどの大寺院を建立し、智泉院を将軍家の御霊屋《みたまや》に、という野望だ。そのため日啓は廃寺になっていた谷中の感応寺に目をつけた。

中野の権勢といい、日啓の羽振りといい、お美代がいてこそのもの。お美代もそれは百も承知。だから夜のいとなみのたびに嫉《や》いてみたり、拗《す》ねてみたり、じらしてみたり……わざと身をくねらせては「いゃ〜ん」などと鼻に抜けるような声をもらし、家斉におねだりするのだった。家斉も発射寸前のナニを勃起させているからどのような要求にもよいよいとしかいえなかった。間もなく感応寺を再建するという名目で雑司ヶ谷にあった安藤対馬守信成の下屋敷三千坪の下賜《かし》をまんまとせしめる。

日啓、雀躍《じゃくやく》してこれを喜んだのはいうまでもない。ただちに工事に着手。天保六（一八三五）年八月、七堂伽藍をはじめ庫裏《くり》、書院などが完成する。江戸城から近いこともあり、城中をはじめ大名家の参詣も受けておおいに繁盛した。

実父の望みはかなえた。今度は自分の念願をはたすときだ。お美代は家斉の遺言であるとする書き付けを示し、娘の溶姫がなした犬千代を家定《いえさだ》の世継ぎにつけることをくわだてた。家定は家慶が側室のお美津にはらませた子だ。家慶も一妻七妾をもち、二十七人の子をはらませているからこれまた家斉に似てセックス大好きのエロ将軍だった。

家慶は家斉の死去後、天保八（一八三七）年九月十二代将軍を継承。嘉永六（一八五三）年六月に逝去する。つづいて家定が将軍に着座。しかし家定は幼少時代にひどい疱瘡にかかって顔面あばただらけ。おまけに顔面に痙攣がはしる、言語不明瞭、しばしば奇態をなすなどのうつけ者だった。それぐらいだから篤姫など三人の正室をもちながら子をはらませる能力もない、いわゆるＥＤのお殿様だった。お美代はそこに突け込んだのだ。

家斉の遺言と称する書き付けを大奥に示してもらうためお美代は茂姫に働きかけた。けれどお美代の思惑をすでに見抜いていた茂姫は働きかけを逆手に取った。受け取った書き付けを証拠に、「遺言とは真っ赤ないつわり。これなる書き付けを捏造してまで将軍家を狙うとはお美代の方の陰謀にほかなりませぬ」と告発したからたまらない。お美代の策謀はたちまち露見。犬千代の将軍世嗣《せし》の野望は潰《つい》えたのみならず、家斉亡き後の剃髪も許されず、城中から追放。お美代の累は日啓にもおよんだ。参拝する奥女中と僧侶の淫らな関係が噂されいたところにお美代の一件がかさなり、女犯の容疑で日啓は縄を打たれ、感応寺は取り潰しとなった。

策を弄ぶもの、やがて策に滅びる。まさしくお美代はそうだった。けれどあまたの側室がいればお美代のように側室という立場を一族郎党の出世の具に利用しようとするものがいても不思議はない。だから責めるべきはむしろ家斉の、あまりにしまりのない下半身と脇の甘さかも知れない。

九　多情多恨で自滅する徳川斉昭

側室九人にはらませた子供は二十二男十五女。多情であった水戸九代藩主徳川斉昭《なりあき》は、一方では天保改革で神仏分離で見せた寺院の統廃合、さらには開国か攘夷かをめぐる伊井直弼《なおすけ》との対立から安政の大獄に連座し、謹慎に処せられるなど多恨にまみれ、ついには水戸城内に幽閉中、心臓発作であえなく頓死、という自滅の道をたどるのであった。ときには策を弄し、謀《はかりごと》もいとわない斉昭の直情的な性癖には毀誉褒貶《きよほうへん》も多いが、生涯、政道に野望をかきたて、〝性道〟にも欲望をたぎらせ、衰えを知らない斉昭だったことはたしかだ。

有栖川宮織仁親王《ありすがわのみやおりひとしんのう》の娘である登美宮吉子《とみのみやよしこ》を正室に迎えたとき斉昭はすでに三十二歳に達していた。もっとも吉子も、文化元（一八〇四）年生まれともいわれるから、京都から東海道を経て江戸の水戸藩小石川邸に輿入れしたときは二十七歳。十代で婚姻が当たり前の時代にこの年齢はだいぶ婚期に遅れた花嫁といってよい。しかもこの花嫁、じつは斉昭より二、三歳ほど年上だったという噂もあり、実際の年齢を知るものはいなかった。

三十二歳でようやく正室を迎えた斉昭。やれやれというのがいつわざる気持ちであったろう。それというのは、吉子を迎えるまえに早くも側室を閨に引き込み、賢姫、色許姫、祝姫の三人をはらませ、長女の賢姫はすでに十歳、色許姫は誕生と同時に死去したが、祝姫は五歳になっていた。それなのに正室がまだ決まらない。これでは大名としても、徳川御三家としても面目が立たないからだ。

吉子にしてもさぞかしびっくり仰天だったにちがいない。京の都からはるばる輿入れしてみれば奥の間から笑いころげる幼女の声がきこえ、はては、あろうことか「パパ」などと、斉昭の膝のうえでじゃれる幼子の姿を見てしまったのだから。

けれど正室を迎えるのが遅れたのも、正室を迎えるよりさきに側室に子をはらませたのも、斉昭は婿養子のクチもないまま長らく部屋住まいの身であったこと、したがって独立して一家を構えることが許されなかったことなどが原因していた。

徳川斉昭は治紀《はるとし》と側室の瑛想院の三男として寛政十二(一八〇〇)年三月十一日、小石川の水戸屋敷で生まれた。治紀には五男六女がいた。けれど長女次女は幼いうちに死去。男児も五男が早世。四人の男児は成長したが、次男の紀経は十七歳で高松藩松平頼儀の養子となり、四男の頼筠《よりたか》も六歳で早くも宍戸藩松平頼敬の養子になっていた。そのため治紀の手元には長男の斉脩《なりのぶ》と三男の斉昭が残った。

水戸藩は十一代続くが、歴代藩主で側室を持たなかったのは二代目藩主の光圀《みつくに》、八代目の斉脩、そして十一代昭武《あきたけ》の三人だけ。子供がなかったのもこの三人だけだった。水戸徳川も家康の血統を引いているためセックス大好きの性豪ぞろい。なにしろ初代頼房にしてからが正室のほか八人の側室を置き、十一男十五女もはらませるほどの好色藩主だった。二代目の光圀にしてもそうだ。光圀といえば水戸黄門だの天下の副将軍などといわれているが、光圀の実像はこれらとはまったくかけ離れたもの。『土芥寇讎記《どかいこうしゅうき》』でこう述べられているからだ。同書は、光圀は文武両道を学び、才知に秀でて身も正しくする、と前置きしたうえで、こう秘密を暴露する。「ココニ一ツノ難アリ。世ニ流布スル処ハ、女色ニ耽リ給ヒ、潜ニ悪所へ通ヒ、且ツ又常ニ酒宴遊興甚シ――」と批判し、光圀の無軌道ぶりをスッパ抜いている。光圀はこれ以外にも、じつは隠し子がいたのだ。

さきに光圀には子ができなかったと記したが、じっさいは侍女をはらませていた。それはまだ藩主になるまえだったから事が露見するのをおそれた光圀は家臣に「水にせよ」と命じ、ひそかに殺害し闇に葬ろうとした。けれど家臣は機転をきかし、光圀の兄である頼重に事情を伝え、頼重が引き取ることとなった。それが後の高松二代目藩主松平頼常だ。

斉昭の三十七人は別格にしても、大体の歴代藩主は十人ほどの子をなしている。それだけに子ができない斉脩に藩中はヤキモキし、次なる藩主はだれか、という継嗣問題がにわかに沸騰した。藩内は清水恒之丞擁立派と斉昭擁立派に分裂し、対立した。対立はしかも将軍派か否か、正胤派か女系派か、門閥派か改革派か……といった問題ともからみ、一筋縄ではいかなかった。

清水恒之丞を擁立したのは頼房以来の家臣である門閥派であった。門閥派は恒之丞を藩主に就けることで幕府から財政支援が期待できるとの思惑があった。これに真っ向から反対したのが改革派。改革派とは、いくどかの藩政改革で登用されたいわば新参者を言った。改革派は、斉脩には弟の斉昭がおり、斉昭はまぎれもなく水戸徳川家のれっきとした〝正胤〟。それを差し置いて賢姫に婿をとらせるのは頼房以来の血脈を否定し、〝女系〟にしたがうことになるとして、斉昭を対抗馬に担ぐのだ。

両派の対立は文政十二（一八二九）年十月、斉脩の死去で収束する。斉昭が藩主に就任したからだ。斉昭二十九歳。満を持しての藩主登板である。けれど藩主に就いたもののもう一つ何かが足りず、このころにすきま風を感じていた。やがてそれがなんであるかわかった。正室がまだなのに斉昭は気づいたのだ。

藩主就任から三年目。斉昭にようやく嫁がきた。天保二（一八三一）年だった。嫁は公卿の娘で登美宮吉子という。けれど吉子を娶るまえに斉昭には萩原豊子という側室がおり、賢姫など三人の娘をはらませていたのだ。いい年の男がムコ養子の口もなく、まるで飼い殺しのように駒込の下屋敷でうつうつとしている。放っておいては悪所通いにうつつをぬかすか、うつけ者になりかねない。それをとめるには側室でもあてがい、性欲をこっちに傾けさせるにかぎる、との考えから家臣たちは豊子を斉昭の寝床に送り込んだのだ。

　家臣のねらいは的中する。豊子をはらませ、さらに吉子を娶るとはやくも翌年の天保三年五月には長男鶴千代麿、のちの十代藩主慶篤《よしあつ》をはらませているからだ。吉子に子ダネをつけた。吉子もまた、三十路にはいってやっと知るセックスの、とろけるような味にたちまちとりこになってしまう。そのため、逞しさのあまり斉昭の男根がほかの女性のナニのほうにむくのでは、と気が気ではなかった。わずかでも斉昭の姿が見えないと金切り声をあげ、侍女に命じて探索させるほど。

　侍女たちも、京女のヒステリーがまたはじまったと思いながらも小石川邸内の長屋中の障子を片っ端から開けてまわり、斉昭捜しをはじめるのだ。けれど事態はやがて吉子が懸念したとおりになる。吉子は鶴千代麿をなしたあと二郎麿、唯姫、そして天保八年九月には、のちに十五代将軍となる七郎麿、すなわち慶喜《よしのぶ》の三人をなしている。ところが七郎麿をなしてからというもの斉昭からの夜伽の沙汰がプッツリと切れた。輿入れから六年あまり。四人の子をはらんだとはいえまだ三十路なかば。まだまだいけるし、テクにしたって自信がある。それだけに、おぼこのような若い娘に乗り換えた斉昭がうらめしかった。

　斉昭は家臣の娘をつぎつぎと召し出させ、若い生娘が発散させるフェロモンをたっぷり吸い取ることで性道の、さらなるパワーアップをはかるのだった。だから、下腹がいくぶんしわだるんできた吉子などもはや御用済み。むろん豊子もおなじ。とうのむかしにお払箱だった。

「若いというのはよいことじゃ。それだけで何もかもがパッと明るくなり、生きたここちをさせるからじつに不思議じゃ」

そういいながら斉昭はしきりにうなずいた。不思議なここちを若い娘から吸い取っているのは、じつは自分だったからだ。そのような斉昭だったから、藩中から生娘が消えてしまうという噂まで立った。未婚とわかるといつなんどき奥向きに召し出せと斉昭に命じられるか知れない。そのため家臣たちはびくびくしていた。だから若い娘を持つ親は、娘を既婚者にみせるため島田まげを丸まげにするなどして自衛策をとるほどだ。けれどそれでも斉昭の目から逃れるには限界があった。斉昭には九人の側室がいた。

「京のおなごは肌がブヨブヨしてるからかなわん。おなごはやっぱり水戸育ちにかぎる、のぅ、お猶女よ、うっひひひひ」

斉昭の、いくぶん毛深い右手は身をこわばらせるお猶の緊張をほぐすように首すじから次第に下へとむかってゆっくり撫でおろし、ふさふさした繁みのあたりで止まる。

「おぉ、よいぞ、そのままで。わしのなすがままにまかせれば……」

まるで子ネコのようにからだを丸めているお猶にささやきかけながら、しかし斉昭の指はなおもねばりつくようにお猶の秘部へと這ってゆく。斉昭のいうにまかせるお猶も次第に身を開いてゆく。そのようなお猶は斉昭もよほど具合がよかったらしく、比呂姫、廿二麿、庸姫、八郎麿、一葉姫、のちに浜田藩主松平武聡となる十郎麿、余三麿など七人の子をはらませるほど、サービスした。

けれど斉昭、万里小路《までのこうじ》睦子《むつこ》には、お猶とはまるで正反対のことをいっているのだ。

「京のおなごにはさすがみやこびとの香りがただよぅて、水戸のいなか娘とはまるで肌合いがちがうのぅ、うぃっひひひひ」

とかなんとかいっては斉昭、こんもりと盛り上がった秘所に自分のイチモツを挿入し、公卿育ちの睦子とも頻繁に夜伽をかさね、余四麿、茂姫、のちに土浦藩主土屋挙直となる余七麿、さらにはのちに水戸十一代藩主徳川武昭となる余八麿および廿二麿をタネつけするのだ。

結局斉昭は、若くていきのよい娘ならば水戸の出だろうと京育ちであろうと、どちらでもよいのだ。要するにつべこべいわず、下半身を開いてくれさえすればみんなよい娘になってしまうということだ。だから、のちに鳥取藩主池田慶徳となる五郎麿や高松藩主松平茂政となる九郎麿らをなした松波春子には四男二女をはらませるし、高橋悦子には余五麿、余六麿、愛姫、廿一麿など三男一女をはらませるのだ。

なにしろ吉子を加えて十人の女性にタネをほどこし、三十七人もの子供をゾロゾロとなしているのだから側室同士のダブル出産はざら。いちいち名前を考えることすら面倒になってくる。長男こそ鶴千代麿と、まぁ、まともな名をつけたがあとは数字をならべ、さらに十男以後になるとひどいもので、数字に「余」をつけ加え、あたかもよけいものであるかのような、ほとんど投げやりな名をつけるありさま。これではまともに成長する子ばかりではないのは当たり前。三十七人中十七人は乳児のまま亡くなっている。

それにしても最後の男児廿二麿を万里小路睦子がなしたのは安政五（一八五八）年六月だったから斉昭五十八歳だった。長女の賢姫誕生から三十六年間に三十七人。ちょうど一年に一人の割合で子をなしている勘定になる。

ムラムラッとくるとすぐさま閨に引きずり込んで側室の湯文字を引き千切り、あたかもタネ馬のようにそそり立ったイチモツを観音開きの奥の院に向け、没我の瞬間、斉昭はありったけの聖水を噴射するのだ。ところが斉昭、九人の側室ではまだ満足せず、アイヌの女性をも側室に、と息巻くありさまなのだ。

光圀が快風丸を差し向けて蝦夷調査を行っていらい北方進出は水戸藩の宿願。幕末になると領地支配や経済的利権とからんで進出気運に拍車がかかった。斉昭は自ら乗り込んで蝦夷地開発の陣頭指揮を執るとともに、「若い連中を多数つれてくのだから遊郭をつくらせろ。そして男どもはアイヌの娘に強い日本男児をどしどしはらませるんだ」『幕末の水戸藩』（山川菊栄著、岩波書店）と息巻いたというからあんぐりだ。

性道にも桁外れの精根を傾ける徳川斉昭。しかし政道でも剛腕を発揮した。とりわけ、行き過ぎた藩政改革が幕府の譴責《けんせき》を受けて命じられた謹慎処分が解けた弘化元（一八四四）年十一月以降の斉昭の活躍は、時代が彼の出番を用意したのか、まさに疾風怒濤。

ペリー率いる米国艦隊の江戸湾接岸に肝を潰した老中首座の阿部正弘は斉昭を幕府海防掛に任命。攘夷一辺倒の超タカ派斉昭の方針はただ一つ、「断固打ち払いあるのみ」、これであった。そのため開国やむなしとする伊井直弼とはしばしば衝突。伊井との確執は安政元年三月の日米和親条約締結および初代駐日米総領事ハリスの将軍謁見、さらに安政五年六月の日米通商条約調印でほぼ決定的となった。幕閣の対応を痛罵する斉昭に直弼は永蟄居、つまり終身禁固という厳罰に処するのだった。

かくして斉昭、ふたたび政治の表舞台に登場することはないのみならず、水戸城内に軟禁状態におかれたまま脚気衝心の発作で頓死。万延元（一八六〇）年八月十五日、六十一歳だった。

自分では果たせなかった伊井直弼へのリベンジ、子飼いの家臣が遂げてくれたのが、斉昭にとってせめてものなぐさめであったにちがいない。万延元年三月、桜田門外で伊井直弼は水戸浪士に暗殺されたからだ。

十　「豚一様」と揶揄された将軍慶喜

はたして徳川慶喜《よしのぶ》は知っていただろうか。世間では「豚一様」だの「豚一殿」などと揶揄していたことを。

この異名は、単に父親の斉昭とおなじように、慶喜もまた薩摩産の豚肉が好きな一橋というだけではない。もっと辛辣な意味も含んでいるのだ。つまり豚のように際限もなくコロコロと子供をへりなす一橋のエロじじぃーという意味だ。

知っていればおそらくびっくり仰天、のけぞったにちがいない。それほど強烈に皮肉られ、そしられもした慶喜だったのだ。けれど考えてみればそういわれるのも当然だろう。なにしろ慶喜は毎年のようにはらませ続けて二十四人の子供がいるのだから。

慶喜といえば徳川最後の十五代将軍。慶喜は慶応二（一八六六）年十二月、征夷大将軍になったものの長州、薩摩、土佐を中心に高まった倒幕運動あるいは王政復古に敗れ、国家の大権を朝廷に返還し、将軍職もわずか一年たらずで辞職し、ついに二百六十余年続いた徳川政権に幕を下ろした将軍だった。

もともと慶喜は徳川宗家の将軍でもなければ自分から望んだ将軍でもなく、いうなれば担がれた神輿のようなものだった。

十二代将軍家定はうつけ者といわれ、政権担当能力がほとんどなかったうえに肢体不自由、しかもおまけに子もできないときていた。将軍に世継ぎが生まれないときは紀州、尾張、水戸の御三家あるいは田安、清水、一橋のご三卿から候補者を推挙する習いになっている。そこで紀伊藩主の慶福《よしとみ》を擁立する伊井直弼派と一橋慶喜を擁立する松平慶永、島津斉彬、徳川斉昭らが対立。けれど大老として実質的に幕政を仕切っていた伊井は職権で慶喜派をことごとく排除し、慶福改め家茂の将軍継嗣に成功する。ただしこのとき慶喜は後見役としてまだ十三歳と若い家茂を支える役が与えられた。だから慶応二年八月二十日、二十一歳で家茂が死ぬとほぼ自動的に慶喜が次期将軍に着任した。

このように、時世、幕閣の権力闘争、派閥抗争に巻き込まれ、自分の意志とは関係ないところで将軍になった慶喜だったから二百六十余年も続いた徳川政権であったにもかかわらずあっさりとほっぽり投げ、あとは野となれ山となれ、とばかりに趣味とセックス三昧の隠遁生活に入ってしまうのだ。

慶喜のエロぶりは父親の斉昭ゆずりだったかもしれない。慶喜は天保八（一八三七）年九月、江戸小石川の水戸藩上屋敷で生まれた。父は水戸九代藩主徳川斉昭。母は有栖川織仁親王の十一女である登美宮吉子。慶喜の幼名は七郎麿という。名のとおり慶喜は七番目の男児だった。つまり彼の上にはすでに十三人の兄や姉がいた。とはいえ男児では鶴千代麿と五郎麿だけが生存。姉たちも七人のうち四人が早世しているありさまだった。

斉昭は七郎麿のあと八郎麿、九郎麿、余一麿など廿二麿まで生ませ続け、女児も長女の賢姫から正姫までの十五人、なすもなしたり合計三十七人もの子供をへりなしていることを『徳川諸家譜』は伝えている。

この親にしてこの子ありというたとえのとおり、斉昭がエロ親父なら慶喜も負けず劣らず、なかなかのエロ倅だった。慶喜が二十一歳の美賀子を妻に迎えたのは一橋家の養子になって八年目の安政二（一八五五）年十二月だったからまだ十八歳。美賀子という名は明治になってから改めたもの。婚姻当時は延《のぶ》を名乗っていた。

延はじつは身代わりだった。というのは慶喜には一条忠香《ただか》の娘で千代という婚約者がおり、いよいよ輿入れという段階まで準備が整っていた。ところが天然痘にかかり、顔面あばただらけとなった千代はみにくい女となってしまったため婚礼は急遽取りやめ。そこで忠香は、今出川公久《いまでがわきんひさ》の娘を養女にし、千代の身代わりとして慶喜との縁組を整えたのだ。けれど延との結婚は当初から冷えきった関係、名ばかりの夫婦だった。それは、安政五年七月に生まれた女児が唯一、名をつけるいともなく、生まれると同時に死去し、それ以来延は、明治二十七（一八九四）年七月、乳癌で死ぬまでおよそ四十年、慶喜と暮らしてきたがついに一人も子をなさなかったことでわかる。

このほかにも夫婦仲がよくなかったことを伝えるものとして、一橋慶寿《よしひさ》の未亡人、徳信院と慶喜が不倫していると邪推した延は嫉妬に狂い、狂言自殺をはかるといったものがあり、慶喜と延は世間体をとりつくろう、まさに仮面夫婦にすぎなかった。その反動であったかもしれない。しっくりいかない延との夫婦生活を慶喜は側室との交尾で解消していた。

慶喜は京都の二条城や大坂城の滞在中に将軍に着任したため江戸城で政務を執った経験がない。そのため大奥に足を踏み入れることもないままに将軍から退任した唯一の将軍でもあった。とはいえ将軍時代には例に漏れず十数名の側室がいた。もっともこれさえ慶喜が将軍職を辞去するとつぎつぎと去るものも少なくなく、残ったのは須賀、お幸、お信、そして愛妾のお芳ぐらいだった。

須賀は旗本の一色貞之助の娘。安政四年、二十歳で慶喜の側室に迎えられたが、子をはらんだかどうかは不明。したがって名前がわかっている男児女児はいずれも慶喜がお幸とお信の二人にはらませた子供たちだ。

お幸も旗本の中根芳三郎の娘なら、お信も同じく旗本の松平勘十郎（松井勘五郎ともいわれる）の娘だった。けれど二人とも生年月日は不明。だから何歳で慶喜の側室になり、何歳で子供をなしたかもわからない。わかっていることといえば、明治四年六月に長男敬事が生まれたのを皮切りに同年九月に次男の善事、翌五年十月に三男琢磨が生まれたがいずれも一歳未満で死んでいること、それにもめげずにせっせと励む慶喜のタネつけに肥えた畑で応え、十男の精《くわし》が生まれる明治二十一年八月まで毎年、お幸とお信は交代ではらみどおしだからほとんど腹の空く間がなかった、ということぐらいだ。

三十二歳で将軍職を投げ出した慶喜は明治元年七月に駿府に転居し、以来六十一歳までとどまり、悠々自適の趣味的生活を送る。慶喜の好奇心の旺盛さはよく知られている。乗馬、狩猟、投網などのほか油絵、打毬、あるいは写真には相当のめり込み、人物、風景、行事など関心のあるものを見るそばから撮りまくっていた。なかでもフランス式の軍服をまとい、馬にまたがってポーズをとる自分の姿を写した写真は慶喜自慢の一枚だった。さらに極めつけは大正元（一九一二）年、自動車を手に入れたことだ。むろん当時の一般庶民に乗用車など超高根の花だった。そのような時代に慶喜はダイムラーの乗用車を所有し、ドライブを楽しむのだ。

慶喜は健康にも注意をはらっていた。塩分はひかえめにし、外出のときも自家製の弁当を持参し、外食はしなかった。起床、就寝の時間を守り、生活のリズムをくずさず、一日三時間、弓道についやすなど運動もおこたらなかったという。このような日頃の節制が初代将軍家康の七十五歳を超えて七十六歳という長寿につながり、精力の大量消費を可能にしたにちがいない。

徳川政権が崩壊し、明治新政府へと時代が転換するなかで内憂外患に直面し、社会は混沌としていた。けれど慶喜にはそのような世の動きなどとんと無頓着。趣味三昧、エロ三昧にふけっていた。慶喜がお幸とお信に豊かな子ダネをほどこすのは明治に入ってからであり、年齢も三十四歳から五十七歳にいたる、二十三年間だった。そしてはらませた子供はなんと二十四人。豚一様は趣味だけではなくセックスのほうでもばつぐんの才能を発揮していたことがわかる。

二十三年間にはらませた子供たちを列挙すると以下のようになる。ただし延がはらんだ子および三人の男児、やはり早世した六男八男、二女、五女、六女は割愛する。

長女　鏡子　明治六年六月誕生。生母は不明。
四男　厚　　明治七年二月誕生。生母はお幸。
三女　金子　明治八年十月誕生。生母はお信。
四女　筆子　明治九年七月誕生。生母はお幸。
五男　仲博　明治十年八月誕生。生母はお信。
七女　浪子　明治十三年九月誕生。生母はお幸。
八女　国子　明治十五年一月誕生。生母はお幸。
九女　経子　明治十五年九月誕生。生母はお信。
十女　糸子　明治十六年九月誕生。生母はお幸。
七男　久　　明治十七年九月誕生。生母はお信。

九男　誠　明治明治二十年十月誕生。生母はお幸。
十男　精　明治二十一年八月誕生。生母はお信。
十一女　英子　明治二十年三月誕生。生母はお信。

ここでわかるのは、慶喜はお幸とお信を交互にタネつけし、どちらにも不平不満が生まれないように配慮していることだ。そのため時には八女の国子と九女の経子、十一女の英子と九男の誠のように同じ年に二人の子供がはらむことさえあった。しかしこのように子ダネを上手に配分する慶喜の手腕も見上げたものだが、毎年のようにコロコロとなしていることの、たぐいまれなセックスの逞しさにも平伏する。「豚一様」といわれるゆえんは、だからここにある。

正室の延は小石川の水戸藩上屋敷に住んでいたから、駿河で蟄居する慶喜とは別居生活が続いていた。けれど明治新政府が王政復古の論功行賞を発令し、徳川家に対する処分も決定したことで明治二年九月二十八日に慶喜の謹慎が解除されたため、延も駿府に移転し、慶喜と同居する。

正室が駿府に移り住んだことでお幸、お信、延の三人の女が一つ屋根の下に暮らすことになった。だいたいならここで正室と側室との陰湿なバトルが演じられるもの。まして慶喜が夜伽の相手にするのはもっぱら側室。正室には指一本触れないありさま。これで延がやきもちを焼かない道理がない、と思うのだが、不思議と痴話喧嘩めいたものはきこえてこない。慶喜の、手綱さばきのたくみさはこんなところにもあった。

もっとも延は、慶喜が愛妾のお芳を同伴して上方に赴くときも江戸に残って見送るぐらいの平静さだから、慶喜との夫婦関係はもともと希薄だったのかも知れない。お芳は江戸火消しの新門辰五郎の娘だった。伝法肌で気っ風のいいところが慶喜は気に入ったらしい。明治政府の追討令によって大阪を脱出し、船で江戸に逃亡するさいも慶喜はお芳をともなうことを忘れなかったほど惚れこんでいた。

正室と側室の同居を可能にしたのも慶喜の用心深さ、慎重な配慮が功を奏したからにちがいない。なにしろ慶喜は暗殺に備え、閨房に工夫をこらすほどだった。慶喜は布団をY字型に延べていた。布団にはお幸、お信、そして慶喜が寝ている。これならどの布団にだれが寝ているか、暗がりのなかではわからない。だから暗殺者が襲い掛かってきても、直接自分に降りかからなければ寸刻の間があり、逃げ出せるという寸法だ。

はたしてこれが事実なら、慶喜という男は一つ部屋に延べたYの字型の布団のなかで二人の側室と交互にまぐわっていたことになる。たとえばお幸の、慶喜のたくみなテクに発するあえぎ声や荒い息遣いをかたわらできかなければならないお信の、このときの気持ちはどのようなものであったろう。

艶福家の慶喜はいく人かの子を幼くして亡くしているものの十三人の子供たちは成長している。娘たちはやがて皇族ないし元大名であった家に嫁ぎ、息子たちもその方面から妻を娶っている。子は孫を生み、孫はひ孫をなしている。そのなかには安田、三菱、住友などの財閥につながるものもいた。さらには慶喜のあと、徳川家を継いだ慶久の娘の喜久子のように、高松宮宣仁親王の妃になったものもいれば、慶喜のひ孫にあたる真佐子のように、衆議院議員平沼赳夫に嫁ぐものもいた。

最後の子供であり、のちに勝海舟の養子になる精をもうけたとき慶喜は五十一歳であった。そして精を最後に房事はプッツリと断ち切る。五十代ならまだまだ枯れる年齢でもあるまい。まして毎年のようにゾロゾロと子をへりなすほどのエロおやじであればなおさらだ。それを絶ったということはやはり健康を気遣ったのかもしれない。慶喜は精誕生からほぼ十年後の明治三十年、住み慣れた駿府から東京小石川の水戸屋敷に移転し、大正二（一九一三）年十一月に肺炎で死去する七十六歳まで暮らす。

かくしてあまたの子孫によって構築された、慶喜を頂点とする徳川一大閨閥は二十一世紀の世になってもなおこの国の政界、実業界に君臨し、さまざまな影響を与えている。

第五章

近代国家になれど絶倫は途絶えず

［明治編］

一　国家を論じても女性にはまるでだらしない勝海舟

勝海舟といえば、官軍に対する徹底抗戦を唱える普代大名が多いなかで将軍徳川慶喜の恭順を説得する、あるいは江戸城無血開城をはたし、江戸百万市民を戦火から救った立役者として明治政府に取り立てられ、参議兼海軍卿（海軍大臣）になるなど要職を歴任し、国事に邁進した人物だ。日夜国論を説き、国政を論じるほどの人格者でありながら、しかし、こと女性問題となるとまるでズブズブ、気に入った女性とみるとすぐ手を出すといった、まったくのだらしなさなのだ。

勝海舟は本名を勝麟太郎といった。弘化二（一八四五）年九月、二十三歳で砥目民《とのめたみ》と結婚した。民は幕臣の岡野孫一郎の養女で、もとは深川の芸者だったともいわれている。

深川芸者といえば男ものの羽織りをまとったり、気っ風のよさと男勝りの伝法肌が売りものだったから、そのようなところを受け継いでいた民は、麟太郎にとって似合いの夫婦だったかも知れない。麟太郎も、『氷川清話』にみるように歯切れのよい江戸弁の、べらんめぇ口調でポンポンやるような男だったからだ。そのため民との夫婦仲もすこぶるよかったようだ。

麟太郎は民と世帯をもった翌年の弘化三年、二十四歳で長女の夢をもうけ、嘉永二（一八四九）年、二十七歳で次女の孝子が生まれる。さらに嘉永五年、三十歳のとき長男の小鹿が生まれ、三十二歳のとき次男の四郎をなしている。そして万延元（一八六〇）年、三十八歳になった麟太郎は四郎をなしてから六年ぶりに三女逸子を、民にはらましている。

二男三女をへりなした民は麟太郎によく仕え、三女の逸子を生むころには麟太郎の棒禄も四百石に加増していたから貧乏暮らしからようやく抜け出し、少しは暮らし向きにゆとりが出てきたようだ。なにしろ勝家の勝手不如意は目を覆うほどのすさまじさだったからだ。

麟太郎は勝小吉・信《のぶ》の長男として文政六（一八二三）年一月、江戸本所亀沢町に生まれる。父の小吉は旗本とはいえ禄高四十石ばかりの小普請組。下級武士の常として暮らしにあえいでいた。

小吉は男谷家の妾腹の子であった。男谷家の祖先は検校《けんぎょう》だったといい、資産を築いた検校が旗本の男谷家の株を買い受け、御家人になった。そのような男谷家の妾腹の子であった小吉は勝元良の娘である信の入り婿となり、勝姓を名乗る。

入り婿のうえに禄高も低い小役人。けれど剣の腕前はなかなかのものだったから、錆びた刀を買い込んでは磨き直して売りさばいたり、鞘を塗り直すなどしていた。とはいえ商売としてはたかが知れたものだろう。麟太郎は『氷川清話』のなかで幼年時代のことを書き残しているが、勝家の家計がいかに苦しかったか、こう述べている。

「おれが子供の時には、非常に貧乏で、ある年の暮れなどでは、どこでも松飾りの用意などして居るのに、おれの家では餅つく銭がなかった。ところが本所の親族のもとから餅をやるから取りに来いと言ってよこしたので、おれはそれをもらいにいって、ふろしきにつつんで背負って家に帰る途中、ちょうど両国橋の上であったが、どうしたはずみか、ふろしきが急に破れて、せっかくもらった餅はみんな地上に落ち散ってしまった。ところがそのころは、もはや日は暮れているのに、いまのような街燈はなし、道がまっくらがりで、それを拾おうにも拾うことが出来なかった。もっとも二ツ三ツは拾ったが、あまりいまいましかったものだから、これも橋の上から川の中へ投げこんで帰ってきたことがあったっけ」

徳川直参の旗本とはいえ、戦国の世ならまだしも、戦乱もない太平の世ではむしろただのお荷物。気ぐらいばかり高く、鼻持ちならない存在だったろう。現に勝家はそうだった。正月だというのに餅をつく銭もないありさま。そのぐらいだったから世間では「貧乏勝」と陰口をたたくしまつ。

小吉がそうなら息子の麟太郎も無役をかこち、他人から拝借した蘭学書を筆写しては売るといったせこい手口でわずかな銭を稼ぐしかなかった。それにもかかわらずナニのほうは滅法ご熱心で、ほぼ二年ないし三年おきにせっせと民をはらませていた。貧乏の子沢山とは麟太郎のことをいうのかも知れない。

けれどそのような麟太郎ではあったが、蘭学の素養があったことから時代が麟太郎を必要としていた。三十二歳になった安政二（一八五五）年七月長崎伝習所に入所し、同時に小十人組に編入して禄高も米百俵と加増する。さらに麟太郎は出世をかさね、三女の逸子が生まれる三十八歳の安政七年一月には幕府の軍艦咸臨丸で渡米。五月に帰国すると翌六月には天守番頭に昇進し、四百石取りとなる。

その後も麟太郎の出世は続き、元治元（一八六四）年には軍艦奉行となり、安房守の官位も下賜される。このため石高も一気にはねあがって二千石となった。たかが四十石ほどの下級武士の倅が二千石取りにまで出世したのだからさぞかし小吉は草葉の陰で、「倅、でかしたでかした」と泣いて喜んでいるにちがいない。勝小吉は嘉永三年九月、脳溢血で死去。四十九歳だった。それなりに才覚もあった小吉だが、どうやらそれを発揮する機会もないまま生涯を無為に送ってしまったようだ。

安房守に任官したおなじ年の十一月、麟太郎は突然軍艦奉行を罷免、解職となり、神戸の海軍操練所は閉鎖された。解任にともない江戸に帰った麟太郎は「海舟」という号を用いるようになる。

麟太郎の解任は、彼が運営する海軍操練所と無関係ではなかったろう。神戸の海軍操練所は文久三（一八六三）年に開設され、麟太郎は幕府から運営をまかされた。けれどそこには尊王攘夷を唱える長州藩士、倒幕を唱える薩摩藩士のほか脱藩した浪人など胡乱《うろん》な連中が集まり、不穏な動きをみせていた。

じっさい麟太郎には土佐の脱藩浪士坂本龍馬を塾頭にして操練所を仕切っていた、あるいは元治元年九月、大阪の宿屋で西郷隆盛と初めて対面し、神戸開港をめぐって会談するなど幕府に疑念を抱かせる行動をとっていたのも事実。

この解任はしかし慶応二（一八六六）年五月に許され、ふたたび軍艦奉行に復職。麟太郎の、この後の動きはあわただしくなる。時代は明治へと突き進み、切迫していたのだ。慶応三年十一月坂本龍馬が京都四条の近江屋で中岡慎太郎と会談中に暗殺される。これより一カ月前の十月、十五代将軍徳川慶喜は朝廷に大政を奉還し、十二月には睦仁《むつひと》天皇による王政復古の大号令が発布。

江戸城無血開城をめぐって明治元（一八六八）年四月十三日、十四日の二日間にわたり、勝麟太郎と西郷隆盛が江戸薩摩藩屋敷で会談。この会談で勝は次のような嘆願書を西郷に提出し、官軍の江戸総攻撃を回避する。

一、慶喜は隠居のうえ、水戸に慎みこもること。
一、城明け渡しの手筈がととのったら田安家にあずけること。

一、軍艦と武器は取りまとめおき、徳川家の処置が決まり次第、相当の数を残して引き渡しすること。
一、城内居住の家臣は、城外に移って慎むようにしたい。
一、慶喜とあやまちをともにしたものについては、ご同情ある処置をとられ、とくに命にかかわることのないようお願い申し上げる。
一、江戸士民を鎮定するよう努力する。万一暴挙するものがあって、手に余るような場合には、官軍をもって鎮定してほしい。

勝麟太郎が西郷隆盛に会うのは四年ぶり、二度目だった。初対面ですでに両者は肝胆相照らす仲となり、ともに人と成りは熟知していた。会談ではどのようなやり取りが交わされたのか、『氷川清話』はこう述べている。

「さて、いよいよ会談になると、西郷は、おれのいう事を一いち信用してくれて、其間一点の疑いもさしはさまなかった。『いろいろむずかしい議論もありましょうが、わたしが一身にかけてお引き受けします』。西郷のこの一言で、江戸百万の生命と財産を保つことができ、また徳川氏もその滅亡をまぬがれたのだ。もしこれが他人であったら、『いや、貴様のいうことは自家撞着だ』とか、『言行不一致』とか『たくさんの凶徒があのとおり江戸の所どころにたむろしているのに恭順の実はどこにあるのか』とか、いろいろやかましく責め立てるに違いない。万一そうなると、談判もたちまち破裂だ。しかし西郷はそんなやぼはいわない。その大局を達観して、しかも果断に富んでいたのには、おれも感心した」

恰幅のよい西郷隆盛に対してやや小柄な勝麟太郎が床の間を背にして端座する会談の場面を描いた絵を私たちは書物などで見るが、勝の嘆願を官軍側が受け入れたことで江戸は戦火をまぬがれ、安堵するのだった。

これほどの大事業を成し遂げ、歴史に名を刻む勝麟太郎でありながら、女性のこととなるとこれがからっきしだめ、まったくでたらめなのだ。麟太郎、じつは子供のころに睾丸を野良犬に噛み付かれ、高熱で危篤状態に陥ったことがあった。しかしこのことがかえって逞しい睾丸をつくり、麟太郎を希代な絶倫家にしてしまったらしい。

麟太郎は七歳のとき、十二代将軍家慶の子である初之丞《はつのじょう》の遊び相手として城中に入った。初之丞は、将来一橋家を継ぐことになっており、そうなれば麟太郎も家臣となる。ところが九歳となった麟太郎に、しばらく生家に帰れとの沙汰があり、家臣の望みは消えた。

生家にもどった麟太郎は町の塾に通いはじめる。野良犬に睾丸を噛み付かれたのは塾からの帰り道だった。ガブリ、とやられた麟太郎は激痛と恐怖でその場に昏倒。この様子を目撃した町の職人に助けられ、勝家に急報。外科医に傷口を縫合してもらうほどの重傷だったという。

睾丸といえば生命にかかわる急所。おまけに子孫繁栄をつかさどる肝心かなめの臓器。そこをやられたというのだから男にとってこれ以上の衝撃はない。けれどさいわい麟太郎は性的不能に陥ることもなく回復する。いや、むしろ成長するにしたがって精力がつきすぎて困るほどだった。麟太郎は神戸や長崎などに単身赴任し、そのさきざきで遊郭にもずいぶん上がったようだ。

麟太郎が教師をつとめる長崎海軍伝習所の様子を視察したある幕府の役人は、学生たちのあまりな不行跡にあきれかえったことを幕府に報告している。おそらくそのなかに坂本龍馬も加わっていたにちがいない。

坂本龍馬といえば犬猿の仲であった薩摩と長州の仲を取り持ち、薩長同盟に導く、後藤象二郎に大政奉還を想定した船中八策を説くなど、坂本を抜きに維新史は語れないほどのキーマン。

ところがそんな龍馬も女性には滅法目がなく、悪所通いをほとんど日課にしていたらしい。そのせいであろう、龍馬はとんでもない宿痾《しゅくあ》に取りつかれていたのだ。ならば宿痾とはなにか。幸徳秋水が、教えを受けた中江兆民のことを書いた『兆民先生』の第二章「少壮時代」で、坂本龍馬の宿痾に触れている。

「当時長崎の地は、独り西洋文明の中心として、書生の留学する者多きのみならず、故坂本龍馬君らの組織する所の海援隊、また運動の根拠をこの地に置き、土佐藩士の往来きわめて頻繁なりき。先生、かつて坂本君の状を述べて曰く。豪傑は自ら人をして崇拝の念を生ぜしむ、予は当時少年なりしも、彼を見てなんとなくエラキ人なりと信ぜるが故に、平生人に屈せざる予も、彼が純然たる土佐訛りの方言もて、『中江のニイさん、煙草を買ふて来てオーセ』などと命ぜられれば、快然として使いせしことを屢々なりき。彼の眼は細くしてその額は梅毒のため抜け上がり居たりき」

これは、中江兆民が幼年時代に出会った坂本龍馬の印象を後年幸徳秋水に語り、それを幸徳が書き留めたものだが、龍馬に取りついた宿痾とはつまり梅毒だったのだ。

梅毒は性病の一つ。陰部や口内などから伝染し、病状が進行するにつれて梅毒スピロヘーターが人体組織を破壊し、口蓋軟骨、鼻隆軟骨などを侵食してゆくという。徳川家康の次男、結城秀康も梅毒におかされ、鼻が欠損した顔で対面したため家康にこっぴどく責められ、退席を命じられたものだった。

幸か不幸か坂本龍馬は三十三歳で亡くなったから梅毒の症状がまだ悪化しなかったようだが、長生きしていたならはたしてどうであったか。鼻が欠け落ちた醜悪な姿の人物と、国家国民を論じ日本の近代化を導いた人物が同じという、その落差に人びとは戸惑いをおぼえたにちがいない。

はなしを勝麟太郎にもどそう。麟太郎がはらませたのは女郎ではなかった。梶玖磨《かじくま》という若い未亡人だった。玖磨は元治元年の暮れ十二月、男児を生みなした。麟太郎四十二歳のときであり、梅太郎と名付けた。

ところが玖磨は梅太郎をなした翌一月の慶応元年に急死してしまう。麟太郎の悲嘆はいかばかりであったか。「ああ、玖磨姉、生まれて明媚、その志真実、いやしくも浮操の風なし。心行すぐれ、学ばずして国歌を賦す。痛むべし……」と日記に書いていることから察しても、麟太郎が受けたこころの傷は深かったようだ。

さきにも述べたが、若い時分の麟太郎はいつも素寒貧《すかんぴん》。遊郭に上がって戯れるなどとてもできなかった。けれどその反動からか、禄高が上がるにつれてゆとりも出てき下女を置くようになった。それがいけなかった。下女に手を出す悪い癖がついてしまったからだ。

麟太郎が手をつけた女性は少なくても四人はいるといわれ、梅太郎をなした玖磨、麟太郎が三十八歳のときに三女の逸子をはらませた益田糸、四十五歳のときに四男の七郎をはらませた小西かね、六十三歳のときに四女の妙をはらませた森田よね、などがそうだ。わかっているだけでもこうなのだから、タネをつけないまでも、手を出した女性ならまだまだいたことは疑いない。なにしろ、「勝は女好きだ」(『氷川清話』)と世間も認めるほどなのだから。

妻の民とは言い争いが絶えず、民は悪妻だったともいわれている。けれど「妻を娶ったのちも貧乏で、一両二分出して日蔭町で買った一筋の帯を、三年のあいだ、妻にしめさせたこともあった」（『氷川清話』）ほどの貧乏時代をともに過ごし、麟太郎の出世を陰でささえ、なおかつ幼い子供たちや義父母を抱えながら暮らしを切り盛りする民の内助の功を知れば、責められるのは民ではなく放蕩にふける麟太郎のほうではないのか。

そのような自分を知っているからか、麟太郎はやや自嘲をこめてこう弁解する。

「若いときのやりそこないは、たいがい色欲からくるので、孔子も『之を戒むること色に在り』といわれたが、実にそのとおりだ。しかしながら、若いときにはこの色欲を無理に押さえようとしたってそれはなかなか押さえられるものではない……」

ここにはもはや幼少時代、野良犬に睾丸を嚙み付かれ、瀕死の重傷を負った後遺症など微塵もない。かえって精が逞しくなった自分を誇らしく語りたいようにすら見える。

二　松方正義の元気度は性交頻度がバロメーター

松方正義の逝去は大正十三（一九二四）年七月、八十九歳だったからまさに天寿をまっとうした大往生だ。

松方の長寿をささえたのは数字に強く、計算に早い財政通としての明晰な頭脳もあったろう。けれどそれ以上に抜群のセックスパワー、これだった。なにしろ松方が妻満佐子にはらませた子供は男十三人、女六人の合計十九人という絶倫ぶりなのだ。松方はしたがって蔵相として、逼迫する明治政府の財政再建に果断に取り組むのと同じぐらい、自分の下半身も大いに奮起させ、子づくりと国政を見事に両立させた元老といってよい。

もっとも子ダネをつけた点でいうなら松方のうえをゆく人物はざらにいるから、あっぱれというべきはむしろ妻の満佐子のほうだろう。一人の女性が十九人もの子供をはらみ、まるでニワトリがたまごをなすようにポコポコと生み続けるのだから見事というほかはない。明治の女性が強かったというのは、このように腹のすわったところがあるからだ。

大政官制度の廃止にともなって明治十八（一八八五）年十二月に内閣制度が成立。伊藤博文内閣の発足で大蔵大臣に就任した松方正義はただちに財政再建に着手した。日本の近代化は資本主義経済の発展が鍵になる。けれど明治政府の財政基盤は脆弱だったところにもってきて西南戦争による戦費に圧迫されていた。貿易収支も輸入超過で赤字続きだったから国家財政はますます逼迫していた。

このような事態を打開するため国立銀行は不換紙幣を増発することで景気回復をはかろうとするもののかえって物価高騰をまねくなどインフレに陥り、我が国の経済、財政は悪化するばかり。破綻寸前の明治政府の財政再建は待ったなしだった。そこで松方が打ち出したのは緊縮財政、歳出抑制、および増税によるインフレ克服であった。つまり紙幣の発行権を日本銀行に一本化することで紙幣の安定化をはかる、兌換券を発行して銀兌換をうながすというものだ。

このような制度改革や増税によって財政は持ちなおし、インフレも次第におさまったことから松方蔵相の評価は一気に高まり、明治二十四年五月には五十七歳で第四代内閣総理大臣に就任。さらに明治二十九年九月には第二次松方内閣を率いる、あるいは日清戦争後の財政強化がもとめられた際には大蔵大臣としてまたしても財政再建に駆り出され、明治三十年十月には、それまでの銀にかわって金本位制に転換するなど、財政通として政局の混迷打開に手腕をふるった。

この間、明治十七年七月には伯爵、さらに明治三十九年四月には侯爵が明治天皇より授与される。薩摩藩士として馬回りからはじまった松方の出世はついに大勲位に列せられるまでに昇りつめ、おまけに八十九歳と長命をまっとうするのだからまさに立志伝の人といってよい。

けれど松方のこの出世、この長寿、この元気度は旺盛な性交頻度がバロメーターになっているといえなくもない。それというのも松方が出世の階段を昇るのにあわせて満佐子もせっせとはらむからだ。満佐子は母親として妊娠、出産、育児をこなし、妻として夫の内助をはたす。明治の、まさに絵に描いたような〝良妻賢母〟だった。

満佐子を娶ったのは万延元（一八六〇）年十二月だった。天保六（一八三五）年二月生まれの松方正義は二十六歳。満佐子は十六歳だった。当初松方は年齢も若いうえに生活も貧しかったので縁談を断った。けれど松方を将来ある人物と見込んだ満佐子の父川上左太夫は、「わしの娘を嫁にするのに若くはない。いますぐ縁組をすませよ」と松方を説き伏せ、婚姻を承諾させたという。

川上の眼力はするどい。見込んだとおり松方はいっかいの藩役人にすぎなかったところからやがて政界に進出し、めきめきと頭角をあらわすからだ。もちろんそれは松方の資質もあった。けれど時の運が大いに味方したことも見逃せない。時の運とは、つまり明治政府は薩摩、長州両藩閥によって支配されていたということだ。

十五代将軍慶喜は慶応三（一八六七）年十月、大政奉還を明らかにしたことで二百六十余年の徳川幕府は事実上崩壊した。同年十二月には王政復古の大号令が発令され、睦仁天皇を中心とする明治政府が成立。しかし睦仁天皇はいまだ十六歳。したがって実権は倒幕に貢献した薩摩、長州によって握られていた。それは長州出身の伊藤博文が初代首相、二代目首相は薩摩出身の黒田清隆というように、両藩が交互に首相の座を分け合っていることでもわかる。そのような時代背景のなかで松方も栄進を遂げる。大蔵大輔（次官）として西南戦争後の財政再建にかかわったのが松方が国政に関与する大きな転機になった。そしてこのころには貧乏暮らしからも脱し、子供も長男巌《いわお》が文久二（一八六二）年六月、次男正作が翌年十一月、三男幸次郎が慶応元（一八六五）年十二月、四男正男が明治元年五月、五男五郎が明治四年四月、六男虎男が明治九年にそれぞれ生まれている。むろん男児だけではない。女児も、長女千代子は明治二年、次女広子は明治七年五月に生まれているから、正義はすでに八人の子供を満佐子にはらませていた。

松方も四十二歳。壮年に達していた。けれど目を見張るべきは妻の満佐子はほとんど腹の空く間がないほど絶えずはらんでいたということだ。結婚から十六年。この間に八人。実際には早世した七男金熊もいたから九人、二年おきになしていた勘定だ。だがこれはまだまだ半分。満佐子はこのさきも踏ん張り通し十人もの子供をはらみ続けるのだ。

満佐子もまた夫の栄進にともなって慈善活動などにかかわっていた。昼間は首相夫人あるいは伯爵夫人といわれ、日本赤十字社の役員として各界各層の貴婦人を集めては鹿鳴館の舞踏会を催し、貧困患者救済の募金活動を行う、あるいは幼児教育の慈善事業にも関係するなど華麗な姿を披露していた。けれどひとたび夜ともなると貞淑な伯爵夫人から娼婦に変わり、さかりのついたメスネコと化すのだ。正義もそうだった。夜も昼もまったく見境なく、欲情すると閨に引き込むような正義だった。だからなおさら満佐子はいつでも要求に応えられるよう、こころの準備におこたりはなかった。その甲斐があってか、満佐子の出産記録はまたもや塗り替えられてゆく。明治十三年一月には八男の乙彦をへりなし、つづいて明治十四年十二月に九男正熊をなした。明治十六年五月には義輔をはらみ、明治十九年十一月には十一男金次郎が生まれている。

女児も当然なしていた。三女の津留子が明治十一年に、四女の光子は明治十四年一月に生まれている。これまた一年間隔ではらんでおり、しかもおまけに光子と正熊の場合などは同じ年の一月と十二月になしているから満佐子は光子の出産直後、早くも正義と交尾し、タネつけに成功している。

松方もなかなかの絶倫家。セックスに逞しいぐらいだから壮健でもあった。午前六時の起床と同時に冷水を浴び、全身を手ぬぐいでこするいわゆる冷水摩擦をおこたらなかった。食事にも配慮し、夕食は麦飯に野菜の煮付けや薩摩汁を常とし、鹿児島の人なら大体は好んで食べるというイノシシの肉も血圧によくないといって避けるほどだった。けれど反面汁粉、甘酒、ぼたもちが好きだったから甘党だったらしい。

身長は一八五センチ。まさに薩摩隼人というにふさわしい偉丈夫な体格。だから下半身もすこぶる元気。夜ともなるといっそう元気度がヒートアップし、ヤンチャぶりを発揮するのだ。満佐子もけっして嫌いなほうではなかったからむしろヤンチャ小僧なぐらいでちょうどよかった。

ヤンチャ小僧は満佐子の秘部をいじめるのが大好きだった。満佐子も下半身を開いてはいじめられるのを待っている。そしてタネの〝付き具合〟にほとんどはずれがない。満佐子はまたしても明治二十五年十二月に五女梅子、明治二十九年六月に十二男義行、明治三十二年八月に十三男義三郎、明治三十六年七月、これがとどめの六女文子をなすのだった。

文子をなした明治三十六年といえば長男の巌はすでに四十歳になっており、親子ほどの年齢差。弘化二（一八四五）年三月生まれの満佐子もすでに五十八歳だった。逞しい男の薩摩隼人に対して気丈な女性をたとえて薩摩おごじょという。五十八歳に達してなお子をはらむ満佐子こそまさしくあっぱれな薩摩おごじょといってよい。

それにしてもまるでいもずるのように子供がぞろぞろと続く松方家ではあちこちから子供の、火のつくような泣き声が聞こえる、取っ組み合いの兄弟喧嘩がはじまる、授乳や子守にてんてこ舞いになる、さらには物干し竿にはおしめが万国旗のようにはためく……といったじつにすさまじい家庭であったにちがいない。

三　蘆花も晶子も明治の文豪はエロ作家

徳富蘆花や与謝野晶子といえば明治の文豪。けれど文豪といえども結局は人間。作家の肩書を取り払えばやっぱり色欲にまみれたセックス大好きの性豪だった。

蘆花は妻の愛子とのセックス体験をあけすけに告白し、晶子は二十四歳から四十一歳までの十七年間に六男六女をへりなし、しかも二度までも双子をはらむといった、まさに〝ケモノっ腹〟の女性だった、というのが何よりの証拠だ。

徳富蘆花は、徳富蘇峰の五つ年下の弟。本名は健次郎といい、明治元（一八六八）年十月熊本県水俣で生まれている。蘇峰の引き立てで明治十一年に京都の同志社英学校（現在の同志社大学）に入学。けれど十三年には退学している。さらに明治二十二年に民友社に入社。新聞記者となる。

民友社は徳富蘇峰がオーナーとなって明治二十年に立ち上げたものだ。『国民之友』『国民新聞』などをつぎつぎと創刊し、明治のジャーナリズム界に進出した。民友社入社も蘇峰のコネクションだった。このように兄のコネやツテに頼るところがあったせいか、蘆花を蘇峰コンプレックスにさせ、それが後年の、十五年にもおよぶ蘇峰との絶縁につながった。

三十一歳になっていた蘆花は明治三十一年から三十二年にかけて『国民新聞』の紙面に『不如帰《ほととぎす》』

を連載し、颯爽と明治文壇に登場する。連載開始と同時に読者の大きな反響を呼び、明治三十三年一月に単行本として発売されるとたちまちベストセラーになった。明治の文豪となった徳富蘆花は『自然と人間』『探偵異聞』などを矢継ぎ早に出版し、幸田露伴、尾崎紅葉、大町桂月といった大家らと肩を並べるほどに健筆を奮い、一躍人気作家となった。

小説家徳富蘆花と称賛され、文豪と崇められ、地位、名誉、権威を手に入れた。だからファンにすれば憧れの作家、希望の人であった。そのため蘆花の姿からは卑猥な言葉、まして男と女の交尾にまつわる、そんなはしたない行為などとはまったく無縁な、無垢でまっさらな小説家と思うもの、少なくなかった。

けれどやがてファンは、自分が描いていたものは単なる幻想、虚像にすぎなかったことに気づく。徳富蘆花の地金があらわになるからだ。つまり虚像をひっぺがしてみればグロテスクな色欲のかたまり。セックスが好きで好きでどうにもたまらない、そんな人間だったのだ。なにしろ徳富蘆花は、若い女性を見るとたちまち性器が勃起する、女性が接近すればムラムラっときて姦淫したくなるというほどだからほとんど色情魔。じじつ蘆花は、「今日の余もや、もすれば若い女、若い娘の肉に心が飛ぶ」と大正四年九月三十日の『蘆花日記』に臆面もなく告白しているのだ。

とはいえ幸か不幸かじっさい若い娘との交情はなかったらしい。そのため蘆花が交尾の相手としたのはもっぱら妻の愛子だった。さいわい愛子もことのほかセックスがお好きな女性だった。それというのは、夫の蘆花があられもない卑猥な言葉やイヤらしい交尾の場面、あるいは秘部を隠さずにしたためている日記を非難するどころかこっそり盗み読みしては欲情をもよおし、その夜の閨房に備えるほどの〝良き妻〟だったからだ。

徳富蘆花が原田愛子を娶ったのは明治二十七年五月五日。蘆花二十六歳、愛子は二十歳だったから若い妻だった。初夜を迎えるなり蘆花は若い愛子の肉体に馬乗りになり、満々とたくわえた精力を一気に爆射させた。けれど愛子は世間知らずの箱入り娘。もちろんバージン。セックスのセの字も知らないただのお嬢様ときているから反応がにぶい。

後年愛子は、「処女」とはなんのことかまったく知らなかったと告白している。二十歳にもなり、しかも婚約までしていながら、男と女が結婚したらなにをやるか、それさえ知らなかったというのだから箱入り娘と無知とは同義語といってよい。

もっとも徳富蘆花の、まるで発情期を迎えたタネ豚のような、激しくも逞しい毎夜の交尾に愛子もすっかり調教され、打てば響く反応のよさに目覚めるのにそう多くの時間は必要なかった。そのため愛子もやがて、どのようなみだらなポーズでも平然ととれるまでになり、蘆花の挿入を誘惑するまでに成長する。

「不図さめて、抱擁、接吻、〝ボボがしたいナ〟。一番おさせなさいを伝ふて、下腹接触から馬乗りになる。大分快活だ。細君、〝元気！　大きい〟と喜ぶ」（『蘆花日記』大正五年十月二十日）。

エッチがしたい、一発やらせろ、とささやき、陰茎を勃起させながらせまってくる夫に愛子もすっかり欲情し、むしろ夫の巨根を待ち焦がれていたように腰の被いをはらって夫の前に下半身を突き出すのだ。蘆花はだから狂喜して「はだかになり、馬乗りになり、mの足をあげ、快々的交合」（『蘆花日記』大正六年六月十六日）に満足し、とろけるようなセックスの愉悦にひたるのだった。

蘆花の要求するどのような体位にも応えている愛子もおなじだった。馬栓棒のように隆々とそそり立つ夫の陰茎の挿入に開脚し、臀部を震わせ、こきざみに押し寄せる快感に悶えるのだった。

徳富蘆花が性に目覚めるのは十四歳だったというからとくに早熟というほどではない。しかも目覚め方にしてもありふれている。

故郷の熊本の貸本屋で手に取った『造加機論』という、性愛に関する本の挿絵を見たところ陰茎があやしく膨張するのをおぼえ、さらに、以前に借りた読者の誰かが本のなかに描いた、男女が交尾する落書きを見るうちいっそう我慢できなくなって自慰にふけったことを『蘆花日記』（大正十四年十二月六日）で白状している。

女色だけではない。どうやら蘆花は男色の経験もしていたようだ。「内藤一馬なる男から鶏姦された」（『蘆花日記』大正三年八月十二日）ことがあり、「十一、二歳の頃、加藤勘次郎が余を常に姦して居た」（『蘆花日記』大正四年六月一日）こともあったから、このころの蘆花はほとんど毎日同性愛におぼれていた。

十一、二歳といえば西南戦争終結直後。激戦の舞台となった熊本にはまだ余燼がくすぶっていたからおそらく蘆花も戦乱で破壊された町並みを見ていたにちがいない。けれど思春期を迎え、性に目覚めた蘆花少年の関心は政治だの社会のあれこれではない、男女の性であり、性交だ。

エロ本を開いては妄想をかき立て、猛烈に自慰をやりまくる。けれど蘆花は『造加機論』を見て自慰したことを伝えた同じ日の日記で、才能や子宝に恵まれないのは自慰のやりすぎだとして悔い、ひどく自己嫌悪に陥っている自分を隠していない。「俺は早くから淫を覚えて、濫りに精液を漏らした。頭脳の悪いのも一は其為だ」（『蘆花日記』大正十四年十二月六日）

知能指数や不妊と自慰とに因果関係があるとも思えない。むしろセックスのさかんなことは壮健な証拠、と当方などは理解している。とはいえ蘆花のように因果関係を信じている人もたしかに少なくないようだ。たとえば山本常朝《つねとも》。常朝といえば同じ佐賀藩の後輩である田代陣基《つらもと》に筆録させた『葉隠』の話者として知られるが、「我等は親七十歳の子にて、塩売になりとの呉れ申し候処」(『葉隠』聞書第二教訓)だったが、多久図書という人物が父親の山本神右衛門に意見して思い止どまらせたと田代に語っているように、神右衛門は七十歳で常朝をなしている。そのため自分は生まれつき病弱。だから七年間不姦を守り、セックス断ちをはたした、と常朝はいうのだ。

松平定信もそうだ。三十歳ごろ、健康維持のため一年半ほど禁欲につとめたという。さらに乃木希《まれ》次《つぐ》もそうだった。

希次は四十三歳のとき、土浦藩士長谷川金太夫の長女で二十歳の寿子《ひさこ》を後妻に迎えた。日露戦争で旅順攻略を果たした乃木希典《のぎまれすけ》は希次が後妻にはらませた子だった。若い妻を迎えた希次は毎晩ハッスルし、寿子の若い肉体にしゃぶりついた。ところがあるとき医者から、顔色がすぐれないのは夜伽がすぎるからだ、お役目に支障がないようほどほどに、と忠告されたのを機にプッツリと、希次は七年間、交尾を絶ったというのだ。

過ぎたるは及ばざるがごとし、というたとえがある。なにごとも程度がある。その点徳富蘆花はどうであったか。どうやら蘆花の字引には「ほどほど」という用語は欠落しているようだ。

「少女の陰部から褐色の毛が垂れたり、某少女が腰を使ふたりする」(大正四年一月五日)、「若い女の肉は無暗に余を索く。恐ろしいことだ」(大正四年二月二十日)、「始終若い女を愛しなくては生きて往けぬ男だ」(大正四年六月二十一日)、と『蘆花日記』で白状し、若い女性の肌にとらわれている自分をさげすんでいる。

このようにいいながらしかし夜になるとすっかり忘れ、またも愛子とのケダモノごっこをはじめるからこの二人、やっぱり似た者同士のエロ夫婦だったのだ。なにしろ交尾で新しい年の幕を開く夫婦だ。

「陰阜を愛撫し、最後に余の腹上に妻を、のせ下から突く。時間が晩いから射精せずして止む」（大正六年一月二日）。

「早暁交合。中頃精力衰え、勃起しないので、中止」（大正六年一月十四日）。

「Ｍｄａｍの陰毛を撫でていると、到頭慾《よく》を発し、後から犯す。精液どろどろ、快勘」（大正六年九月三日）。

このように『蘆花日記』に書き連ねている。

いやはやなんともだが、大正六年といえば徳富蘆花四十九歳。愛子は四十三歳。まさに中年夫婦。しかし減退するどころか夫婦の房事ますます大胆となり、毎夜愛液に、しとどにまみれる二人なのだ。けれどなぜにこうまで蘆花は自分たちの秘戯を赤裸々にさらすのか。大体なら隠すことはあってもおおっぴらに話すものではない。それをあえて暴露した背景には、抑えがたいまでに旺盛なセックスの渇望もあったが、同時に、いくら励んでも子宝に恵まれなかったことに対する自虐観念、愛子に対する猜疑心があった。じつは結婚前、愛子は兄の蘇峰に姦淫され肉体関係があったのでは、という思い込みが蘆花にはあったともいわれている。　ともあれ恋愛にしろセックスにしろタブーが多い時代にかくも露骨に妻とのセックス体験を世間に公表する徳富蘆花の行動には快哉をおぼえる。

これは与謝野晶子にもいえる。なにしろ鉄幹の妻をはねのけ、愛人を奪い取ったうえに十二人もの子供をなし続けるといった〝不貞〟な女性だったからだ。

与謝野晶子は旧姓鳳《ほう》といった。明治三十四年六月、二十三歳で大阪堺の実家を後にして上京。東京渋谷村に住む与謝野鉄幹の家に居座る。このとき鉄幹には滝野という内縁の妻がいた。それにもかかわらず晶子は押しかけたうえに滝野を放り出し、鉄幹を奪ったのだからなんともふてぶてしい女だった。

自由な恋愛や対等な男女関係が築けない明治の時代に、自分の意思を貫き、思いを遂げた晶子の行動は女性の新しい生き方をしめすもの、との声があるとすればそれは勘違いもはなはだしいといえるだろう。晶子の行動は思慮分別に欠けたただの我ままにすぎないからだ。我ままを容認するなら結婚や夫婦とは何か、ということになる。鉄幹と滝野は入籍しておらず、正式な夫婦ではなかったとはいえ今風にいえば事実婚ではあった。

鉄幹と滝野のあいだを引き裂き、押しかけてなお恥じいるどころか鼻にかける怪女晶子はセックスも人並み以上に激しく、そして大好きな女性だった。渋谷村に転居して一年後の明治三十五年十一月、早くも長男光をはらんでいた。さらに明治三十七年八月には次男の秀《しげる》をなしている。

晶子は長男をなした前年の八月に処女歌集『みだれ髪』を出版した。「やは肌のあつき血潮にふれも見で――」と詠んだ歌集は晶子のデビューを飾るのにふさわしく、歌壇界に反響を呼んだ。さらに次男をなした年の十月には「あゝをとうとよ君を泣く君死にたまふことなかれ」の歌を『明星』に発表している。

いずれも晶子の代表作。短歌だけではない、現実生活でも晶子はじつに肉欲的。明治四十年三月には双子をなしているからだ。姉を八峰《やつお》、妹を七瀬《ななせ》といい、森鷗外が名付け親だ。そういえば長男は上田敏、次男は薄田泣菫《きゅうきん》さらに大正二年四月、四男のアウギャストはロダンが名付け親だった。

このように晶子がなした子供の多くは他人が名をさずけている。それだけ交友関係が広いともいえるが反面、四男にしろ大正四年三月になした五女エレンヌにしろ、どこの国の人かと思わせる名もある。

徳川斉昭は子供に余一麿だの余二麿だのと名付けた。多産ともなると名前を考えることさえおっくうになってくるのだろう。晶子もそうだったかも知れない。なにしろ発情する鉄幹に晶子も発情するからつぎつぎとはらみ、名前など考えるいとまもなかったのだろう。明治四十二年三月に三男麟《りん》をなし、翌年の二月、またもや晶子は佐保子、宇智子の双子をなしている。二度めの双子出産だ。このような多産系の女性を指して俗に「ケモノっ腹」などともいう。

晶子が双子をはらむころの与謝野家の台所は火の車。すでに『明星』は明治四十一年十一月に廃刊していたので鉄幹(明治三十七年から本名の寛《ひろし》に改めていた)は無職となり、さしたる収入もなかった。閉塞状態を打開するため鉄幹は渡欧する、あるいは大正四年三月には衆議院議員に出馬する。ところが得票はたったの九十九票。じつに惨憺たるもの。

歌壇ではいかにも宗匠のように振る舞えても現実世界ではただの虚栄にすぎないことを鉄幹は、みじめな敗北で思い知ったことだろう。落選について晶子はのちに、「まだまだ遅鈍な農民が多数を占めている日本での代議政治では甚だしい時代錯誤」と強弁したというが、落選を率直に認めず、逆に有権者を見下し、小ばかにした傲慢な姿勢には身の程を知らない与謝野夫婦のおごりが透けて見え、不快感をおぼえたものもいたにちがいない。

ただしこれは後年のこと。双子をなしたころの鉄幹は食いざかり、育ちざかりの子供をあまたかかえながら定職もなく毎日ブラブラ。そのくせ顕示欲と性欲だけはやたらと旺盛。双子をなしたことで子供は七人にふえたというのにまだたりないらしく、このあともつぎつぎとはらませているのだからこの夫婦、文豪というよりむしろ性豪といったほうがぴったり。そうでなくても晶子は『産屋物語』で、女性の出産は命懸け。それなのに男は助けてもくれず、なんの役にも立たないばかりか憎い存在といっている。

それにもかかわらず子宮がからっぽになるとまたしても晶子は発情し、鉄幹の逞しい肉茎をほしがっている。大正五年三月、三十八歳で五男健、翌六年九月に六男寸《そん》、大正八年三月、四十一歳で六女藤子をなしている。

短歌、小説、評論、古典文学の語訳などマルチ的活躍をみせる与謝野晶子。一方では強い性欲に夜ごと発情する多産な女性でもあったのだ。

あとがき

さまざまな歴史的事実、あるいは世間の噂話や説話から男と女が繰り広げる、大胆で、そしてスキャンダルにまみれた性と情に満ちた閨物語を、という動機からまとめたのがこの『「絶倫」で読む日本史』。したがって性とはなにか、などと大上段に構え、性を哲学的、学問的に分析し、語るつもりなどさらさらない。

我が国はイザナキノミコト、イザナミノミコトの夫婦神が寝室の八尋殿にこもり、セックスにひと汗ながしたことで歴史の幕が開いた。

私たちの祖先である夫婦神はひたすら欲情し、もろもろの神々と人間をせっせと生み続けた。そのせいか、あまりの酷使にイザナミノミコトの秘部はひどくただれ、炎症をおこしたあげくついに病にたおれ、黄泉の国へ旅たってしまったというのだ。

ほどほどにしておけばよかったものを、そうはいかないのが男の性というもの。いったん発情すると競走馬のように、放射するまでは走り続けずにはおれないのだ。けれど、歴史も人間も、動物も自然も、すなわちこの世に存在するあらゆるものが夫婦神のセックスによって誕生した、というところがいかにも日本的でじつにいい。

全知全能の神が天地を創造し、世界のすべてをつくりたもうたなどと、そのような傲慢なことはいわない。この点が、日本は西洋とちがう。神様といえども人間の顔をもち、性欲もあれば食欲もあり、異性大好き、セックス大好きなのだ。

このような夫婦神を祖先にもつ日本人だもの、あまたの女性を侍らせ、さかりのついたタネ馬のごとく日ごと夜ごとセックスにこれはげみ、あたかもイモズルのように際限もなく子供をなし続けて不思議はない。ましてセックスの頻度はすなわち権力維持、家名存続のバロメーターにもなっているとなればなおさらだ。

エッチの疎遠はただちに子孫の断絶をまねく。子孫の断絶はお家騒動の要因となる。それをもっともおそれるから織田信長は三十人以上もの子をはらませ、徳川家康は二人の妻と十五人の側室に十三男六女をなしている。さらに十一代将軍徳川家斉にいたっては一人の妻と二十人の側室を相手に五十八人もの子供を大量生産しなければならなかった。

お殿様の条件は、だからすこしぐらい常軌を逸していようと、性欲がたくましく、子づくりが上手でさえあればいいのだ。尾張六十二万石藩主徳川綱誠は側室十七人に三十九人の子をはらませ、タネつけ馬の役目をみごとにはたしてくれた。岡山三十二万石藩主池田綱政も、「生得魯ニシテ、不能分別」「主将之行跡ニ非ズ。剰、女色ヲ好ム事倫ヲ超ヘタリ」と『土芥寇讎記』でスッパ抜かれ、二十一男三十一女、このほかおしめがとれないうちに幼死したもの十七人をはらませ、房事のはげしさを暴露された。浅野内匠頭長矩《ながのり》にしたってそうだ。浅野長矩といえば江戸城松の廊下で吉良義央《よしなか》を襲った刃傷事件で即刻切腹、赤穂藩没収と悲劇の藩主に描かれている。けれど反面、これまた悪所通いがやまず、酒と女におぼれた、手に負えないエロ殿様だったのだ。しかし、これでいいのだ。藩主の役割は政治や学問に秀でることではない、いかに子ダネを絶やさないか、これなのだから。

もちろん後継者存続だけが目的のセックスばかりではない。孝謙天皇と道鏡、あるいは日野富子と後土御門天皇のように、不倫の、あまく、ねっとりとしたエッチでむすばれたものもいる。

とりわけ孝謙天皇はまれにみる淫乱。なにしろヤマイモでこさえた男根を自分の秘所に挿入してみたり、愛人の道鏡の巨根に巨陰でこたえるほどの、淫奔な女帝なのだ。そのせいか、孝謙天皇と道鏡にまつわる史跡や伝承は少ない。たとえば仏国寺（茨城県城里町）に伝わる「岩谷山仏国寺由来」には、「弓削ノ道鏡トイヘリ僧当山ニ来リテ而盧舎ヨ造リ日々ニ観音ヲ礼シテ棲住ス即道鏡窪是ナリ――」とあり、同寺境内の一角には、あたかも女性器にも似た、まん中に割れ目の入った巨岩がある。

ことほどさように地位のある人もない人も、名のある人もない人も、セックスが持つ媚薬のような蜜の味をひとたび知ればたちまちとろけ、おぼれてしまう。だから、水戸二代藩主徳川光圀はいみじくも、若いころにはさんざん悪所にも通い、酒と女に入りあげ、さらには、自分も父の頼房にあやうく「水子」にされながら、同じことを松平頼常に行った罪深い経験と教訓をふまえてつぎのように『西山公随筆』のなかで、人間の、あくなき性の欲望を指摘し、いましめている。

「獣は腹満ちて食せず、毒を食せず。妊む時には淫せず。人間は反此、腹満れども毒と知れども、己が好むに任せ、妊とも欲を休めず、獣に劣れること深く辱べし」

まさしく光圀が指摘するように、満腹であろうとなかろうと、相手が妊娠中であろうとなかろうと、人は欲望のなすがままにもとめ、むさぼることをやめようとはしない。じつにあさましいものだ、人間とは。

けれど反面セックスは、長寿や健康をたもち、回春をもたらす妙薬であることも事実。その証拠に小林一茶は、とうに還暦をすぎてなお年若い妻をはらませていれば、平戸藩主松浦静山は七十四歳にしてなおまだ女児をはらませる、度外れたセックスパワーをたもち、まだまだ枯れてなどいられない元気のよさを見せつけているほど。

うらやましくもあり、あやかりたくもなる。それでなくても二十一世紀の我が国は少子化社会とやらで、子供の出生率低下に歯止めがかからず、社会から元気さ、活気が失われるとして対策に苦慮しているありさまなのだ。

元気であかるい子供のはしゃぎ声、あるいは堂々とせり出した妊婦の姿に出会ったときほどほほえましく、ほっとさせるものはない。ところがいまや性も欲もしぼみかけ、たそがれにむかって落下するばかり。それゆえに、このような時代だからこそなおさら私たちは切望するのだ、〝性〟力絶倫の男神女神の復活を……。

岡村 青

二〇一〇年二月十日

岡村 青（おかむら あお）
一九四九年茨城県生まれ。現在、ノンフィクション・ライター。
著書に『脳性マヒ者と生きる』（三一書房）、『十九歳・テロルの季節』（現代書館）、『血盟団事件』（三一書房）、『「毒殺」で読む日本史』（現代書館）がある。
現住所 茨城県新治郡八郷町小幡三一四六—三

「絶倫」で読む日本史

二〇一〇年三月十五日 第一版第一刷発行

著者 岡村 青
発行者 菊地泰博
発行所 株式会社 現代書館
東京都千代田区飯田橋三—二—五
郵便番号 102-0072
電話 03（3221）1321
FAX 03（3262）5906
振替 00120-3-83725
組版 日之出印刷
印刷所 平河工業社（本文）
東光印刷所（カバー）
製本所 ブロケード
装丁 中山銀士

校正協力・迎田睦子
 ISBN978-4-7684-5618-7